情報自己決定権と制約法理

實 原 隆 志

情報自己決定権と制約法理

学術選書
193
憲 法

信 山 社

はしがき

　本書が取り上げる「情報自己決定権」とは，ドイツ連邦憲法裁判所の言葉を借りれば「自己の個人データの提供・利用について原則的に自分で決定するという個人の権限」である。もともとは国勢調査や「国民総背番号制」などとの関係で論じられてきたものであるが，その後は公安・刑事分野での情報収集等の文脈でも援用されるようになり，私人間ないしは対民間企業という関係での「コントロール」の問題としても広く論じられるようになった。

　情報自己決定権が保護しようとしている権利の重要性は，現代社会においても一般的に認識されるに至っているように思われる。というのは，住所や電話番号，ないしは移動履歴といった情報の提供や漏えいが，しばしば社会問題となっているからである。その一方で，情報自己決定権との関係で日本とドイツにおいて異なる見解が有力説となっていることもある。その例としては公道上での監視カメラの使用やＮシステムの法的性質，さらには，その憲法上の位置づけに関するものを挙げることができ，そこに情報自己決定権の問題をドイツの議論を参照しながら検討することの意義を見出せる。

　それと同時に，それぞれの国で展開されている議論も一様なわけではない。それはおそらく，情報自己決定権が技術状況やその理解の変化の影響を受けやすい権利だからであろう。例えば，日本においては，いわゆる「GPS捜査」の法的性質について述べた2017年の大法廷判決が注目を集め，また，ドイツではＮシステムによる情報自己決定権に対する介入の有無の理解について判例変更がなされている。さらに，新しい捜査手法や法改正も少なくない。情報自己決定権の制約との関係でもそれぞれの国においていくつかの異なる見解がみられ，情報自己決定権の保護とその制約については，その時々の状況を背景とした検討が必要である。

　以上をふまえ，本書では情報自己決定権について，ドイツの議論を参照しながら検討する。そこでは情報自己決定権の保護範囲と制約に関して行われてきたこれまでの議論を振り返ると同時に，従来の議論では必ずしも詳しく検討さ

はしがき

れてこなかった争点や，最近になって見られるようになった議論，さらには議論状況の変化も取り上げる。「Nシステム」やGPS機器等を使った捜査活動の法的性質や，情報自己決定権の制約に対して具体的な法律上の根拠が必要であることの憲法上の意義に関する議論は，その例である。そして最後に，情報自己決定権がどのように保護され，それがどのように制約されうるか，本書の結論を示すとともに，今後の展望を示す。なお，本書は2017年3月に早稲田大学に提出した博士学位請求論文「日本国憲法13条解釈論の日独比較研究」に大幅な修正を施したものである。その修正により，同論文を提出後，学位審査の過程で主査・副査の先生方よりいただいた指摘を記述内で反映させ，また，博士学位論文提出後に新たに生じた論点や国内外の事例をふまえながら加筆・修正を行った。そのため，本書の記述において初出に該当し得る部分については，それぞれの個所の脚注にて別稿を示すにとどめている。

2019年9月

實原隆志

〈目　次〉

はしがき (v)

◆ 序 ── 本書の問題関心 …………………………………………………3

◇ 第1部　情報自己決定権の保護領域 ──────────── 13

第1章　情報自己決定権の保護領域に関係する，日独両国の議論
　　　　…………………………………………………………………19

　　第1節　ドイツにおける情報自己決定権の保護領域：関係する
　　　　　　判例………19
　　第2節　他の基本権との関係………25
　　第3節　日本の議論………27
　　第4節　小括 ── 情報自己決定権の保護領域に関係する，日独
　　　　　　両国の議論について………40

第2章　基本権の保護領域をめぐる議論
　　　　── 基本権の構成要件と保障内容　……………………43

　　第1節　狭義の基本権構成要件論………44
　　第2節　状況の変化………61
　　第3節　「保障内容」論がもたらした新たな視点・示唆………78
　　第4節　小括 ── 基本権の保護領域をめぐる議論について………85

第3章　基本権の保護領域を広く解する立場への批判　…………87

　　第1節　「三段階審査」と日本国内の議論………87
　　第2節　基本権の保護領域が広がることによる，裁判所の権
　　　　　　限の拡張………92

目　次

　　第3節　裁判所の権限が拡張することの正当化を試みる議論………95
　　第4節　小括 ── 基本権の保護領域を広く解する立場への批
　　　　　　判について………105

第4章　第1部の総括………109

◇第2部　情報自己決定権に対する介入と，その正当化 ─── 111

第1章　具体的事例 ── Nシステムとサイバーパトロール……115

　　第1節　Nシステムの問題を扱った判例………115
　　第2節　Nシステムに関するドイツ国内の学説………127
　　第3節　サイバーパトロール………137
　　第4節　小括 ── Nシステムとサイバーパトロールについて………148

第2章　技術的な手段を用いた公権力による情報収集の
　　　　法律的根拠………151

　　第1節　技術的な手段を用いた捜査に関する日本の議論の
　　　　　　特徴………151
　　第2節　技術的な手段を用いた捜査に関するドイツの議論
　　　　　　の特徴………158
　　第3節　検　討………163
　　第4節　小括 ── 技術的な手段を用いた公権力による情報
　　　　　　収集の法律的根拠について………171

第3章　憲法上の位置づけ………173

　　第1節　日本国内の議論………173
　　第2節　ドイツの議論………189
　　第3節　両国の議論の比較………209
　　第4節　小括 ── 憲法上の位置づけについて………216

第4章　第2部の総括 …………………………………………… 219

◇ 第3部　情報自己決定権と他者の利益の衝突
　　　　　――情報自己決定権と，子の出自を知る父親の権利―― 223

第1章　連邦憲法裁判所の2007年2月判決 …………………… 225
　第1節　前提となる事実………225
　第2節　連邦憲法裁判所の判断………226
　第3節　法改正までの状況………231
　第4節　小括――2007年判決について………237

第2章　法改正後の状況 ………………………………………… 239
　第1節　ドイツ民法の改正と遺伝子診断法の制定………239
　第2節　遺伝上の父子関係が「存在する」ことの確認
　　　　　――「付随的」な父性の解明………243
　第3節　女性の内密領域の保護………246
　第4節　小括――法改正後の状況………254

第3章　日本の議論との比較 …………………………………… 257
　第1節　出自を知る権利と関係する制度の比較………257
　第2節　厚生労働省の報告書………261
　第3節　「自己の出自を知る，子の権利」に関する日本
　　　　　国内の議論状況………263
　第4節　小括――日本の議論との比較………265

第4章　第3部の総括 …………………………………………… 267

目 次

◆ おわりに ── 本書の到達点と展望 ……………………………………… 271

第 1 章　本書の背景・意図・手法 ………………………………… 271

第 2 章　本書の到達点と展望 ……………………………………… 273

 第 1 節　情報自己決定権の保護領域について……… 274
 第 2 節　情報自己決定権に対する介入と，その正当化について
    ……… 282
 第 3 節　情報自己決定権と他者の利益の衝突：情報自己決定
    権と，子の出自を知る父親の権利について……… 287
 第 4 節　まとめ ── 情報自己決定権と制約法理……… 292

あ と が き (295)

索　引 (297)

情報自己決定権と制約法理

序 ── 本書の問題関心

　日本国憲法には表現の自由や経済的自由をはじめとして，多くの権利・自由が挙げられている。その多くは憲法制定時に重要性が既に明らかであったものであるが，憲法が制定されたのちに新しい問題が発生した場合に憲法や憲法学説はどのように対応すべきであろうか。この場合の選択肢の一つとしては憲法の改正が考えられるが，憲法の改正には様々な困難があることを考えるならば，憲法を改正することなく，その時々で妥当している憲法の規定に基づいて対応することが多くなるだろう。憲法の人権規定の解釈は，この場合に必要となる作業であり，それらの規定を拡張的に解釈し，憲法によって人権として保障されている行為・利益の範囲（基本権の「保護領域」）を拡張的に捉えることを通じて，より多くの事例を憲法の人権規定と関係しうる事例として扱えるようになる。そして，今日のような情報社会の到来も，日本国憲法制定時には必ずしも想定されていなかった，そうした新しい状況の一つと位置付けることができ，人権規定の解釈においても様々な検討を求めるものといえる。

(1) 解釈による対応

　日本において，人権規定の解釈を通じて新しい社会問題に対応するにあたって用いられてきた方法は二つに分けられる。一つは，明文で具体的に規定されている権利・自由の拡張的な解釈である。例えば，今日において表現の自由は単に自分の意見を外部に表明する自由にとどまらず，「知る権利」という形での，情報を収集する権利や，さらには情報を受領する権利をも含むものとして理解されている[1]。他方で，個別の規定で具体的に規定されていない権利を，

---

(1) 駒村圭吾『憲法訴訟の現代的転回 ── 憲法的論証を求めて』（日本評論社，2013年）234頁以下が詳しく検討している。

序 —— 本書の問題関心

「新しい権利」として導き出すという方法もある。憲法13条が規定する「幸福追求権」を手がかりに様々な権利の必要性について議論がなされてきたのは、その一例であり、本書の関心も、こうした憲法13条に関する議論にある。憲法13条によって保障されていると解されているものとしては、自己決定権[2]、名誉権、プライバシー権[3]や自己情報コントロール権[4]などがある。このように、日本においては個別に規定されている具体的権利を拡張的に解釈したり、個別の規定のない「新しい権利」を憲法13条を手がかりに導き出したりするなどの形で、新しい社会状況に憲法を改正することなく対応しようと試みられてきた。そして、このような方法はドイツにおいてもとられている。一方では意見表明の自由や通信の秘密、住居の不可侵といった、基本法（憲法）の明文で保護されている権利の保護範囲が検討されている。また、情報自己決定権やコンピュータの「完全性と信頼性」に対する基本権（「コンピュータ基本権」）のように、憲法の規定には登場しないものも基本法２条１項などを手がかりにして導出され、その保護範囲が検討されてきた。

(2) **解釈によって対応する場合に生じ得る問題**

しかし、これらの方法によって基本権の保護範囲が拡張されていくと、憲法上の権利の行使が他者の権利や利益と衝突する可能性も高まり、そこで憲法上の権利の制約という問題が生じる。同時に、憲法上の権利の制約も無制限に可能なわけではなく、権利の制約に対しても憲法上の制約がある。憲法上の権利の制約には合憲である場合と違憲である場合とがあり、権利の制約が合憲となるための要件が検討されなければならない。日独両国において憲法上の権利を

---

[2] 対国家に限定したものではないが、この分野における先駆的な研究として、山田卓生『私事と自己決定』（日本評論社、1987年）。

[3] 「プライバシー権」という用語こそ用いなかったものの、その権利の重要性に関する事柄が述べられたものとして、京都府学連事件がある（解説として、拙稿「被疑者の写真撮影と肖像権」長谷部・石川・宍戸編『憲法判例百選Ⅰ（第６版）』（有斐閣、2013年）40頁以下）。

[4] 自己情報コントロール権の保護を明示した判例は見当たらないが、山本龍彦「番号制度の憲法問題 —— 住基ネット判決から考える」法学教室397号（2013年）49頁以下は、近年の住基ネットに関する判例や共通番号制度の中に、その萌芽を見出そうとしている。

制約する法律や措置の合憲性の審査のあり方が活発に論じられるのはそのためである。そして本書が特に注目するのは，ドイツの判例・通説において公権力によって新しい技術を用いて個人の情報が扱われる際に，それが具体的で直接的な法律上の根拠に基づいていることが強く要請されていることである。この点が日独両国の議論において特に異なっている点であり，本書はドイツの議論を参照することで情報自己決定権を制約する際に用いられる法理を検討することを主要な目的としている。

(3) **私人間での権利衝突**

ここまでにおいて述べた基本権の保護や制約といった問題は，いかにして公権力に対して基本権を強く保護すべきかという問題関心によるものであった。ドイツの判例・通説も多くの場面で基本権の制約の合憲性を慎重に検討し，公権力の措置に対して基本権を強く保護しようと試みてきた。しかし，憲法上の権利の保護は強ければ良いというわけではない。その行使が他者に不利益を及ぼす可能性があり，その保護に歯止めをかけることも必要であろう。例えば名誉権は表現の自由を行使する者の利益と対立することが予想され，また，自分の子の遺伝上の母親を知る父親の権利があるとすれば，その権利は子や母親の利益と対立するおそれがある。公権力による情報収集等が情報自己決定権に対する介入となる場合に情報自己決定権を強く保護するとして，それが他者私人との関係でも人格権的権利を強く保護すべきとの主張を帰結するのかは，別途の検討を要する事柄である。

(4) **検討の手順**

このような問題関心に基づき，本書ではまず第1部において情報自己決定権の保護領域について検討する。そして第2部においては基本権の制約のうち，その正当化の問題の検討に移り，そこでは情報自己決定権に対する介入が具体的な法律上の根拠に基づいている必要があるとするドイツの議論を参照することで，法律の制定を通じてそうした介入の統制を図ることの憲法上の意義について検討する。このようにして第1部と第2部において国家との関係での情報自己決定権の保護や制約について検討したのに続き，第3部においては情報自己決定権が他者私人との関係で問題となる場面を取り上げ，最後に本書の結論を示す。

序 ── 本書の問題関心

① 第1部の検討課題

　第1部においては，情報自己決定権の保護領域について見る。「情報自己決定権」を導出したドイツ連邦憲法裁判所の判決として最もよく知られているのは国勢調査判決である[5]。国勢調査判決は予定されていた国勢調査と調査データの利用について，その一部を違憲とした判決であるが，そのような判断を導くなかで，人格権から「情報自己決定権」を導出したことや，「もはや重要でないデータなどない」と述べたことで知られている。国勢調査判決を紹介した日本の文献においても，「今後は，この判決が西ドイツにおけるプライバシー・データ保護に関する議論の出発点となると予想される」との指摘がなされていたが[6]，その指摘の正しさは，国勢調査判決以降においても情報自己決定権の保護内容を拡張させた事例が多く見られていることによって示されている。その後は国や州による監視活動に対する情報自己決定権の保護が言われるようになり，代表的なものとしては，通信端末に残された通信データの押収が問題となった事例[7]，一定の属性を有する個人の洗い出しが問題となった，ラスター捜査に関する判決[8]，監視カメラの使用が基本法に反するとされた事例[9]，自動車ナンバーの自動読取システム（通称「Nシステム」）が問題となった事例[10]，事業者が保有する顧客データの照会・開示を認める規定の一部が違憲とされた事例などを挙げることができる[11]。加えて犯罪の予防目的でGPSを用いて情報を収集する場合についても情報自己決定権の問題とされていると考えられ

---

(5) BVerfGE 65, 1（平松毅「自己情報決定権と国勢調査 ── 国勢調査法一部違憲判決」ドイツ憲法判例研究会編『ドイツの憲法判例（第2版）』（信山社，2003年）60頁以下）．

(6) 藤原静雄「西ドイツ国勢調査判決における『情報の自己決定権』」一橋論叢94巻5号（1985年）728頁以下〈729頁〉．

(7) BVerfGE 115, 166（西土彰一郎「接続データ Verbindungsdaten の保護」ドイツ憲法判例研究会編『ドイツの憲法判例Ⅳ』（信山社，2018年）25頁以下）．

(8) BVerfGE 115, 320（宮地基「ラスター捜査事件」ドイツ憲法判例研究会編『ドイツの憲法判例Ⅳ』（信山社，2018年）29頁以下）．

(9) BVerfGK 10, 330（小山剛「レーゲンスブルク監視カメラ決定」ドイツ憲法判例研究会編『ドイツの憲法判例Ⅳ』（信山社，2018年）34頁以下）．

(10) BVerfGE 120, 378（拙稿「ドイツ版『Nシステム』の合憲性」ドイツ憲法判例研究会編『ドイツの憲法判例Ⅳ』（信山社，2018年）42頁以下）．

る⁽¹²⁾。ただ，情報自己決定権の保護が必要になるのは通信の秘密のように，既に基本法で具体的な規定によって保護されている基本権や，情報自己決定権との関係でいわば特別法の関係にある基本権を援用できない場合に限られると解されている。そのため，公権力による個人の情報の処理が問題となる際に他の基本権が援用されることも少なくない。さらには，「通信の秘密」や「住居の不可侵」などといった明文の規定がある個別の権利の保護も，情報技術の発展などを受けて，通信の内容や住居内の物理的な空間に限定されるとは理解されなくなっている。通信の秘密は，個人の通信行為を公安・警察機関が監視する場合に援用されており，連邦憲法裁判所の過去の判例のうち関連するものとしては，通信内容の盗聴に関するもの⁽¹³⁾，サーバー上にあるメールの捜査を既読のメールを対象としていようと未読のメールを対象としていようと通信の秘密に関わる問題であるとしたもの⁽¹⁴⁾，通信記録の予備的保存（Vorratsdatenspeicherung）を違憲としたもの⁽¹⁵⁾，変動IPアドレスの利用者を特定することを通信の秘密の問題としたもの⁽¹⁶⁾を挙げることができる。また，住居の秘密は，住居内の会話を盗聴することが問題となった事件において援用され，その事件

---

(11) BVerfGE 118, 168（拙稿「開設されている口座に関する基本データの憲法上の保護」ドイツ憲法判例研究会編『ドイツの憲法判例Ⅳ』（信山社，2018年）38頁以下）；130, 151（拙稿「通信サービスの利用者データを保存・提供させる手続の合憲性」自治研究90巻10号（2014年）148頁以下）．

(12) BVerfGE 141, 220（石塚壮太郎「連邦刑事庁による秘密裏の情報収集およびその利用・伝達に課される諸事件：連邦刑事庁法違憲判決」自治研究94巻7号（2018年）145頁以下）．

(13) BVerfGE 133, 313（小山剛「戦略的監視の限界」ドイツ憲法判例研究会編『ドイツの憲法判例Ⅲ』（信山社，2008年）247頁以下）．

(14) BVerfGE 124, 43（宮地基「プロバイダのメールサーバ上にある電子メールの差押と通信の秘密」ドイツ憲法判例研究会編『ドイツの憲法判例Ⅳ』（信山社，2018年）180頁以下）．

(15) BVerfGE 125, 260（カール゠フリードリッヒ・レンツ「通信履歴保存義務と通信の秘密」ドイツ憲法判例研究会編『ドイツの憲法判例Ⅳ』（信山社，2018年）185頁以下）．

(16) BVerfGE 130, 151（拙稿「通信サービスの利用者データの保存義務と『アクセス・コード』の提供義務の合憲性」ドイツ憲法判例研究会編『ドイツの憲法判例Ⅳ』（信山社，2018年）189頁以下）．

では住居への立入を伴う措置が問題になったわけではなかったが，住居の秘密の保護領域該当性が認められた⒄。また，2008年の判決においては，オンライン上でコンピュータに侵入する措置が問題となった。連邦憲法裁判所は，この措置においては個々のデータが収集されるのみならず，保存されているデータ全体が収集の対象となるため，情報自己決定権に加えて，コンピュータの「完全性と信頼性」に対する基本権，その後は「コンピュータ基本権」と呼ばれる基本権を導出する必要があるとした⒅。先に挙げたような情報自己決定権の保護領域にどのようなものが含まれるかを検討することを第1部・第1章の課題としたい。

そこにおいて述べるように，ドイツにおいては情報自己決定権の保護領域が比較的広く理解される傾向にある。基本権の保護領域に関する議論はドイツにおいても活発になされており，情報自己決定権に限らず，基本権一般についてその保護領域をめぐって両国において様々な議論がある。その場合の議論には憲法の明文で規定されている権利に関するものと，そうではない権利に関するものとがあることは既に述べた通りであるが，まず，意見表明の自由のように明文に規定のある基本権の他にも⒆，基本法1条1項や2条1項を手がかりにして，「新しい」基本権が導出されている。その代表例としては先に述べた情報自己決定権の他にもその他の人格権的権利や一般的行為自由を挙げることができる。そこで，基本権一般の保護領域に関する議論を概観することを第1部・第2章の課題としたい。

第1部・第1章と第2章での説明により，ドイツでは情報自己決定権だけでなく基本権一般について，その保護領域を広く理解する立場が有力になっていることを明らかにするが，第1部・第3章においては，情報自己決定権の保護

⒄ BVerfGE 109, 279（平松毅「住居に対する高性能盗聴器による盗聴——『大盗聴（Großer Lauschangriff）』判決」ドイツ憲法判例研究会編『ドイツの憲法判例Ⅲ』（信山社，2008年）320頁以下）.

⒅ BVerfGE 120, 274（石村修「コンピュータ基本権——オンライン監視事件」ドイツ憲法判例研究会編『ドイツの憲法判例Ⅳ』（信山社，2018年）50頁以下）.

⒆ Vgl., Hans Dieter Jarass/Bodo Pieroth, Grundgesetz Kommentar, 14. Aufl., 2016, S. 189ff. (Jarass).

領域を広く理解した場合に生じる問題のうち，いくつかを取り上げて検討する。そこにおいては情報自己決定権の保護領域を広く理解した場合に権利に対する介入の正当性を裁判所が審査すべき場面が増えることで裁判所の権限が拡張するとの批判を取り上げる。それにより，主観的権利としての情報自己決定権の保護領域を広く理解しようとする議論が成り立ち得るかを検討する。

このような第1部の第1章から第3章の議論を通じて，情報自己決定権の保護領域とそれに関連する基本権の保護領域が広く理解されうるものであることを明らかにする。その上で考えられる問題について検討し，情報自己決定権の保護領域についてどのように考えるべきかを示す。しかし，仮に情報自己決定権の保護領域を広く理解すると，他者や社会の利益と衝突しうる行為・利益もそれらの基本権の保護領域に含まれることになる。いったんは基本権の保護領域に含まれると解された権利であっても，それを制約せざるを得ない場合も少なくなく，基本権の保護領域の拡張に伴ってそれを制約すべき場面も増えることになるため，第2部では基本権が制約される必要がある場面に注目し，基本権に対する制約とその正当化に関する日独両国の議論を概観したのちに検討を加える。

② 第2部での検討課題

基本権に対する制約の可否を検討するにあたって，第2部の最初において，いったんは憲法13条などで（一応は）保護されることになった行為に対する制約の法的性格を検討する。ドイツにおいては基本権を一定程度強く制約する公権力による行為は「介入[20]（Eingriff）」と呼ばれ，基本権に対する介入には具体的な法律の根拠が必要とされている。立法の要否という問題自体は日独両国において検討されているものの，基本権の制約と立法に関する考え方という点では大きな違いが見られる。そこで本書ではこの点に関するドイツの議論に注

---

[20] "Eingriff"の訳語には「侵害」と「介入」とがありうるが，本書では「介入」との訳語を用いている。なお，高田敏『法治国家観の展開　法治主義の普遍化的近代化と現代化』（有斐閣，2013年）458頁は，この概念が，現代化の進展とともに，近代的な意味に理解されるようになり，市民の自由と財産権への介入を指すものとなっているとし，さらに現代化が進展し，福祉的な行政が含まれる場合も見られ，この場合の"Eingriff"は「侵害」とは相容れないとしている。

目し，第2部・第1章で「Nシステム」とサイバーパトロールの法的性質について検討する。

それに続いて第2部・第2章では検討の対象を広げ，憲法上の権利の制約に対する具体的な立法の要否について検討する。ドイツにおいてはNシステムやサイバーパトロールの問題にとどまらず，監視カメラの使用やラスター捜査を用いた措置の法的性格が論じられているため，それらについて概観する。他方，日本では技術的な手段を用いた捜査に具体的な立法を求めることに対して，少なくとも従来の判例は積極的であったとは言い難い。そこで両国の議論を比較することで，情報自己決定権への介入が具体的な立法に基づいていることの重要性について検討する。

ただ，日本において公権力が個人の情報を収集する場合に，その直接の根拠となる法律がない場合にも，法律上の根拠がないとされることは少ない。ほとんどの場合に何らかの法律や規定がその根拠として挙げられている。いずれにせよ，警察等による個人の情報の収集が適切な法律・規定を根拠としているかが問題とされる必要があるが，その場合には，そうした必要性が憲法上どのように位置付けられるかが問題となる。この問題の検討に際してはGPSを用いた車両の位置情報の捜査が問題となった，2017年の日本の最高裁判決を手がかりにするのが有益であると思われるため，第2部・第3章ではGPSを用いた捜査の問題にも触れながら，情報自己決定権への介入に対する具体的な法律上の根拠の要否の憲法上の位置づけを検討する。

以上のような第2部・第1章から第3章での検討を経て，Nシステムとサイバーパトロールを例に，いかなるものがドイツ国内では情報自己決定権に対する介入とされているのかを確認する。そしてそこでの検討を他の措置一般についての検討へと展開させる。その上で，情報自己決定権に対する介入が具体的立法によるべきことの憲法上の位置づけを明らかにし，公権力による本人の同意のない情報収集等が情報自己決定権に対する介入とされ，それを正当化しなければならないのはいかなる場合か，そして具体的な法律の存在を示して正当化されなければならないという要請が憲法にどのように位置付けられるのかについて結論を示す。

③ 第3部での検討課題

以上の通り，第1部と第2部では対国家の関係での情報自己決定権の保護に関するドイツの議論を参照し，ドイツにおいてはその保護領域が広く理解されており，また，情報自己決定権への介入該当性とその正当性について，具体的な法律上の根拠が求められ，その要請は憲法上のものであることを明らかにする。このような統制の結果，情報自己決定権を強く保護できると思われるが，基本権の保護は強ければ良いというわけでもないだろう。例えば，人格権からは，名誉権，社会復帰のための権利[21]，私生活の権利[22]などが導かれているが，第3部で注目するのは，「出自を知る権利」である。ドイツにおいては子の遺伝上の父親を勝手に調べられない権利としての情報自己決定権が子に保障されるとされており，このような子の情報自己決定権が，法律上の子との遺伝上の父子関係を知りたい父親の一般的人格権と衝突することが考えられる。そこで第3部・第1章ではそれが問題となった具体的事例を取り上げ，その後のドイツ国内の状況を第3部・第2章で概観する。第3部・第3章では日本国内の議論状況を確認し，以上の検討・記述を通じて，「出自を知る権利」と関係する子の情報自己決定権をはじめとする基本権が調整される必要性とその調整状況を確認する。

④ 小括：本書の検討課題

これらを通じて本書では，憲法制定当初には予想されていなかった問題が発生したような場合に日本国憲法13条の解釈を行う場面を主に想定し，公権力による情報収集に対して保護される情報自己決定権の保護領域と，その制約の正当性について明らかにする。他方で，私人間で権利衝突が起こる場合についても，「出自を知る・知られない権利」の問題を取り上げる。本書においてはこれらの手順で，情報自己決定権と制約法理について検討する。

---

[21] BVerfGE 35, 202（小山剛「放送による犯罪報道と人格権——レーバッハ事件」ドイツ憲法判例研究会編『ドイツの憲法判例（第2版）』（信山社，2003年）183頁以下）．

[22] BVerfGE 101, 361（鈴木秀美「カロリーヌ王女の私生活の写真公表とプレスの自由」ドイツ憲法判例研究会編『ドイツの憲法判例Ⅲ』（信山社，2008年）159頁以下）．

第1部 情報自己決定権の保護領域

　ある公権力の措置が新たに問題になった場合に，それを憲法上の権利の問題として扱うためには，それによって制約される個人の利益が憲法上のものであると言えなければならない。ドイツにおいては基本権の保護領域の問題として論じられているものであり，日本でも基本権の保護領域の問題については「新しい人権」をめぐる論争がある。ただ，基本権が何を保障しうるかを検討する上で本来扱われるべき論点は多岐に渡るため，関連する論点を洗い出しておく必要があるだろう。

　基本権についての議論には大きく分けて「基本権に含まれるかどうか」の議論と[1]，「含まれる」とされた場合に，当該基本権に対する制限があるかどうか，その制限が正当化できるかどうかの議論とがある[2]。基本権の制限の問題は重要なものであり，日本だけでなくドイツにおいても活発な議論の対象となっているが，基本権の制限が正当化できるかが検討される前に，当該事案が基本権と関連する事例なのかという，基本権の「射程範囲」の問題が論じられ

---

(1) ドイツでは「基本権構成要件論」として扱われている。この点を論じる邦語文献として，中野雅紀「ドイツにおける狭義の基本権構成要件論」法学新報102巻9号（1996年）143頁以下。

(2) いわゆる三段階審査である（松本和彦『基本権保障の憲法理論』（大阪大学出版会，2001年）19頁以下参照）。また，三段階審査の概要について記述するドイツ語文献として Wolfram Höfling, Grundrechtstatbestand - Grundrechtsschranken - Grundrechtsschranken, Jura 1994, S. 169 ff.; Thorsten Kingreen/Ralf Poscher, Grundrechte Staatsrecht II, 32. Aufl., 2016, S. 58ff. なお，Robert Alexy, Theorie der Grundrechte, 3. Aufl., 1996, S. 276は，本章でいうところの「射程範囲の問題」と「制約の根拠の問題」を，共に「基本権構成要件」の問題と捉え，本書にいう「保護領域の問題」を「狭義の保護領域論」として扱っている。

◆第1部　情報自己決定権の保護領域

ることが多くなっている。基本権の射程範囲に含まれない行為や利益については，その制限の有無や正当性について論じる必要がなくなるとすれば，この第一段階での検討が法律や国家の行為の合憲性を審査する際には，まずは重要となる。このような，問題となっている利益や行為が基本権による保護の対象に含まれるかという議論は，「当該基本権が，何を保障しているのか」という議論と結びつくが(3)，「何を保障しているか」という問題も，基本権の「機能」の問題と「保護領域」の問題とに分けることができる。ドイツにおいて基本権は様々な機能をもつとされており，国家に向けられる主観法的な機能だけでなく，憲法の私人間効力をめぐる問題(4)で取り上げられるような「第三者効力」や，それに関連する「保護義務」的機能(5)，「客観的機能」(6)なども有するとさ

---

(3) このような議論の前提として，「なぜ基本権が保障されるべきか」の検討が必要である。ここでは詳しく扱えないが，特に興味深いのが，討議理論を基盤として人権・基本権の基礎づけを試みるロベルト・アレクシーの議論である。アレクシーの議論については Robert Alexy, Diskurstheorie und Menschenrechte, in: Recht, Vernunft, Diskurs, 1995, S. 127ff. また，渡辺康行「討議理論による基本権の基礎づけについて」憲法理論研究会編『憲法50年の人権と憲法裁判』(1997年) 153頁以下参照。また，拙稿「人格的利益の自己決定 (二・完)」法研論集100号 (2001年) 118頁以下において紹介したことがある。

(4) 第三者効力に関する主な邦語文献として，山本敬三「現代社会におけるリベラリズムと私的自治 (一)，(二)」法学論叢133巻4号1頁以下，5号 (いずれも1994年) 1頁以下，棟居快行「私人間適用問題の複眼的考察」『人権論の新構成』(信山社，1992年) 1頁以下，藤井樹也『「権利」の発想転換』(成文堂，1998年) など。

(5) 主な邦語文献として，小山剛『基本権保護の法理』(成文堂，1998年)，戸波江二「国の基本権保護義務と自己決定のはざまで」法律時報68巻6号 (1996年) 126頁以下，桑原勇進「国家の環境保護義務序説 (一)～(四・完)」自治研究71巻5号108頁以下，71巻6号81頁以下，71巻7号87頁以下，71巻8号100頁以下 (いずれも1995年)，鈴木隆「ドイツにおける国家任務としての保護 (一)，(二・完)」早稲田大学大学院法研論集81号185頁以下，82号 (いずれも1997年) 163頁以下など。

(6) 代表的な邦語文献として，栗城壽夫「西ドイツ公法理論の変遷」公法研究38号 (1976年) 76頁以下，戸波江二「西ドイツにおける基本権解釈の新傾向 (一)～(五・完)」自治研究54巻7号83頁以下，54巻8号91頁以下，54巻9号67頁以下，54巻10号71頁以下，54巻11号111頁以下 (1978年)，松原光宏「基本権の多次元的性格をめぐって (一)～(四・完)」法学新報103巻6号95頁以下，103巻7号75頁以下，103巻8号61頁以下，103巻9号45頁以下 (いずれも1997年) など。

◆第1部　情報自己決定権の保護領域

れている[7]。保護領域の問題に関して，「髪型の自由」が「幸福追求権」に含まれるか，他人の名誉を毀損する表現行為が表現の自由に含まれるか，といった問題が検討されることがあるが，それらは先に挙げたうちの主観法的な機能に関する問題であることが多い。さらに主観法的な防御権としての基本権の保護領域の問題も，その享有主体性が検討される「人的な保護領域」に関するものと，保護の対象となる行為などが検討される「事項的な保護領域」に関するものとに分けられる。主観法的に保護される「事項的な保護領域」に関しても，その保護領域をどの程度広げることができるかが検討されるが，当該事案が，「表現の自由」のように，憲法が個別の規定によって保障しているものにかかわるのか，「幸福追求権」のように，明文の規定を欠く包括的な権利にかかわるのか，という区別もある[8]。明文の規定を欠く基本権は，個別に規定されている基本権による保障が及ばない場合にはじめて持ち出されうるとされており[9]，それぞれの権利ごとに，その保護領域について個別に検討する必要がある[10]。そのうち本書が第1部において検討の対象とするのは，情報自己決定権が国家に対して主観法的な保護内容をもつものとして現われ，その事項的な保護領域が問題となる場面である。

第1章では，情報自己決定権の保護領域にどのような権利が含まれるとされ

---

(7) 日本の憲法学においては，「量的拡張」論，「質的限定」論という区別がなされることがある（内野正幸「国益は人権の制約を正当化する」長谷部恭男編『リーディングズ現代の憲法』（日本評論社，1995年）39頁以下〈43頁〉，竹中勲「自己決定権と自己統合希求的利益説」産大法学32巻1号（1998年）1頁以下〈3頁〉など）。中には，第三世代の人権論，新しい人権論，基本権の客観的側面などそれぞれについて好意的な立場が「量的拡張論」と，また，これとは逆に，これを認めず伝統的な「人権」概念を用いるべきとする立場が「質的限定論」と呼ばれることがあるが，ここで行った区別を前提にするならば，このような大きな区分を用いることには問題もある。例えば阪本昌成は，自己決定権については一般的自由説を採りながらも（阪本昌成『憲法理論Ⅱ』（成文堂，1994年）239頁以下），基本権が有するべき側面については，自由権に限定しており，その意味では「質的限定」論を採用しているとの見方が可能であろう（同，704頁）。おそらくこれは，阪本の議論が矛盾しているということではなく，「量的拡張か質的限定か」という問題設定自体が，上述の基本権の保護領域に関する「人的」な保護領域，基本権の諸側面の問題，「事項的」な保護領域の問題をひとくくりにしているためと思われる。この点については，後述する。

◆第1部　情報自己決定権の保護領域

てきたのかを見る。情報自己決定権を憲法上の権利としたのは国勢調査判決であり，その後も情報自己決定権は国家による監視活動の憲法上の問題が検討される際にたびたび援用されてきた。他方，情報自己決定権に対していわば特別法にあたる基本権を適用できる場合にはそちらが援用されるため，技術的な手段を用いた措置の憲法上の問題が検討される際に必ず情報自己決定権が援用されるというわけではない。通信の秘密や住居の不可侵，また「情報システムの完全性」の基本権（コンピュータ基本権）を援用できる場合にはそれらを適用するとされているため，これらの権利の内容についても必要に応じて見ることにする。

　第1章において明らかになるように，ドイツにおいて情報自己決定権の保護領域は比較的広く理解されている。そこで第2章では，情報自己決定権以外の基本権一般の保護領域に関する議論を取り上げる。基本権の保護領域の問題は明文の規定をもたない基本権との関係で検討されることが多いため，主に，自己決定権・一般的行為自由の保護領域に関する日独両国の議論を取り上げる。日本では憲法13条の「幸福追求権」・「自己決定権」の問題として，ドイツでは基本法2条1項の「人格の自由な発展の権利」の問題として論じられているものについて，このような権利の保護領域を広く捉える立場と狭く限定する立場との間で行われてきた議論を取り上げる。また，留保のない基本権を中心に，

---

(8) 特別規範としての列挙されている自由に含まれるかどうか，また，「人的保護領域」について検討すべきとするものとして Hans-Uwe Erichsen, Allgemeine Handlungsfreiheit, in: Josef Isensee/Paul Kirchhof, Handbuch des Staatsrechts VI, 1989, §152, S. 1185ff.〈S. 1211ff.〉があり，この点を扱う邦語文献として，工藤達朗「幸福追求権の保護領域」法学新報103巻2・3号（1997年）197頁以下〈202頁以下〉。また，「契約自由」については，ヨゼフ・イーゼンゼー（小山剛訳）「契約自由と基本権」名城法学50巻3・4号（2001年）1頁以下〈9頁〉参照。さらに，一つの行為で二つの基本権に該当するように見える場合について論じる文献として Reinhold Heß, Grundrechtskonkurrenzen, 2000.

(9) 包括的基本権には「受け止め機能」があるとされることがあるためである。

(10) それゆえ，特別規範たる「有名の自由」と包括的基本権では，まったく無関係ではないとしても，それぞれの構成要件については別異の検討が求められることもあるだろう。Horst Dreier (Hrsg.), Grundgesetz Kommentar Bd. I, 3. Aufl., 2013, S. 349f. (Dreier) 等参照。

基本権の保護領域を狭く解するべきであるとの主張を「保障内容」との語を用いながら展開する議論も見られたため，それらについても概観する。

　基本権の保護領域を広く理解する見解には様々な批判がある。基本権の保護領域を広く理解する立場に従うと裁判所による審査が必要な場面が増えることになるが，裁判所の権限を過度に拡張してしまうのではないかとの懸念が日独両国において述べられており，基本権の保護領域を拡張的に理解した場合に生じる，裁判所の権限の拡張という問題がどのような根拠に基づいて正当化されようとしているかを第3章において見ることにする。

　以上の検討により情報自己決定権が国家に対して主観法的な保護内容をもつものとして現われ，その事項的な保護領域が問題となる場面を取り上げ，それと同時に関係する基本権についてもその保護領域の広狭を論じる議論を概観し，中でもドイツにおける有力説を参照する。その一方で，情報自己決定権の保護領域を広く理解することによって裁判所の権限が拡張するとの批判を想定し，それぞれについての結論を述べ，最後に第4章において第1章から第3章の検討を総括する。

第1章 情報自己決定権の保護領域に関係する，日独両国の議論

第1節　ドイツにおける情報自己決定権の保護領域：関係する判例

　情報自己決定権という概念はドイツにおいて用いられているものであるため，はじめにドイツにおける理解を概観する。以下では「情報自己決定権」との語を用いた最初の判決である「国勢調査判決」を取り上げ，その事件における異議申立人の主張と連邦憲法裁判所の判断を概観する。それに続いてその後の情報自己決定権の展開を見た上で，ドイツにおいて情報自己決定権が語られる場合のその理解の特徴を確認することにしたい。

(1) 1983年の国勢調査に対して指摘された問題

　国勢調査判決は1983年の国勢調査法について，法律を直接の対象として申し立てられた憲法異議を対象とするものである[1]。この事件の申立人は[2]，基本法1条1項と結びついた2条1項の一般的人格権からは国勢調査が匿名で行われるべきことが導かれるとし，匿名性の要請が求めるのは，収集されるデータと特定できる人，もしくはそのグループとが関連づけられないようにすることであると主張している。仮に有効に匿名化され，その利用可能性が厳格に限定されているデータであれば個々人には特に影響はないが，匿名性が保障されていない，もしくは完全には保障されていないという場合には，調査(Befragung)は個々の人・グループについてのデータを他のいかなる目的でも使えるようになってしまうという。

　それにより個々人は自由な自己決定を害され，他人の意思の実行や統制の対象となってしまいかねないとする。そして，国勢調査の場合，データは匿名化されておらず，どの場合にも個人と関係することになると考えられ，このこと

---
[1] BVerfGE 65, 1.
[2] 本質性留保，比例原則，特定性の要請など，規制の仕方に関係する主張については割愛する。

◆第1部　情報自己決定権の保護領域

は無記名の場合であってもあてはまるという。さらに今日では，見かけ上は突破できなさそうな匿名化であっても単純な数学上の細工（Verfahren）をすることで再び個人と関連付けられる可能性があり，特に簡単なものとしては，納税者番号や，法律上の根拠もなく国勢調査の実施について予定されている集計方法（Zählerlist）を使った復元（Reidentifizierung）を挙げる。

　こうした匿名性が突破されてしまうおそれが生じた根拠としてここで挙げられているのは，データの収集・処理の技術的な状況が1969年のMikrozensus判決[3]以降，根本的に変わっていることである。例えば多くの特別行政（Sonderverwaltung）が独自の個人記号を用いた独自のデータバンクを有しており，ゲマインデのレベルでは住民登録簿が徐々に広範な住民データバンクへと発展しており，そうした住民データバンクのデータは基本的に国家のいかなる機関であっても引き出せるものとなっていると指摘する。申立人によると，このことが帰結するのは，同じプログラムをもつ情報機器（Rechner）にある国勢調査データが，同一の人によって処理されるということであり，また，一つの膨大なデータベースをそれを使う（abrufen）機関であればいくらでも多くの機関に常時利用できるようにしておくということが可能であると指摘する。そして，こうした技術的な状況の変化，データバンクとそのデータバンクのデータを引き出せる者の拡大・増加に伴う問題の他にも，申立人は，非常に多くの者が国勢調査データを受領できるようになっているが，そうした受領者は通常は独自のデータベースを持っており，これらのデータベースは追加情報（Zusatzwissen）を与え，そうした追加情報が国勢調査データと結合され得ると批判する。

　以上のことからこの事件の申立人は，技術的状況が変化している結果，それぞれの人の広範・詳細な像（Bild）を作り上げることが，とりわけ内密領域についても可能になり，市民は「ガラス張りの人」となってしまうと指摘する。このような意味で，匿名性がないということは，予定されている集計・利用実務に憲法上の不備があることを意味するだけでなく，1983年国勢調査自体の不備を意味すると指摘した[4]。

---

(3)　BVerfGE 27, 1.

第1章　情報自己決定権の保護領域に関係する，日独両国の議論

(2) 国勢調査判決における，連邦憲法裁判所の判断

こうした主張に対して連邦憲法裁判所は，国勢調査に対する基本権上の保護の根拠として，基本法1条1項と結びついた2条1項によって保護される一般的人格権を挙げた。既にそれ以前の判例で，基本法の法秩序の中心にある人間の尊厳は自由な社会の構成員としての自由な自己決定において効果を発揮するのであり，その保護に資するのが一般的人格権であるとされていたが，判例によるそれまでの具体化は人格権の内容を完結的に輪郭づけているわけではなく，そこから導かれる権限は自動的なデータ処理という今日的・将来的な状況の下では特別な程度，保護を必要としていると指摘する。

そして，そのような権限が危機にさらされており，それは，特に決定プロセスにおいては今日では自動的なデータ処理を用いることで，ある特定の，もしくは特定可能な人の個人的，もしくは事実の状況（Verhältnis）についての個々の情報（Angabe）（個人データ：連邦データ保護法2条1項）を技術的に見れば無限定に保存でき，いつでも，距離が離れていようとも秒単位の速さで引き出すことができるからであるという。さらにそれらの情報は他のデータ集合体と併せて一つの人間像（Persönlichkeitsbild）へとまとめ上げられる可能性があるのであるが，本人はそうした人間像の正しさや利用を十分には統制できないと指摘する。それにより，個人の行為に対して公的機関が関係しているという精神的な圧力によるだけで作用するような閲覧や影響が，これまでは知られていないような方法で起こる可能性が広がってきていると言えるのだとする。

しかし，個人の自己決定が現代的な情報処理技術の条件の下で前提とするのは，何をするかしないかについて個人に決定の自由があることであり，このような決定の自由は，この決定に従って実際に行為に移すことができることを含めてのものなのだと言う。自己に関係する情報のうちどのようなものが社会の環境の特定の領域において知られるのかを十分な確実性をもって見通せない者や，コミュニケーションの相手方となる者が知っていること（Wissen）を十分に測れない者は，その者の自由を行使する中で，自分の自己決定に基づいて計画・決定することを根本的に阻まれる可能性があるとする。また，情報自己決

---

(4) BVerfGE 65, 1〈16ff.〉.

◆第1部　情報自己決定権の保護領域

定権と合致しえない場合を考えると，それは社会秩序やそのような社会秩序において市民が自分について誰が何をいつどのような機会に知るのかをもはや知ることができないという場合であるとする。しかし，逸脱的な行為態様が常時記録され，情報として長期にわたり保存・利用・転送されるかどうかがよく分からないという者は，そのような行為態様によって目立たないようにしようとすることになるだろうという。ある集会，もしくは市民運動に参加するとそれが当局に登録されることや，それによってリスクが発生する可能性があると予想する者は，場合によってはそれに対応する基本権（基本法8条，9条）の行使をあきらめることになるのではないかと指摘する。このようなことは個人の発展の機会を害するだけでなく，公共の利益も害することとなるだろうと言い，その理由として連邦憲法裁判所は，自己決定がその市民の行為・参加能力に基礎付けられる，自由で民主的な社会が機能する基礎的な条件であることを挙げている。

　以上のことから導かれる帰結として連邦憲法裁判所は，人格の自由な発展は現代のデータ処理の状況においては個人データの無限定な収集・保存・利用・転送に対して個人を保護することを前提としていることを挙げる。この場合にはそうした保護が必要であることの根拠を基本法との関係でどのように説明するかが問題となるが，連邦憲法裁判所は，この保護は基本法1条1項と結びついた2条1項に含まれるとする。そして，その限りにおいて基本権は，自己の個人データの提供・利用について原則的に自分で決定するという個人の権限を保障するのだとした[5]。

(3)　その後の判例 ── 公的機関による監視活動に対する情報自己決定権の保護

　国勢調査判決は直接的には統計目的で行われる情報収集を対象とするものであったが，連邦憲法裁判所のその後の判決ではしばしば技術的な手段を用いた捜査や公安目的での情報収集・利用等について，基本法上の情報自己決定権の保護が語られている。例えば2008年3月の判決では，公道を走行する車両のナンバーを自動的に読み取り，それによって取得した画像から判別した自動車ナンバーの文字列と数字列を警察の捜査記録・メモと自動的に照合するシステム

---

(5)　BVerfGE 65, 1〈41ff.〉.

第 1 章　情報自己決定権の保護領域に関係する，日独両国の議論

が問題となった。日本ではＮシステムと呼ばれるこのシステムを利用する根拠とされていた州法を直接の対象とする憲法異議において連邦憲法裁判所は，国勢調査判決が先に挙げたのとは別の場所で情報自己決定権で保護されるのは機微（sensitiv）データに限られないとしていたことや[6]，監視カメラで撮影した公道の様子を一定期間保存することが問題となった2007年決定[7]において，公衆に分かるような情報であっても基本権上の保護はなくならないとされていたことを援用して，情報自己決定権に関係するとした[8]。

　また，2016年の判決では連邦刑事庁法（BKA-Gesetz）の合憲性を直接の対象とする憲法異議について判決が下されており，この法律では特別な手段によるデータ収集を認め，その場合の「特別な手段」には監視目的で特別に行われる，20g条1項で挙げられている者の滞在場所を特定するためのものも含まれるとされていた（同条2項3号）。この規定は具体的な手段を列挙しているわけではないが，こうした措置で用いられる手段にはGPS装置の利用も含まれると考えられており，連邦憲法裁判所はこれも含めた20条2項は連邦刑事庁に情報自己決定権への介入を授権するものであるとした[9]。

　連邦憲法裁判所が情報自己決定権の保護領域該当性を認めた事例には，ここで挙げた他にも多くのものがある。そのようなものとしては，金融機関に，口座・預金の番号とその開設・解約日，利用者の名前・住所等から成る「口座基本データ（Kontostammdaten）」を作成し，そのデータを，預金や口座が解約されてから3年間保存するよう義務づけるとともに，そのデータを連邦金融サービス監督局がいつでも引き出せるようにするよう義務づけていた法律に関するものを挙げることができる[10]。さらに，様々なデータベースにあるデータを調べることで一定の属性を有する者を洗い出そうとする「ラスター捜査」や[11]，通信サービスの顧客情報の保存・回答義務を定める規定が問題となった事例

---

[6]　BVerfGE 65, 1 〈45〉.
[7]　BVerfGK 10, 330.
[8]　BVerfGE 120, 378 〈398f.〉.
[9]　BVerfGE 141, 220 〈286〉.
[10]　BVerfGE 118, 168.
[11]　BVerfGE 115, 320.

◆ 第 1 部　情報自己決定権の保護領域

も⑿，やはり情報自己決定権の問題として扱われている。さらには，情報当局と警察の共通データベース（アンチテロデータ）の使用も，情報自己決定権の問題とされている⒀。

　以上の通り，連邦憲法裁判所が国勢調査判決において「情報自己決定権」が基本法上保護されると述べた後にも，公安・警察目的での情報収集・利用等について，情報自己決定権の保護が語られており，そうした事例としてここではＮシステムの合憲性が問題となったものと，連邦刑事庁法の合憲性が問題となったものを挙げた。それに加えて銀行口座の開設者データの利用が問題となった事例等も挙げたが，国や州が技術的な手段を使って個人の情報を収集・保存・処理等する措置を扱い，それが情報自己決定権の問題とされた事例は他にも数多く見られる。ただ，ここでそのすべてを挙げることはせず，情報自己決定権の保護領域に関するこれまでの判例の特徴についてまとめておくことにしたい。

(4) **小括 ── ドイツにおける情報自己決定権の保護領域に関係する判例**

　1983年の国勢調査に対してその匿名性という問題が基本法 1 条 1 項と結びついた 2 条 1 項の観点での問題が指摘された。国勢調査判決は，情報技術の発展を背景として，「自己の個人データの提供・利用について原則的に自分で決定するという個人の権限」を，基本法 1 条 1 項と結びついた 2 条 1 項が保障する一般的人格権の具体化の一場面として捉えた。申立人自身は国勢調査を「匿名性」との関係で問題とするにとどまっていたが，連邦憲法裁判所はこれについて「情報自己決定権」との名称を用いた。その後は技術的手段を用いた公安・警察分野での情報処理の様々な問題が情報自己決定権の問題として扱われるようになり，情報自己決定権の保護範囲は拡張していった。こうした動向は，情報自己決定権が国勢調査判決において用いられた一回きりの基本権にとどまるものではなく，その後もその重要性が増しており，連邦憲法裁判所の判例実務において情報自己決定権の「保護領域」が拡張されてきたことを示していると

⑿　BVerfGE 130, 151.

⒀　BVerfGE 133, 277（入井凡乃「情報機関・警察の情報共有と情報自己決定権 ── テロ対策データファイル法判決」ドイツ憲法判例研究会編『ドイツの憲法判例Ⅳ』（信山社，2018年）46頁以下）。

第2節　他の基本権との関係

　このように技術的手段を用いた情報の収集等について情報自己決定権によって保護される範囲は拡張的に捉えられてきたが，関係するすべての事例が情報自己決定権の問題とされているわけではない。基本法の明文で列挙されている基本権に該当する場合にはそれらが援用されており，また，一般的人格権から導かれる別の基本権が基準とされたこともある。まず，技術的な手段を用いた措置が通信の秘密の問題とされることがある。戦略的な監視を目的とした，文字通りの通信等の監視を目的とする法律については既に1999年の判決がある[14]。また2008年の判決では憲法擁護を目的とする州法が問題となり，インターネット上でのやりとりを外から監視している場合[15]，憲法擁護当局がコミュニケーション参加者の知るところなく，または彼らの同意によることなく入手したパスワードを使ってメールの受信箱やチャットルームに立ち入るなどして，アクセス・セキュリティのかかったコミュニケーション内容を監視する場合[16]には通信の秘密の問題となるとしている[17]。この他に，刑事訴追目的での措置との関係でも通信の秘密が援用されることがあり，その一例としては，メールサーバーにあるメールが差し押さえられる場合には情報自己決定権ではなく通信の秘密が基準となるとしたものがある[18]。また，先にも挙げた判決では，連邦通信法に基づいて連邦ネットワーク委員会に提供されるのが変動IPアドレスである場合には通信の秘密の問題となるとしている[19]。

---

[14]　BVerfGE 100, 313.
[15]　BVerfGE 120, 274〈340f.〉.
[16]　BVerfGE 120, 274〈341〉.
[17]　他方，一般にアクセス可能な内容の閲覧によって得られたデータが標的を定めた形で統合・保存・利用される場合と，国家の当局が当事者がそのコミュニケーションパートナーの属性や動機に対して有している，保護に値する信頼を利用して，そうでなければ得られなかったであろう個人データを収集することは，一般的人格権・情報自己決定権に対する介入であるとする（BVerfGE 120, 274〈345〉）。
[18]　BVerfGE 124, 43〈56f.〉. なお，差押等に伴う不利益は情報自己決定権の問題とされている。

◆ 第1部　情報自己決定権の保護領域

　これとは別に刑事訴追の場面における住居盗聴（聴覚的監視）について検討した判決もある。2004年の判決で問題となったのは住居内の盗聴を可能にするための基本法改正法であった。一見すると，これも情報自己決定権の場合に関係する監視と類似するものにも思われるが，住居の不可侵が基本法13条に明記されているため，住居の不可侵との関係で検討が進められた[20]。

　上で挙げた通信の秘密や住居の不可侵は，いずれも基本法の規定で明記されているものであるが，連邦憲法裁判所の判例には，技術的手段を用いた措置に対して情報自己決定権を適用できないとして，それとは別の基本権を一般的人格権から派生させて対応を図ったものも見られる。その判決では，個人のパソコンにコンピュータ・ウイルスを侵入させて情報を収集する措置も問題となった。このような措置はパソコン内にある個人データを収集するものであるため，情報自己決定権の問題とすることも可能なように思われたが，連邦憲法裁判所は，人格の発展に対して個人は情報技術的なシステムの利用に頼っており，個人データがそうしたシステムに委ねられ，もしくはそれを利用することで必然的に提供されるような場合には人格に対する危険が生じ，そのような危険に配慮する上で，情報自己決定権によるのでは十分でないとした。その理由として連邦憲法裁判所は，情報技術的なシステムに第三者がアクセスする場合，その第三者は潜在的に非常に膨大な，様々なことを明らかにできるデータベースを作り出すことができ，それ以上のデータを収集・処理するための措置を必要としないことを挙げる。そのようなアクセスは本人の人格にとっての重要性という点で個別のデータ収集を超えるものであるが，情報自己決定権が保護しているのはそうした個別のデータ収集に対するものであるため，一般的人格権が情報技術システムの完全性（Integrität）と信頼性（Vertraulichkeit）を保障することで，その空白部分を補うのだとする。そして情報技術システム全体にアクセスがなされ，個別のコミュニケーション行為や保存データにアクセスするにとどまらない場合にも，この権利は，基本権主体の個人的でプライベートな生活領域を情報技術の領域での国家のアクセスから保護するのだとしている[21]。こ

(19)　BVerfGE 130, 151〈179〉．連邦通信法との関係では，通信履歴の一律保存を義務付けた規定も通信の秘密の問題として扱われた（BVerfGE 125, 260）。
(20)　BVerfGE 109, 279.

こでいう「信頼性」とは「システムで利用可能な情報にアクセスできるのが，その権限を認められた人だけであること」を，「完全性」とは「IT システムに保存されている情報が完全で，正しく，最新のものであること」やそれらの情報がそのようになっていないことをはっきりと認識できることを意味するとされ[22]，こうした基本権はドイツにおいては「コンピュータ基本権」や「IT 基本権」とも呼ばれている。

このように連邦憲法裁判所は，監視を目的とした措置に対して常に情報自己決定権を用いてきたわけではない。通信の秘密や住居の不可侵といった，基本法に明記されている基本権を適用できる事例ではそれらを基準とすることで問題の解決を図っている。さらに，個々の情報収集ではなく情報技術システム全体に対してアクセスがなされる場合には情報自己決定権による保護では十分ではないとし，その場合には「コンピュータ基本権」とも呼ばれる基本権が基準となるとした。

第3節　日本の議論

以上において情報自己決定権やそれと密接に関連する基本権の保護領域に関するドイツの議論を見たが，こうした領域において日本ではどのような議論が展開されているのかを次に見ることにする。以下では，プライバシー権に関するリーディングケースとされる京都府学連事件とその後の学説の展開を見た後に，情報プライバシー権や自己情報コントロール権が裁判所の実務においてどのように扱われているかを確認し，その上で日本の議論状況の特徴についてまとめたいと思う。

(1) プライバシー権に関する議論の展開

① 写 真 撮 影[23]

1969年の判決で扱われた事件においては，京都府学生自治会連合（京都府学連）が主催するデモ行進について，事前に示されていた条件に対する違反がな

---

(21)　BVerfGE 120, 274〈312f.〉.

(22)　Thomas Petri／Thomas Schwabenbauer, Informationsverarbeitung im Polizei- und Strafverfahrensrecht, in : Bäcker／Denninger／Graulich（Hrsg.）, Handbuch des Polizeirechts 6. Aufl., 2018, S. 763ff.〈S. 943〉（Petri）.

◆第1部　情報自己決定権の保護領域

いかを，警察官が監視していた。そのデモ行進において許可条件に対する違反があったと考えた警察官が，そのデモ隊の先頭の行進状況を写真によって撮影した。これに対してデモに参加していた学生側が抗議し，警察官の態度に憤慨した学生側が，旗竿を使って警察官の下あごをつき，怪我をさせた。この行為に対して公務執行妨害や傷害罪を根拠とする起訴がなされ，この事件ではデモ行進を規制する公安条例の合憲性と，本件の写真撮影の法的問題，そして，そうした撮影によって学生側が被った不利益を憲法上どのように構成するのかが争点となった。

② 京都府学連事件・最高裁判決

最高裁は，憲法13条は「国民の私生活上の自由が，警察権力等の国家権力の行使に対しても保護されるべきことを規定しているものということができ」，「個人の私生活上の自由の一つとして，何人も，その承諾なしに，みだりにその容ぼう・姿態を撮影されない自由を有するものというべきである」とした。そして，「これを肖像権と称するかどうかは別として」も，「少なくとも，警察官が，正当な理由もないのに，個人の容ぼう等を撮影することは，憲法13条の趣旨に反し，許されないものといわなければならない」として，この事件において写真を撮影された側の利益（不利益）の憲法上の位置づけについて述べた。この判決ではそうした場合の「正当な理由」の有無との関係で，写真撮影が許容される限度の検討に移り，その説明に重点が置かれているように思われる。それでもこの判決は，「承諾なしに，みだりにその容ぼう・姿態を撮影されない自由」に憲法上の保護が及ぶことを明らかにしたものとして注目され，日本の判例においてプライバシー権的な権利が初めて認められた事例として位置付けられている。

③ 学説の展開：「情報プライヴァシー権」説

学説においてプライバシー権について活発に論じていた論者として，佐藤幸治を挙げることができる[23]。佐藤はプライバシー権を「個人が道徳的自律の存

---

[23]　最大判1969年12月24日（刑集23巻12号1625頁）。解説として，拙稿「被疑者の写真撮影と肖像権」長谷部・石川・宍戸編『憲法判例百選Ⅰ（第6版）』（有斐閣，2013年）40頁以下。

[24]　佐藤幸治『憲法（第三版）』（青林書院，1995年）453頁以下。

第1章　情報自己決定権の保護領域に関係する，日独両国の議論

在として，自ら善であると判断する目的を追求して，他者とコミュニケートし，自己の存在にかかわる情報を開示する範囲を選択できる権利」と理解する。さらに，このような権利は「人間にとって最も基本的な，愛，友情および信頼の関係にとって不可欠の環境の充足という意味で，まさしく『幸福追求権』の一部を構成するにふさわしいもの」であるとする。

　佐藤は「その人の道徳的自律の存在にかかわる情報」を「プライヴァシー固有情報」と呼び，そうした情報を「取得し，あるいは利用ないし対外的に開示すること」は原則的に禁止されるとする。そして，この種の行為に対しては関係する各条項による保護も考えられるがこれらの条項が妥当しない場合に補充的に13条のプライヴァシーの権利が妥当することになるとし，この場合の「プライヴァシーの権利」を「一般的プライヴァシー権」と呼ぶ。佐藤の説明によれば，電話盗聴は通信の秘密の問題であるが，電話によらない電子装置による盗聴は13条の問題となり，先に挙げた京都府学連事件も「情報プライヴァシー権」の問題として理解できるとする。

　ただ，「個人の思想・信条」をはじめとする「プライヴァシー固有情報」とは異なり，「個人の道徳的自律の存在に直接かかわらない外的事項に関する個別的情報」もあるとして，それを佐藤は「プライヴァシー外延情報」と呼ぶ。このような情報を「正当な政府目的のために，正当な方法を通じて取得・保有・利用しても直ちにはプライヴァシーの権利の侵害とはいえない」が，「かかる外的情報も悪用され又は集積されるとき，個人の道徳的自律の存在に影響を及ぼすものとして，プライヴァシーの権利の侵害の問題が生ずる」とし，そうした問題の一例として"データ・バンク社会"の問題を挙げる。佐藤はこうした場合に必要な権利を「自己に関する情報をコントロールする権利」とし，この権利は「その人についての情報の①取得収集，②保有および③利用・伝播，の各段階について問題となる」としている。

　このことから佐藤は法律の整備を求め，「政府諸機関に対して，個人に関する情報の取得収集，保有および利用・伝播の各段階について規制を加える」ことと，「政府機関がどのような個人情報システムを保有するかについて公表することを義務付け，個人情報の主体に政府諸機関の保有する記録についての具体的アクセス権および訂正・削除要求権を付与する」ことが必要だとしている。

◆ 第1部　情報自己決定権の保護領域

　その上で佐藤は「元来，日本の国・地方自治体の政府は，世界的にみても，最も徹底した個人の身分・生活関連情報の収集管理を行なって」きたが，「国民総背番号制」を実質とする制度の実現に向けての態勢が整えられてきており，それが「日本の社会に何をもたらすであろうか」と問題提起していた。

　④　小括：「情報プライヴァシー権」について

　以上のような佐藤の見解には，プライバシー外延情報が悪用される場合にも「プライヴァシーの権利」の侵害となりうるとしているという特徴がある。正当な目的で正当な方法を通じて取得される場合であっても，その目的の具体性や取得される情報が大量である場合の問題が残るようには思われるが，固有情報に含まれない情報の悪用・集積に対しても憲法上の権利の保護を及ぼそうとしている点で重要である。少なくとも，先に挙げた京都府学連事件では正当な理由での情報（肖像）の取得が問題になるとされるにとどまったが，その取得にとどまらずその保存・利用のあり方も問題にしようとし，さらには肖像以外の「情報」にも及びうる検討をしているという点で重要なものであった。

　(2)　判例における「自己情報コントロール権」

　ここで述べたような「自己に関する情報をコントロールする権利（自己情報コントロール権）」という観念は，後の判決において一定程度具現化されるようになる。関係する事例としては，講演会参加者の学籍番号，氏名，住所，電話番号が書かれた名簿の写しを，講演会の主催者であった私立大学が警視庁等に提出したことが問題となったものを挙げることができる[25]。この事件において大学は，後援会への参加に際して事前に上記情報を記入し，参加証の交付を受けるよう求めていた。これに対してこの講演に参加中の行為を理由として起訴された者が，名簿の無断提出がプライバシー侵害に当たるとして大学に対して損害賠償を請求した。最高裁は，これらの個人情報の場合には「秘匿されるべき必要性が必ずしも高いものではないが」，「本人が，自己が欲しない他者にはみだりにこれを開示されたくないと考えることは自然なことであり，そのことへの期待は保護されるべきものであるから，本件個人情報は」「プライバシーに係る情報として法的保護の対象となる」とした上で，この事件では本人から

---

[25]　最二小判2003年9月12日（民集57巻8号973頁）。

第1章　情報自己決定権の保護領域に関係する，日独両国の議論

承諾を求めることが容易であったことなどを理由として，大学の行為は不法行為を構成すると判断した。

これについて調査官解説は，プライバシー権が積極的内容を有したものと理解する見解としての「自己に関する情報をコントロールする権利」に言及する立場が有力であるとした上で，この事件で問題となったような「本来一定範囲の他者には当然開示すべき単純な個人情報や特に秘匿されるべきものとはいえない情報」「であっても，自己が欲しない他者にはこれを開示されなくないと考えることは自然なことであり，そのことへの期待は保護されるべきものである」と説明している[26]。学説においても，この判決は「秘匿されるべき必要性が必ずしも高いものではない」とされた情報が「みだりに開示」されないことへの期待を法的保護の対象としたものとされ，「そうした判断の手法は，伝統的なプライバシー権から自己情報コントロール権への，保護の基礎となる理論枠組みの展開，ということによってのみ説明が可能」とされている[27]。

以上は民事事件において「自己情報コントロール権」と密接にかかわる記述が見られた事例であったが，同様の視点は行政による個人情報の管理の場面でも見られる。住民基本台帳ネットワーク（住基ネット）の合憲性が問題となった事件[28]において最高裁は，憲法13条が国民の私生活上の自由を公権力に対しても保護されるべきことを規定しており，「個人の私生活上の自由の一つとして，何人も，個人に関する情報をみだりに第三者に開示又は公表されない自由を有する」とした。そこで最高裁は，住基ネットを使った情報の管理は「個人

---

[26] 『最高裁時の判例　平成15年～平成17年』（有斐閣，2007年）2頁以下（杉原則彦）〈4頁以下〉。

[27] 浜田純一「講演会参加者名簿の開示とプライバシー──早稲田大学江沢民後援会名簿提出事件」堀部政男・長谷部恭男編『メディア判例百選』（有斐閣，2005年）94頁以下〈95頁〉。ただ，棟居快行「講演会参加者リストの提出とプライバシー侵害」長谷部・石川・宍戸編『憲法判例百選Ⅰ（第6版）』（有斐閣，2013年）44頁以下〈45頁〉は，この判決では自己情報コントロール説の「根底にある個人の内面性へのこだわり」が示されておらず，「プライバシー権の実体を，単なる『第三者提供の本人同意』という手続問題にいわばおとしめたと見る余地もある」と指摘している。さらにこの事件では「そもそも自由権的側面におけるプライバシー権が問題となる」としている。

[28] 最一小判2008年3月6日（民集62巻3号665頁）。

に関する情報をみだりに第三者に開示又は公表するもの」とは言えないとして，「当該個人がこれに同意していないとしても，憲法13条により保障された上記の自由を侵害するものではないと解するのが相当」として，結論としては住基ネットを合憲とした。しかし，佐藤は，この判決が「『個人に関する情報』をみだりに『第三者に開示又は公表』されない自由」を憲法13条で保障されているものとしたことに注目している[29]。こうした説明は，京都府学連事件判決が「みだりにその『容ぼう・姿態』を『撮影』されない自由」について述べるにとどまっていたことを考えれば理解できるものである[30]。

以上のように，学説で提唱された情報プライバシー権や自己情報コントロール権は，判例においてもその名称そのものが用いられているわけではないとしても，必ずしも秘匿性の高くない情報が「みだりに開示」されることの危険性を指摘するという形で，重要性をもつものとされた。そして，そうした認識は民間の機関による収集・開示等について指摘されたにとどまらず，行政機関による個人情報の処理についても見られるようになった。

(3) 2017年の大法廷判決

これらに加えて，公権力による個人情報の収集という問題は刑事事件においても扱われている。その例としては令状によらずにGPSを用いて行われた捜査を違法とした，2017年の大法廷判決を挙げることができる[31]。この事件では，被疑者となっていた者やその交際相手が使用していると疑われる自動車やバイクにGPS端末が取り付けられ，それらの車両が継続的に捜査の対象とされていた。ところがこの捜査は令状の発付を受けることなく行われており，大法廷はGPS捜査の「強制処分」性を認めてGPS捜査には令状が必要であるとすると同時に，現行法の下で令状を発付することの問題を指摘した上で，GPS捜

---

(29) 佐藤幸治『日本国憲法論』（成文堂，2011年）185頁。

(30) その他にも，山本龍彦「住基ネットの合憲性」長谷部・石川・宍戸編『憲法判例百選I（第6版）』（有斐閣，2013年）46頁以下〈47頁〉は，本判決は「学界における情報プライバシー権論の発展に冷淡な判決のようにも見える」が，本判決が「未だ現実に第三者への開示や濫用等がなされていない段階でも，上記自由の『侵害』が肯定され得ると判断したことの意味は決して小さくない」としている。

(31) 最大判2017年3月15日（刑集71巻3号13頁）。

第1章　情報自己決定権の保護領域に関係する，日独両国の議論

査を行うための立法的措置を求めた。

① 最高裁による整理

　判決の中で大法廷は，GPS 捜査がもたらしうる不利益について述べている。それによれば，GPS 捜査は「その性質上，公道上のもののみならず，個人のプライバシーが強く保護されるべき場所や空間に関わるものも含めて，対象車両及びその使用者の所在と移動状況を逐一把握することを可能にするもの」である。しかし，このような捜査が行われる場合には「機器を個人の所持品に秘かに装着する」という問題が起こるとともに，「個人の行動を継続的，網羅的に把握することを必然的に伴う」ために「個人のプライバシーを侵害し得る」ことが問題となり，「また，そのような侵害を可能とする機器を個人の所持品に秘かに装着することによって行う点において，公道上の所在を肉眼で把握したりカメラで撮影したりするような手法とは異なり，公権力による私的領域への侵入を伴うものというべき」としている。こうした措置によって制約される権利の憲法上の位置づけについて検討する上で最高裁は憲法35条を挙げ，憲法35条の保障対象には，「住居，書類及び所持品」に「準ずる私的領域に『侵入』されることのない権利が含まれるものと解するのが相当」であるとしたのに続き，「個人のプライバシーの侵害を可能とする機器をその所持品に秘かに装着することによって，合理的に推認される個人の意思に反してその私的領域に侵入する捜査手法である GPS 捜査は，個人の意思を制圧して憲法の保障する重要な法的利益を侵害するもの」として，令状主義について規定する憲法35条に位置付けられる権利であると整理した。

② 判決の趣旨についての検討

　それに続いて大法廷の説明はこのような捜査の法的性質の説明に移るが，ここまでのところで注目されるのは GPS を用いた捜査の対象となる者の権利が憲法35条に位置付けられていることである。この点に関する判示が憲法上の権利との関係で有している特徴は，GPS を用いた捜査がもたらす不利益を「個人の行動を継続的，網羅的に把握することを必然的に伴う」ことによる「プライバシーの侵害」と，そのような侵害が可能となる「機器を個人の所持品に秘かに装着すること」による「私的領域への侵入」とに見出し，後者を憲法35条と関連付けて「刑訴法上，特別の根拠規定がなければ許容されない強制の処分

◆ 第 1 部　情報自己決定権の保護領域

に当たる」とした点にある。ここでは，強制処分該当性が所持品への機器の装着時点で判断されており，それにしたがうならば，大法廷の言う意味での「私的領域への侵入」の有無によって強制処分該当性が変わることになる。たしかに GPS 捜査自体は機器の装着と情報の収集という二つの段階からなる捜査であるとはいえ，捜査の強制処分性が機器の装着時点で判断されるとされたことにはいくつかの理由があるように思われる。考えられるものとしては，① GPS を用いた情報収集は GPS 機器の装着から始まること，②最高裁は個人の所持品に装着して情報を収集するという点に「公道上の所在を肉眼で把握したりカメラで撮影したりするような手法」にはない性質を見出していると思われること，③ GPS 捜査の場合には，人がカメラを持って移動するのではなく物に装置を装着することで情報収集が行われること，④近年問題となっている警察官の制服に装着された小型カメラによる撮影（Body-Cam）のような場合とは異なり(32)，この事件では小型機器が装着される所持品が一般私人の物であること，などを挙げることができる。

　また，「私的領域」という，憲法35条の明文にない言葉が持ち出されていることについても，たしかに GPS 捜査は GPS 受信器という小型機器を私人の所持品に装着する点に特徴があるとはいえ，問題は車両の位置がその装置によって情報を取得することではじめて分かり，プライベートな空間にいる場面でも所在を確認できてしまうことであることも考えるならば，「『所持品』の保護」とするだけでは十分ではなかったという事情も理解できる。しかし，なぜそうした問題を「『私的領域』への侵入」という言葉で論じたのか，そして，網羅的な把握との関係で「プライバシー」に言及しているにもかかわらず，「『プライバシー』侵害」を可能とする捜査がそのような侵害を可能とする機器を装着することによって行われることを「プライバシー侵害」ではなく，あえて「『私

---

(32) Dennis-Kenji Kipker, Transparenzanforderungen an den Einsatz polizeilicher "Body-Cams", DuD 2017, S. 165ff.; Clemens Arzt/Susanne Schuster, Bodycam-Einsatz der Polizei jetzt auch in NRW - Zur Kritik des §15c PolG NRW aus grundrechtlicher Sicht, DVBl 2018, S. 351ff.；Josef Ruthig, Der Einsatz mobiler Videotechnik im Polizeirecht, GSZ 2018, S. 12ff. また，鈴木秀夫・山田健太編著『よくわかるメディア法第 2 版』（ミネルヴァ書房，2019年）141頁（實原）。

的領域』への『侵入』」としたのかは，判決文からは必ずしも明らかではない。

そこで調査官による解説を見てみると，調査官は，憲法35条のいう「『住居，書類および所持品』についての財産権的ないし物理的権利の保護にとどまらず，個人のプライバシー保護の観点から理解する見解が主流となっている」との認識を示しているが[33]，そうなるとなぜ憲法35条に「プライバシー侵害」に対する保護を見出さなかったのかが分かりにくくなる。しかし調査官は，この判決で「『私的領域』に『侵入』されることのない権利」の侵害が問題とされているのは，「令状主義の根拠条文である憲法35条の文理に即した解釈を示す必要があると考えられたこと」と，「プライバシーという用語では，外延が不明確で，憲法35条によって保障されていると見るべき権利・利益とそうでないものを区別することができないと考えられたこと」を理由としていると「推察」している[34]。

このように，2017年の判決において大法廷がGPSを用いた捜査活動の憲法上の問題を憲法35条との関係で検討したことに，いくつかの理由・背景を見出すことは不可能ではない。また，それが「私的領域への侵入」の問題とされたことにもそれなりの事情があったと考えられるが，いったんは言及した「プライバシー」の問題としなかったことには不明な点も残る。そこで調査官による解説を見ると，そこでは「プライバシー」という用語の外延の不明確さなどが指摘されている。そして，そこでの「推察」が正しいのであれば，憲法35条には「プライバシー侵害」に対する権利を保護するという意義も見出せるものの，大法廷はプライバシーという用語の不明確性もあってあえて「プライバシー」という用語は用いずに，「私的領域（への侵入に対する保護）」の問題としたということになるだろう。

③ **大法廷による整理に対する批判**

大法廷がGPS捜査の問題を憲法13条ではなく35条と関係するものとして

---

[33] 伊藤雅人・石田寿一「車両に使用者らの承諾なく密かにGPS端末を取り付けて位置情報を検索し把握する刑事手続上の捜査であるGPS捜査は令状がなければ行うことができない強制の処分か」『最高裁　時の判例Ⅸ　平成27年～平成29年』（有斐閣，2019年）417頁以下〈420頁〉。

[34] 伊藤・石田，前掲注[33]421頁。

◆ 第1部　情報自己決定権の保護領域

扱ったことについて，学説では批判もある。例えば山本龍彦は，刑事訴訟法のいう「強制処分」性の基準が「個人の意思を制圧して憲法の保障する重要な法的利益を侵害」しているかどうかなのであれば，「その被侵害利益は，何も憲法35条の『私的領域に「侵入」されることのない権利』（領域プライバシー権）に限定されない」のであり「憲法13条から派生する─必ずしも領域プライバシー権には還元されない─情報プライバシー権の諸類型でもよかったはず」だとしている。そして，「みだりに○○されない自由」とするだけでは，「強制処分該当性の閾値を超える『憲法の保障する重要な法的利益の侵害』を構成しないと考えたように思われる」とした上で，「本判決は，憲法13条のプライバシーと35条のそれとの間に，ある種の格差を生み出し，今後登場しうる新たな捜査手法の強制処分性判断に暗い影を落とすことになる」としている[35]。こうした，大法廷が35条を援用したのは13条で保護されている利益の重要性が劣ると考えているためであるとの趣旨の見解は他にもみられる。山田哲史も，この判決では「本件 GPS 捜査は，要保護性の強い私的領域における活動の監視を構成しており，特別規定である35条が保障するより中核的，つまり重要な権利の制約にあた」り，これにより「35条が保障する重要な権利を制約するものは強制処分となるが，公道上の活動の監視のような場合は，13条によってカバーされる重要度の劣る権利の制約にとどまり，任意処分としての規律に服するにすぎ」なくなり，「京都府学連事件判決との区別のために，13条ではなく35条を援用した」との理解を示している[36]。

ただ，大法廷が13条ではなく35条を援用したのは，13条によって保護される権利の重要性を低く見ているためである，また，それによって今後の事例において13条による保護を構成しづらくなるのかというと，必ずしもそうではないようにも思われる。先に述べたことをふまえるならば，大法廷が35条を援用したのは GPS 捜査が私人の所持品に小型機器を装着することで行われるものであるからにすぎず，そこにはそれ以上の意味はないようにも考えられるからである。そうだとすると，35条を援用したのは事案の特性に応じてのことにすぎ

---

[35]　山本龍彦「GPS 捜査違法判決というアポリア？」論究ジュリスト22号（2017年）148頁以下〈151頁以下〉。

[36]　山田哲史「GPS 捜査と憲法」法学セミナー752号（2017年）28頁以下〈29頁〉。

第 1 章　情報自己決定権の保護領域に関係する，日独両国の議論

ず，小型機器を装着せずに行われる情報収集や小型機器が装着されるのが私人の所持品でない場合においては別途の検討がなされることになり，制約される利益の重要性を説明するために13条を援用することが必要なのであれば，それが根拠条文として挙げられ，同様の密度での審査が行われることになるように思われる。

　このように，大法廷が13条を援用しなかったのはそこで保護される権利の重要性が低いと考えているからであるとまでは断言し難いが，この事件での捜査を憲法13条の問題とする余地がなかったのかは，また別の問題である。先に見た調査官の解説は，憲法35条を「個人のプライバシー保護の観点から理解する見解が主流となっている」として，そこでは井上正仁の文献を参照している[37]。井上は「令状主義の射程」について述べる中で，憲法35条による保障の重点は住居や所持品などの「占有や利用といった財産権的ないし物権的権利の保護から個人のプライヴァシーという無形の権利ないし価値の保護に移ったと，今日では一般に理解されるようになっている」とした上で，「少なくともそのようなプライヴァシー保護の必要が認められる場所や空間である限り，そのプライヴァシーを侵害するような処分には」憲法35条の規制が及ぶとするのが「素直な考え方」であるとしている[38]。そして，2017年の大法廷判決での判断については，「『プライバシーの侵害』を可能とする機器」が密かに所持品に装着されていることを知らない捜査「対象者がその所持品とともに移動等する」場合，そこで取得される位置情報は「プライバシー強保護空間に関わるものであるおそれが常にある」のであり，そうした「位置情報を，当該機器が機能している限り何時でも，捜査機関が意のままに取得することのできる状態を作り出すことそれ自体が，既に，性質上『私的領域』への『侵入』を伴う処分の着手にほかならない，ということではないか」としている[39]。しかし憲法学説には，GPSを用いた捜査の問題を述べる上で必ずしも憲法35条による必要はなく，13条の問題としても処理できた可能性も指摘されている。先にも挙げた山本の議論で

---

[37]　伊藤・石田，前掲注(33)420頁。
[38]　井上正仁『強制捜査と任意捜査　新版』(有斐閣，2014年) 62頁。
[39]　井上正仁「GPS捜査」井上・大沢・川出編『刑事訴訟法判例百選［第10版］』(有斐閣，2017年) 64頁以下〈67頁〉。

◆第1部　情報自己決定権の保護領域

は，「従来の裁判例どおり，憲法13条を前面に押し出し，GPS捜査が同条の保障する重要な法的利益を侵害すると述べた方が素直であり，また先例との整合性も保たれたようにも思われるのである」とされている[40]。また山田は，GPS捜査の特殊性は「継続的，網羅的」な個人の活動の把握を可能にする点にあり，「厳密には，保存，蓄積，さらには利用も含めて，低コストかつ確実に可能であることに問題の核心がある」とした上で，「情報取得のコストや，情報の処理・管理といったところに真の問題があるのに，文言上空間的なプライバシー保護の側面が強い35条を持ち出して，重要な権利制約を基礎づけるというミスマッチが生じている」と指摘し，2017年の判決は「35条という一見使いやすそうな条文を援用したため」，「かえって35条の保障する実体的権利の内容を曖昧なものにしてしまった」[41]としている。そこで検討すると，山本や山田の指摘は，その評価の限りにおいては同意できるものである。さらに，調査官の解説は井上の見解を参照しているが，井上が憲法35条にプライバシー保護としての側面も見出していたのは令状主義の要請が財産権的・物権的権利の保護にとどまらないことを述べようとしている文脈においてであり，GPSのような技術的な手段を用いた捜査の法的性質を語る文脈においてではない。また，2017年判決に関する井上の言及は，プライバシー侵害が起こりうる状態への着手に問題を見出したために大法廷が35条を援用したのであれば，それ自体は理解できないわけではないとするものに過ぎず，「プライバシー強保護空間に係るプライバシーの侵害という点に核心を求めた」[42]大法廷に13条を援用する余地があったこと自体を否定しようとするものではないように思われる。

　以上の通り，2017年の大法廷判決については，憲法13条と35条の間に格差を生み出したとの指摘や，今後の事例において憲法13条を援用するのを難しくしたとの指摘があるが，大法廷が憲法35条を援用したのは当該事件との関係で最も関連性が強いのが35条であると考えたからにすぎず，今後，13条を適用すべきと考えられる事例が生じれば，端的に13条が適用されることになると思われる。他方で，GPS捜査の法的問題を憲法13条の問題としても論じることが可

---

(40)　山本，前掲注(35)151頁。
(41)　山田，前掲注(36)29頁。
(42)　井上，前掲注(39)67頁。

第 1 章　情報自己決定権の保護領域に関係する，日独両国の議論

能であったとの指摘もあり，それらの指摘はその限りにおいてではあるが妥当であるように思われる。そしてその点で，宮下紘が，GPS 捜査の特徴の一つとして，「位置情報の把握は当初から捜査機関による選択をすることができ」ず，「対象者の移動場所が公道以外の私有地等を含むことがあり，本来管理者の承諾なしに立ち入ることができない場所までの追跡の対象となることがある」ことを挙げながらも，「これまで13条に基づく情報も保護の対象としてきたプライバシー権論の方が従来の最高裁の立場とより整合的に説明がつくと考えることは不当ではなかろう」としていることが注目される[43]。

④　小括 ── 2017年の大法廷判決について

　GPS 捜査の法的問題について検討した2017年の大法廷判決は，GPS 捜査は，個人の意思を制圧して憲法の保障する重要な法的利益を侵害するものとして，令状主義について規定する憲法35条に位置づけられる権利であり，GPS を用いた捜査はそこで保護されている「私的領域への侵入に対する保護」との関係で問題となるとした。そして，調査官の解説もふまえるならば，大法廷がこのような構成によったのは，プライバシーという用語の不明確性も考えたからであったと言える。しかし，大法廷が憲法35条を援用し13条を援用しなかったことには批判もある。大法廷は事件の中身に合わせた整理をしたにすぎず，憲法13条で保護されている利益の重要性を低く見たわけではないと思われるが，13条を援用して説明した方が良かったとは言えるだろう。

(4)　小括 ── 日本の議論

　このように，佐藤が提唱した「自己情報コントロール権」には，プライバシー固有情報に含まれない情報の悪用・集積に対しても憲法上の権利の保護を及ぼそうとしている点に重要性があり，後の判例でも，必ずしも秘匿性の高くない情報が「みだりに開示」されることの危険性も指摘されるようになった。他方で，GPS 捜査の法的問題について検討した2017年の大法廷判決は，GPS 捜査を憲法35条に位置付けられる「私的領域への侵入に対する保護」との関係で問題となるとしたが，その問題は憲法13条の問題として検討する余地があるもの

---

[43]　宮下紘「GPS 捜査とプライバシー保護 ── 憲法論からの考察」指宿信編著『GPS 捜査とプライバシー保護 ── 位置情報取得捜査に対する規制を考える』(現代人文社，2018年) 34頁以下〈37頁，42頁〉。

であった。以下ではそうした日本国内の議論状況を，先に述べたドイツ国内の議論状況と比較した上で，この章で述べたことをまとめることにしたい。

第4節　小括――情報自己決定権の保護領域に関係する，日独両国の議論について

　ドイツでは1983年の国勢調査に対して基本法1条1項と結びついた2条1項の観点での問題がその匿名性との関係で指摘された。そこで国勢調査判決は，情報技術の発展を背景として，「自己の個人データの提供・利用について原則的に自分で決定するという個人の権限」を，基本法1条1項と結びついた2条1項から導出される一般的人格権の具体化の一場面として捉えた。連邦憲法裁判所はこうした権限を「情報自己決定権」との名称を用いて説明し，その後は技術的手段を用いた国や州による，公安・警察目的でのものも含めた，その他の多くの情報処理も情報自己決定権の問題として扱われるようになり，情報自己決定権の保護範囲は拡張していった。

　ただ，連邦憲法裁判所は，監視を目的とした措置に対して常に情報自己決定権を用いてきたわけではなく，通信の秘密や住居の不可侵といった，基本法に明記されている基本権を適用できる事例ではそれらを基準としている。さらにそれだけでなく，個々の情報収集ではなく情報技術システム全体に対してアクセスがなされる場合には情報自己決定権による保護では十分ではないとし，その場合には「コンピュータ基本権」とも呼ばれる基本権が基準となるとした。

　その一方で，日本における議論の展開に目を移すと，佐藤が提唱した「自己情報コントロール権」には，プライバシー固有情報に含まれない情報の悪用・集積に対しても憲法上の権利の保護を及ぼそうとしているという意義があり，のちの判例でも，必ずしも秘匿性の高くない情報が「みだりに開示」されることの危険性が指摘されるようになった。2017年の大法廷判決はGPS捜査の問題を憲法35条にによる「私的領域への侵入に対する保護」の問題となるとしたが，学説の一部から指摘もあるように，その問題は憲法13条の問題として検討する余地があった。

　以上のような日独両国の議論を比較すると，ドイツでは様々な問題が情報自己決定権の問題として捉えられてきており，情報自己決定権の保護領域が広く

第1章　情報自己決定権の保護領域に関係する，日独両国の議論

理解されている。他方，日本においても「情報プライバシー権」や「自己情報コントロール権」の射程が判例・学説，双方において広がりを見せているが[44]，私見も含めた学説では憲法13条の問題として扱えると考えられている問題が，大法廷では35条の問題とされた。そのため，ドイツにおいては情報自己決定権で保護されていると考えられているものの一部が，最高裁の判例では憲法35条によって保護されると解されており，その分だけ日本において「自己情報コントロール権」として保護されているものの範囲は狭くなっている。このように，日独両国の議論においては援用される権利に相違も見られるものの，技術的な手段を用いた捜査に対して憲法上保護される（複数の）権利の保護領域に多くの利益が含まれると解されているという点では類似性が見られると言える[45]。

---

[44] 曽我部真裕「自己情報コントロール権は基本権か？」憲法研究3号（2018年）71頁以下〈77頁〉は，「自己情報コントロール権」との名称の「ミスリーディング」な面を指摘している。この指摘は個人情報の保護の必要性を否定するものではなく，本書の趣旨とは必ずしも矛盾するわけではないと思われるが，「自己情報コントロール権」・「情報自己決定権」との名称が現在においても妥当なものであるかは，今後の検討課題としたい。

[45] 第1部・第1章において述べたことの一部は，大川情報通信基金・2017年度研究助成「GPSによって得られた位置情報をパソコンや携帯電話で表示させ取得する捜査手法が有する憲法上の問題」（助成番号：17-23）による研究の成果の一部である。

第2章　基本権の保護領域をめぐる議論
―― 基本権の構成要件と保障内容

　ドイツでの違憲審査は当該行為・利益の保護領域該当性，介入の有無，介入の正当化の可否の三段階で行われてきた[1]。その審査において従来は広い保護領域理解を前提に，介入の正当化について比例原則を用いて綿密な審査を行うのが一般的であった。そのうち，第1部では情報自己決定権の保護領域に焦点を当てており，第1章ではそれがドイツにおいては広く理解されてきていることを確認したが，ドイツにおいては基本権一般について，それらの保護領域を広く解する傾向がみられる。ただ，基本権の保護領域該当性の審査における連邦憲法裁判所の姿勢には変化が見られるとの指摘もあり，そこで指摘されたのは主に二つの点であった。一つは，違憲審査の対象を一つの基本権に限定せず，いくつかの権利を「結びつける」という手法の増加である[2]。先に見た通り，情報自己決定権などについて「基本法1条1項と結びついた2条1項」という根拠が従来から持ち出されてきているが，このような手法が他の基本権についても見られるようになった。もう一つの変化としては，基本権の保護領域を限定的に，狭く理解しようとする判例が登場したことも挙げられる。第2章において見るのは，後者の保護領域の広さに関係する議論である[3]。以下では，まず，アレクシーやミュラーによる主張を詳しく説明することで，従来の議論を振り返り（第1節），その上でその後の議論を紹介し（第2節），その議論が与えた新たな視点などについて検討した後に（第3節），この章の結論をまとめ

---

(1) 合憲性審査の手順を簡潔に述べるものとして Klaus Stern, Die Grundrechte und ihre Schranken, in: Festschrift für 50 Jahre BVerfG, Bd. 2., 2001, S. 1ff.; Sebastian Graf Kielmansegg, Die Grundrechtsprüfung, JuS 2008, S. 23ff.

(2) この点について Ino Augsberg/Steffen Augsberg, Kombinationsgrundrechte, AÖR 2007, S. 539ff.

(3) 拙稿「基本権の構成要件と保障内容」千葉大学法学論集23巻1号（2008年）155頁以下も参照。

る（第4章）。

第1節　狭義の基本権構成要件論

保護領域の広さに関する議論において中心的な役割を果たしてきた論者の一人として，アレクシーを挙げることができる。アレクシーは基本権の保護領域を広く理解していることで知られており，基本権として（とりあえず）保護されるかどうかを「構成要件」該当性の問題として説明しようとしている。しかし，基本権の保護という文脈での「構成要件」との概念は説明を要するものであると思われるため，ここではまず，アレクシーによる「構成要件」概念の説明とその概念の理解について概観し，それに対する批判もみる。

(1) 概　要

アレクシーは基本権の構成要件の概念を，広義のものと狭義のものとに分ける。広義の構成要件とは，最終的に基本権上の法律効果が発生する条件をすべて含み，狭義の構成要件と制約条項から構成されるものである。他方で，「狭義の構成要件」とは保護利益と介入から構成されるものである[4]。アレクシーが防御権について「構成要件」と呼ぶ場合には，これらのうち狭義の構成要件を指すとされ，構成要件の概念が制約という概念の対義語（Gegenstück）という性格を失わずに済むということを考えると広義の構成要件概念は勧められないとしている。狭義の構成要件概念を用いるならば，防御権から最終的に法律効果が発生するためには，保護利益に該当し介入が存在する（狭義の構成要件該当性を満たす）ことが認められ，なおかつ制約条項が満たされないことが必要となる。逆に，狭義の構成要件を満たしていても，制約条項が満たされれば防御権的基本権の法律効果は発生しないことになる[5]。

① 広い構成要件論

基本権の構成要件が満たされなければその制約条項が満たされているかを検

---

[4] ドイツにおける基本権構成要件論を紹介するものとして，中野雅紀「ドイツにおける狭義の基本権構成要件理論——イーゼンゼーの学説を中心に」法学新報102巻9号（1996年）143頁以下，新正幸「基本権の構成要件について」藤田宙靖・高橋和之編『憲法論集——樋口陽一先生古稀記念』（創文社，2004年）173頁以下。

[5] Robert Alexy, Theorie der Grundrechte, 3. Aufl., 1996, S. 272ff.

討せずに済むため，最終的な法律効果が発生しうるかを検討するためには，まず基本権の構成要件の広さ・限界について考えることが必要になる。アレクシーは，基本権に関する判断が正しいのはその判断が適切な衡量の結果である場合だけであるとして，衡量の場に持ち込みやすい広い構成要件論を支持する。アレクシーの定義によれば広い構成要件論とは，基本権上の原理の保護に有利になるものをすべて保護領域に含ませる理論である[6]。構成要件のうちまず保護利益について，例えば「プレス」の概念は広く，形式的に理解されるべきであるとする。他方で，保護利益が広く理解されたとしても基本権に対する介入に該当する範囲が狭く理解されれば，それは構成要件を狭く理解していることになるとしている[7]。しかし，アレクシーのような広い構成要件論とは異なり，それを狭く解する「狭い構成要件論」もある。そこで以下では，アレクシーが「狭い構成要件論」として挙げている議論を見ることにする。

② 狭い構成要件論を支持する論者

狭い構成要件論としてまず紹介されているのが，フリードリッヒ・ミュラーの議論である。ミュラーの議論の特徴は，基本法の規定の文言を重視し，基本権が保障するものを限定的に理解するところにある。ミュラーは基本権は無限界に保障されているわけではなく，また基本権に関わる検討の対象となるのは事項領域（Sachbereich）ではなく，規範領域（Normbereich）であるとして，検討対象を限定しようとする[8]。そして，ミュラーが「事項的」とするのは，記述された規範内容，つまり芸術や学問などといった，規定の文言から説明されるものである。

他方で「規範領域」について，ある事件が基本権に関わる事例として扱われるのは，法律などが基本権で保護された規範領域を縮減する場合であるとしている[9]。規範領域に関連するものとして，「特有性（spezifisch）」[10]，交換可能性（Austauschbarkeit）[11]などが挙げられている。戦争を煽動する作品の公表[12]，交

---

(6) Alexy, Fn. 5, S. 291.
(7) Alexy, Fn. 5, S. 276.
(8) Friedrich Müller, Die Positivität der Grundrechte, 1969, S. 41.
(9) Müller Fn. 8, S. 73.
(10) Müller Fn. 8, S. 64.

◆第1部　情報自己決定権の保護領域

通量の多い十字路上での絵画・意見表明[13]などが特有性を欠く行為であるとし，これらの行為に対して制裁を与えても，基本権で保障されたものを縮減するわけではないとしている。また，「交換可能」とされるのは恐喝的な請願[14]，都市部の繁華街を通る政治的デモ行進などである[15]。これらは他の方法・場所によっても行える様態であるとされ，同様に基本権の規範領域から除かれると言う。

　また，一般法律に含まれるものを保護領域から排除する見解が，狭い構成要件論の第二のグループとして紹介される。このグループに属する論者として詳しく紹介されているのがリュフナーである。リュフナーは，一般法律と衝突する行為を基本権の保護領域から排除する。一般法律と衝突する行為としては，借家人が借家に選挙広告を貼ること，疫病が伝染する危険がある状況での宗教行進，舞台上での殺人，また，芸術家による道具の窃盗などが挙げられている。これらの行為の憲法上の保護は，家の貸主や公衆衛生といった社会全体の利益，殺人の被害者や道具の所持者の利益といったものとの衡量によって検討できるようにも思われるが，これらの事例においては基本権と他人の基本権とを衡量するわけではなく，重要なのは基本権の保護領域を認識（erkennen）することであるとする[16]。

　以上のように，狭い構成要件論を支持するものとしてアレクシーはミュラーの議論を挙げ，ミュラーの議論を見てみると，基本権に関わる検討の対象となるのは事項領域ではなく，規範領域であるとされている。そして，基本権の規範領域からは他の方法・場所によっても行える様態が除かれると述べられている。加えてアレクシーはリュフナーの議論も紹介しており，リュフナーの議論においては一般法律と衝突する行為が基本権の保護領域から排除され，重要な

---

(11)　Müller Fn. 8, S. 101.
(12)　Müller Fn. 8, S. 88.
(13)　Müller Fn. 8, S. 73.
(14)　Müller Fn. 8, S. 73ff.
(15)　Müller Fn. 8, S. 100.
(16)　Wolfgang Rüfner, Grundrechtskonflikte, in: Christian Starck (Hrsg.), Bundesverfassungsgericht und Grundgesetz, Bd. 2, 1976, S. 453ff.〈S. 455ff.〉.

のは基本権の保護領域を「認識」することであるとされている。
③ 狭い構成要件論の弱点
　これらの「狭い構成要件論」に共通する弱点としてアレクシーは，基本権上の保護の最終的な排除を，根拠とその反対根拠とのゲームの結果としていないことを挙げる[17]。ここでアレクシーはまず，対立利益がない場合を想定する[18]。例えば十字路上に車が少なく，そこで絵を描いても誰の邪魔にもならないのであれば，そこで絵画をすることは基本権上の地位に含まれるとする。また，疫病が伝染する危険がある状況での宗教行進についても，疫病の回避という問題を別にしておけば，行進は宗教の実行行為の一つであるとする。このように基本権の保護に反する根拠がなければ基本権上の保護が存在するというのであれば，基本権上の保護を覆すためにはそれを正当化する必要があると述べる。
　ところがアレクシーによると，それを正当化するための対立利益との衡量を，狭い構成要件論はひそかに行っている。交通の安全のような他人の，もしくは集団的な権利が画家の保護を排除するという結論は適切であるが，狭い構成要件論においては許可規範の中に制約条項が取り込まれていると批判する。その場合の欠点としてアレクシーが指摘するのが，対立根拠との比較という作業が犠牲になることである。狭い構成要件論は道具の窃盗や舞台上での殺人といった，対立根拠の優位性が明らかな事例を挙げるが，狭い構成要件論が構成要件から排除するすべての事例が，そのような明らかな事例であるとは限らない。そのような場合に保護領域からの排除を衡量に依存させれば，それは矛盾であると批判する。対立する根拠が明らかに優勢な場合には保護領域から排除するが，疑わしい場合には衡量によって解決するという方法は過度に複雑であると批判する。
　これに対して広い構成要件論には，すべての事例について衡量が可能であることをはっきりさせるという利点があると，アレクシーは主張する。そしてアレクシーは，基本法2条1項の「人格を自由に発展する権利」についてもその構成要件を広く捉える。基本法2条1項が保護する範囲については人格核心説，

---

[17]　Alexy, Fn. 5, S. 290ff.
[18]　ミュラーも芸術の自由の範囲にある活動であることは認めているが，規範領域には含まないとしている点でアレクシーと異なる。

◆ 第1部　情報自己決定権の保護領域

人格関連説，そして一般的行為自由説の間で争いがあるが[19]，そのなかで判例・通説となっているのが，保護領域を広く理解する一般的行為自由説である。アレクシーは，基本法2条1項の構成要件には基本権享有者のすべての行為と，基本権享有者の行為に対する国家の侵害すべてが含まれるとする。ところで，基本法2条1項の構成要件を見る前に，一般的自由権と他の規定で特別に列挙されている個別（speziell）の自由権との関係も見る必要がある。この点についてアレクシーは，個別の自由権は消極的自由の原理の領域での憲法起草者の決定の表れであるとする。それゆえ，個別の自由権は消極的自由の原理を特定の文脈で強調するものであり，そのような強調はルールの性格をもつとする[20]。個別の自由権を一般的自由権の枠内で審査してしまうと消極的自由の原理が衡量に取り込まれてしまい，憲法起草者の決定が凌駕される危険があるため[21]，個別の自由権を適用できない場合に限り一般的自由権を適用すべきである，というのがアレクシーの見解である。そしてその際に適用される一般的自由権の構成要件を広く理解していることは既に見た通りである。

このようにしてアレクシーは，狭い構成要件論に共通する弱点として基本権上の保護の最終的な排除を根拠とその反対根拠とのゲームの結果としていないことを挙げると同時に，対立利益との衡量はひそかに行われていると指摘する。その一方で広い構成要件論には，すべての事例について衡量が可能であることをはっきりさせるという利点があるとして，そのことを特に一般的自由権を例として述べるのである。

④　小括：基本権の構成要件に関する理解

以上のように，アレクシーはまず広い構成要件論の利点を挙げた後に，狭い

---

[19]　この点に関するドイツでの議論について，戸波江二「自己決定権の意義と射程」樋口陽一・高橋和之編『現代立憲主義の展開——芦部信喜先生古稀祝賀（上）』（有斐閣，1993年）325頁以下，丸山敦裕「包括的基本権条項から導かれる権利の射程」阪大法学48巻6号（1999年）163頁以下など。また拙稿「人格的利益の自己決定（一），（二・完）」早稲田大学大学院法研論集99号55頁以下，100号（ともに2001年）117頁以下。

[20]　アレクシーの「ルール」と「原理」について触れる邦語文献の一つとして，渡辺康行「憲法学における『ルール』と『原理』区分論の意義」樋口・上村・戸波編『日独憲法学の創造力——栗城壽夫先生古稀記念（上巻）』（信山社，2003年）1頁以下など。

[21]　Alexy, Fn. 5, S. 346ff.

構成要件論を紹介する。狭い構成要件論を支持するものとしてアレクシーはミュラーとリュフナーの議論を挙げるが、狭い構成要件論に共通する弱点として基本権上の保護の最終的な排除を、根拠とその反対根拠とのゲームの結果としていないことを挙げると同時に、対立利益との衡量はひそかに行われていると指摘する。その一方で広い構成要件論には、すべての事例について衡量が可能であることをはっきりさせるという利点があるとして、そのことを特に一般的自由権を例にとって述べ、これらの議論を通じて狭い構成要件論の問題点と広い構成要件論の利点を示そうとしている。

(2) **通説に対する批判と反論**

ドイツにおいて有力な立場は、アレクシーのように基本権の構成要件、特に保護利益を広く理解しており、それは連邦憲法裁判所も同様であった。しかし、これに対しては批判もある。ここではそのような批判のうち、アレクシー自身が紹介している「孤立した個人」との批判、広い構成要件論がもたらす不利益に関する批判と、それぞれについてのアレクシーによる反論を概観する。

① **「孤立した個人」との批判**

一般的行為自由説に対する批判としてアレクシーがまず挙げるのが、一般的行為自由説は基本法が克服したはずの「孤立した個人」という人間像を前提にするものであるとの批判である。ヘーベルレは通説的な立場を「侵害－制約思考」とした上で、このような考え方は基本権の制度的側面を誤解する根源であり、社会国家においてはふさわしくないと批判する[22]。また、このような思考が前提とする個人は、共同体との関連性や共同体への拘束性などがないままに生活する者であるとする。ヘーベルレによれば、法や法律は自由や基本権を限定・形成するものである[23]。そして一般的行為自由の限界は外から迫ってくるものではなく、内在的な限界であるとしている[24]。またショルツも、実質的法治国家は市民の自由を制約する国家であるだけでなく給付を行い自由を保護する国家であることを一般的行為自由説は理解していないと批判する[25]。これら

---

[22] Peter Häberle, Die Wesensgehaltgarantie des Artikel 19 Abs. 2 Grundgesetz, 3. Aufl., 1983, S. 150ff.
[23] Häberle, Fn. 22, S. 222ff.
[24] Häberle, Fn. 22, S. 230.

◆第1部　情報自己決定権の保護領域

の批判は一般的行為自由説に対する批判として紹介されているが，広い構成要件論一般にも向けられうる批判であろう。

②　自由の制約としての整理

これに対してアレクシーは，例えば市民の間での強要（Nötigung）で考えるならば，強要が禁止されている方が「自由な状態」であることはたしかであると認める。しかし，それは法的な不自由を課すことによって生み出されている状態であることには変わりがないとする。特に，強要ほどに明白な事案でなければ，自由の制約が制約と認められず，その制約が簡単に正当化されてしまう危険があると指摘する。また，自由な状態とは消極的自由があることを前提とするものであり，個人の法的地位に対する介入がなされるのは，その介入を正当化する根拠がある場合だけであるということも前提とするのではないかとも述べる。他方で，共同体との関連性・拘束性については，一般的自由権と捉えても衡量の場面で問題なく考慮できるとしている[26]。

③　広い構成要件論がもたらす不利益

また，広い構成要件論や一般的行為自由説に対しては，それらの説がもたらす不利益が指摘されることもある[27]。ここでは，保護領域への介入が正当化されることによって，いったんは基本権の保護領域に含まれたものが保護されなくなること，憲法裁判所の権限の拡張，グロテスクな権利，に関する指摘とアレクシーが試みている反論を概観する。イーゼンゼーは，基本権の保護領域は最初から限定されているとし，第三者の基本権に対する侵害行為を基本権の保護利益から排除する[28]。また，憲法解釈者が保護領域の次元で認めたものを，基本権を制約するという次元で排除しないということの必要性を指摘した上で広い構成要件論を批判し，イーゼンゼーはこうした問題を「誠実性（Red-

---

[25]　Rupert Scholz, Das Grundrecht der freien Entfaltung der Persönlichkeit in der Rechtssprechung der Bundesverfassungsgericht（1. Teil），AÖR 1975, S. 80ff.〈S. 97〉．

[26]　なお，国家は市民の自由を制約するだけではないとしているショルツも，制約留保と関連付けた議論が必要であるとしている。また，この点の議論を紹介し，アレクシーと同様の結論を導く日本の文献として，松原光宏「幸福追求権の射程」小山剛・駒村圭吾編『論点探究憲法（第2版）』（弘文堂，2013年）115頁以下。

[27]　以下は Alexy, Fn. 5, S. 292ff.

lichkeit)」との表現を用いて指摘している⁽²⁹⁾。これに対するアレクシーの反論は，基本権の保護が否定される市民は，保護領域に含まれないために基本権上保護されない，と言われるよりも，他の基本権などと対立しているため，と理由付けられる方が誠実だと考えるのではないか，というものである。

「誠実性」に関連する批判として，基本権を拡張すると憲法裁判権が拡張するとの批判もある⁽³⁰⁾。これに対してもアレクシーは，たしかに広い構成要件論においては基本権の保護に有利な根拠と不利な根拠とを衡量することを通じて解決する事例が増えるが，必ずしもそれを否定的に評価する必要はないとする。その根拠として，基本権事例の中には対立する権利・利益の方が明らかに重要であるために実際にはほとんど衡量をする必要のない，「潜在的基本権事例」が多く含まれることを挙げる。また，狭い構成要件論は，保護されないことが確実な場合については適切であるが，そうでない場合には問題があるとする。もし，憲法起草者の意思に適合しない，また基本権に特有でないというだけでは基本権の保護を求めている者が納得しない場合には，基本権の保護に反対する根拠を持ち出すことが合理的であり，もし反対根拠と比較するのであれば，それは広い構成要件であると主張する。結局，狭い構成要件論は保護の要否が疑わしくなると不完全なものしか供給できない理論であると反論する。そして，潜在的基本権事例であるかどうか自体，常に確定できるわけではなく，このことも広い構成要件論に有利なものと捉える。連邦憲法裁判所の権限の不当な拡張という問題もこれに関連する問題であるが，連邦憲法裁判所の権限の問題は，関連する原理や根拠づけの内容次第で判断されるものであり，権限の問題の考慮が過度な重要性をもってはならないと述べる。

---

(28) Josef Isensee, Das Grundrecht als Abwehrrecht und als staatliche Schutzpflicht, in : Josef Isensee/Paul Kirchhof（Hrsg.), Handbuch des Staatsrechts, Bd. V, 1992, S. 143ff.〈S. 172, S. 234ff.〉. また，他者加害的行為についてはローレンツ（Dieter Lorenz, Wissenschaft darf nicht alles !. in : Peter Badura/Rupert Scholz（Hrsg.), Wege und Verfahren des Verfassungslebens. Festschrift für Peter Lerche zum 65. Geburtstag, 1993, S. 267ff.）も保護領域から除外されるとしている。

(29) Josef Isensee, Wer definiert die Freiheitsrechte?，1980, S. 29ff.

(30) Christian Starck, Die Grundrechte des Grundgesetzes - Zugleich ein Beitrag zu den Grenzen der Ver-fassungsauslegung, JuS 1981, S. 237ff.〈S. 246〉.

◆ 第1部　情報自己決定権の保護領域

　ところで，潜在的であれ現実的であれ，いかなる事例も基本権事例として扱うとするアレクシーの主張に対しては，殺人・窃盗の基本権のような「グロテスク」な観念が登場することになるとの批判もある。シュタークは，このような刑法上違法とされている行為を基本法2条1項に含めることは，憲法起草者の意思によっても人権の伝統の理性によっても基礎付けることはできないとして，基本法2条1項の保護領域の限定を図る[31]。これに対してアレクシーは，広い構成要件論が目指しているのはとりあえずの保護であり，窃盗の基本権は制約されうるものであるため，その限りで「グロテスク」とは言えないと反論している。

　こうして，広い構成要件論がもたらすとされる不利益についてアレクシーは，まず「誠実性」との関係で，基本権の保護が否定される市民は「他の基本権などと対立しているため」と理由付けられる方が誠実だと考えるのではないかと応答し，憲法裁判権が拡張するとの批判については，連邦憲法裁判所の権限の問題は関連する原理や根拠づけの内容次第で判断されるものであると考えているように思われる。加えて「グロテスクな権利」が発生するとの批判にも触れ，窃盗の基本権は制約されうるものであるため，その限りで「グロテスク」とは言えないとしている。これらの議論を通じて，広い構成要件論から生じうる不利益については応答可能であることを示そうとしているように思われる。

　④　小括：通説に対する批判と反論

　以上のように，アレクシーは広い構成要件論に対する批判として「孤立した個人」が想定されているとするものを挙げ，これに対して共同体との関連性・拘束性については，一般的自由権においても衡量の場面で問題なく考慮できると反論する。他方，広い構成要件論がもたらすとされる不利益についてアレクシーは，「誠実性」，連邦憲法裁判所の権限の問題，「グロテスクな権利」が発生するとの批判との関係で，それぞれ「他の基本権などと対立しているため」と理由づけられる方が誠実であると考えられる可能性，連邦憲法裁判所の権限の問題は，関連する原理や根拠づけの内容次第で判断されるものであること，窃盗の基本権は制約されうるものであるため，その限りで「グロテスク」とは

---

[31]　Starck, Fn. 30, S. 245f.

言えないと思われることを指摘することで反論を試みている。そして，その後も基本権の保護領域に関する議論は活発に続けられており，次にそれらの議論を確認する。

(3) **その後・その他の議論**

① **基本権の構成要件の概念とその範囲をめぐる，少し後の議論**

ここまでは，広い構成要件論と狭い構成要件論の違いを示すことを目的としてアレクシーの議論を中心に述べたが，少し後になると，「保護領域」の概念を再構成しようとするものが登場したり，保護領域や構成要件を広く理解した場合，また，狭く理解した場合にそれぞれ生じる不利益について改めて指摘されたりしており，介入概念についても変化が見られた。先に述べたように，アレクシーの言う「狭義の基本権構成要件」とは基本権の保護利益とそれに対する介入を含むものである。その場合，保護利益と介入に該当すると認められてはじめて，そのような介入が正当化されうるかが審査されるのであるが，介入の正当化に先立つ審査を，どのような概念を用いて表すのか自体に争いがある。

この章の冒頭でも紹介した通り，アレクシーは「構成要件」概念を「保護利益」と「介入」から構成されるものと理解し，構成要件に含まれるものが制約されうるかを検討しようとしている。これに対して，「構成要件」，介入，制約というモデルが用いられることがある(32)。アレクシーの用いる「構成要件」が「狭義の構成要件」であるとすれば，そこからさらに介入概念が除かれているという意味で，これは「最狭義」の構成要件と言えるかもしれない。他方で，多くの事項を含んでいても，国家による介入の一部に対してしか保護されない保護領域の構想は，狭い保護領域であるとする理解もある(33)。このように学説で用いられている用語は様々であるが，本章ではアレクシーの言う「保護利益」や，ここで紹介した「最狭義の構成要件」については「保護領域」の語を用いている。

また，保護領域該当性審査の方法も多様である。まず，この審査を二段階に

---

(32) Jörn Ipsen, Staatsrecht II, 19. Aufl., 2016, S. 37ff.

(33) Andreas von Arnauld, Die Freiheitsrechte und ihre Schranken, 1999, S. 92.

◆ 第1部　情報自己決定権の保護領域

分けて審査しようとする学説が少なくない。例えば，基本法2条1項の基本権の領域を「規律領域（Regelungsbereich）」と「保護領域（Schutzbereich）」とに分けるもの[34]，基本権規範を「事項的対象」と「規律対象（Regelungsgegenstand）」とに分ける議論[35]，基本権の生活領域に含まれるものと基本権保護に含まれるものとを区別する議論[36]などがそれに該当する。これらはいずれも，基本権に事項的に関連するものと，基本権が保障するものとが区別されている点で共通している。さらに，これらの審査にもう一段階加え，「保護領域」該当性審査を三段階に分ける議論もある。ヴィンクラーは「構成要件」は基本権の事項領域（Sachbereich）と規範領域（Normbereich）からなるとした上で，基本権の構成要件に含まれるものに対する介入の有無の検討に進むためには，それらが事項領域・規範領域に加えて，基本権の法的効果（Rechtsfolge）にも含まれることが必要であるとする[37]。構成要件の側面とは十字路での絵画や平穏でない集会などの基本権該当性に関わる[38]。他方で，法的効果の側面とは，親権の行使のように責任を伴う基本権の行使や[39]，他人の権利や物を強奪しての実行を排除すること[40]などに関わるものである。法的効果の側面についてヴィンクラーはトランペットの演奏に例えて説明する。トランペットの演奏が近所に迷惑であるという理由で基本権保護から排除されれば，トランペットの演奏には基本権で保護される部分と保護されない部分とがあることになる。しかし他人の権利の限界に衝突するまでは基本権上保護されるはずであり，トランペットから出る音波が部屋の四隅の壁に到達するまでは演奏は基本権上保護されるとして，基本権が保障する法的効果を限定的に捉える立場を批判する[41]。

---

[34] Hans-Uwe Erichsen, Allgemeine Handlungsfreiheit, in: Josef Isensee/Paul Kirchhof（Hrsg.）, Handbuch des Staatsrechts VI, 1989, S. 1185ff.〈S. 1198〉. エリクゼンの議論を紹介するものとして，工藤達朗「幸福追求権の保護領域」法学新報103巻2・3号（1997年）197頁以下。

[35] Wolfram Cremer, Freiheitsrechte, 2003, S. 76 Fn. 8.

[36] BVerfGE 80, 137〈170〉（Dieter Grimm）.

[37] Markus Winkler, Kollision verfassungsrechtlicher Schutznormen, 2000, S. 175.

[38] Winkler, Fn. 37, S. 186-191.

[39] Winkler, Fn. 37, S. 218.

[40] Winkler, Fn. 37, S. 238.

こうしたヴィンクラーの議論は，アレクシーが「保護利益」該当性の審査としていたものを「事項領域」該当性，「規範領域」該当性，「法的効果」該当性の審査の三つに分けるものと言えよう。このような審査は丁寧な作業であるのかもしれないが，議論の枠組みとしては使いづらいこともまたたしかである。保護領域の概念については先に述べたが，本章で「構成要件」と言う場合は，アレクシーが用いる概念，つまり，保護利益（保護領域）と介入からなるものとして用いることにする。

② 広い構成要件論から生じうる不利益

次に，広い構成要件論がもたらすとされる不利益についても様々なものが指摘されている。その例としてはまず，基本権の陳腐化（Banalisierung）が挙げられる。基本権の陳腐化とは，重要でない行為・利益も基本権として保障されることによって，最後には基本権全体の価値を下げてしまう危険性，基本権の影響力（Wirkkraft）を失う危険性についての指摘である[42]。日本でも「インフレ化」として指摘される点であるが[43]，これに対しては基本権の価値が低下するという意味での陳腐化ではなく，不足分を埋め合わせていると見るべきであるとの反論がある[44]。この「陳腐化」の問題に関連して，いかなる些細な事件であっても連邦憲法裁判所で審査される可能性があり，それは権力分立制・民主制を採る基本法と矛盾するのではないかとの批判もある[45]。これに対しては，基本権衝突が増えることはたしかであるが，それは法的に保護された利益と一致させる任務と関連するものである[46]，基本権の構成要件上の妥当領域は憲法手続的な観点で限定されてはならず，逆に憲法異議の法的救済（Rechtsbehlf）は憲法異議が射程とする範囲内で基本権構成要件から決められるべきである[47]，などの反論がある[48]。

---

(41) Winkler, Fn. 37, S. 240.

(42) Grimm, Fn. 36, S. 168 ; Gunnar Duttge, Freiheit für alle oder allgemeine Handlungsfreiheit?, NJW 1997, S. 3353ff.〈S. 3354〉.

(43) 奥平康弘「人権体系及び内容の変容」ジュリスト638号（1977年）243頁以下〈251頁〉。

(44) Peter Unruh, Der Verfassungsbegriff des Grundgesetzes, 2002, S. 539.

(45) Martin Hochhuth, Lückenloser Freiheitsschutz und die Widersprüche des Art. 2 Abs. 1 GG, JZ 2002, S. 743ff.〈S. 746〉. 同様の指摘は他にも Duttge, Fn. 42, S. 3355.

(46) Arnauld, Fn. 33, S. 86.

◆ 第 1 部　情報自己決定権の保護領域

　ドイツの判例・通説のように基本権の保護領域を広く捉えると，他の利益と衝突しうるものも広く保護領域に含まれることになるだろう。この場合には，「基本権衝突」が増えることで，いったん保障された基本権が最終的には制約されるということも多くなるだろう。これを批判するための概念が基本法 2 条 1 項の「空洞化」や「実体の喪失」[49]である。基本法 2 条 1 項の空洞化との批判は衡量の場面で多くの事柄が決定されることに対するものであるが，これに対しては，衡量行為はまったくの決断主義ではなく，比例原則等に拘束されるとの反論がある[50]。また，警察への一般授権（Generalermächtigung）でさえも基本法 2 条 1 項の規定する「憲法適合的秩序」として捉え，なおかつ基本権の内在的限界と理解する見解があることに対して，広い構成要件論からは，自由権の防御権的意義は警察権力による侵害の場合において特にはっきりと表れるのであり，警察法上の一般授権を根拠とする措置を内在的限界としてしまうことで，基本法の制約体系は空洞化するのではないかとの反論がある[51]。

　ここまでは広い構成要件論に対する狭い構成要件論からの批判を中心に見たが，狭い構成要件論がもたらす不利益も，それらの批判への反論として指摘されている。一つは，利益間の衡量を基本権審査の最初の段階に移すことになることへの批判である[52]。先に見たアレクシーが批判するのと同様に，リュフナーの言う一般法律の背後には，実際には対立が問題となる利益があるとの批判が

---

(47)　Christoph Degenhart, Die allgemeine Handlungsfreiheit des Art. 2 I GG, JuS 1990, S. 161ff.〈S. 163〉.

(48)　Christoph Möllers, Legalität und Legitimation des Bundesverfassungsgerichts, in: Jestaedt/Lepsius/Möllers/Schönberger, Das entgrenzte Gericht, 2011, S. 281ff.〈S. 344ff.〉（邦訳として，クリストフ・メラース「連邦憲法裁判所の合法性・正統性・正統化」鈴木・高田・棟居・松本（監訳）『越境する司法──ドイツ連邦憲法裁判所の光と影』（風行社，2014年）247頁以下〈293頁以下〉（松本和彦訳））は，「基本権保護」を連邦憲法裁判所の正統化根拠とできるかを検討している。そこでは基本権が個人の権利を保護するためだけでなく，権利を制限するためにも持ち出される場合の問題についても検討されている。

(49)　Duttge, Fn. 42, S. 3354.

(50)　Degenhart, Fn. 47, S. 163; Cremer, Fn. 35, S. 81.

(51)　Arnauld, Fn. 33, S. 70.

(52)　Arnauld, Fn. 33, S. 83.

第2章　基本権の保護領域をめぐる議論

ある[53]。基本法2条1項に関する議論においても，狭い理解においては保護領域を正当化の側から定義することになり，「保護領域・介入・正当化」の区分をなくしてしまうことになるのではないかとの批判がある[54]。保護領域の段階と介入の正当化の段階とで二度も価値判断をしなければならなくなるとの批判も，これに関連する[55]。特に人格関連説に対して，何が第三者を害するのか，何が平穏なのかを保護領域の次元で判断するのは困難であるとの批判がある。平穏性や無害性を持ち出したり，他人の道具を盗むという芸術家の行為を保護領域に含まれないとしてしまったりすると，国家の措置の法治国家的な統制や基礎づけ可能性がかなり低下してしまい，それは意見の概念などについても同様であると批判する[56]。また，保護領域から漏れたものが保護されなくなり，「自由保護の喪失」を導くのではないかとの批判が，特に基本法2条1項に関してなされている[57]。加えて，介入概念を狭く理解することで構成要件を狭く理解する立場に対しても，狭い介入概念を選択すると，原則・例外原理を基本とした法治国家に適合的な論証負担の配分に反することになるとの批判がある[58]。さらに，何が自由権の保護領域に属すのかという点での明確性を喪失するとの批判もある[59]。これに対して狭い構成要件論からは，保護領域を慎重に輪郭付けることが自由の喪失を導くのかは疑わしく，むしろ狭い構成要件論は他人の基本権利益の明白な侵害を最初から保護領域から排除できる理論であり，衡量の難しさを回避するものであるとの反論がある[60]。また，基本法2条1項についても，輪郭づけという難しい問題にこそ基本権ドグマーティクの任務があるとして[61]，あくまでも基本権の保護領域の輪郭づけによって問題を解決す

---

[53] Arnauld, Fn. 33, S. 75.
[54] Hannno Kube, Die Elfes-Konstruktion, JuS 2003, S. 111ff.〈S. 112〉.
[55] Cremer, Fn. 35, S. 82ff.
[56] Arnauld, Fn. 33, S. 80ff.
[57] Erichsen, Fn. 34, S. 1192; Christian Hillgruber, Artikel 2 I, in: Dieter C. Umbach/ Thomas Clemens（Hrsg.）, Grundgesetz：Mitarbeiterkommentar und Handbuch, Bd. 1, 2002, S. 138ff.〈S. 151〉.
[58] Arnauld, Fn. 33, S. 92, S. 100.
[59] Arnauld, Fn. 33, S. 92, S. 125.
[60] Isensee, Fn. 28, S. 236; Duttge, Fn. 42, S. 3354.

◆ 第1部　情報自己決定権の保護領域

べきであるとの反論もある。

　ところで，基本権の構成要件が保護領域と介入からなるとすれば，基本権構成要件にとって「介入」概念も重要である。国家の作用（Einwirkung）[62]が介入と認められる条件については様々な学説があり[63]，古典的な介入概念による場合には，問題となっている高権的行為が国家の強制に匹敵するか（強制力の問題），最終的か，直接的か間接的か，法律に基づいているかなどが検討されることになる。これらの要件のうちの多くが厳格に理解されるにつれて，その介入概念は狭くなると言えるだろう。しかし最近では，古典的な介入概念とは別の，現代的・今日的な介入概念も用いられている。その場合，時代の変化に応じて多くのものが介入として認められることで介入概念が不明確になるおそれもあることから，古典的な介入に限定しないという点では広いものの，その他の要件について何らかの限定をする議論も少なくない。国家の側から伝達された情報や警告は通常は介入ではないとするもの[64]，国家への帰責可能性という要件を設定することによって，基本権享有主体の自己責任による利益の侵害や，自然災害などによるものは介入概念から除くもの[65]などはそれらの例である。介入概念の今日的な基準が増えれば増えるほど，それぞれの論者の「介入」概念を広いものと狭いものとに二分することは難しくなるが，ここでは介入概念に関する論点を紹介するにとどめたい。

③　**基本権の競合**について

　基本権の保護領域該当性について検討する場合，個別の自由権を保障する規定と基本法2条1項の両方に該当しうる場合がある。ドイツにおいては一つの事柄，または一人の基本権主体について複数の基本権規範が構成要件上適用で

---

(61)　Duttge, Fn. 42, S. 3355.

(62)　Kielmansegg, Fn. 1, S. 24.

(63)　Herbert Bethge, Der Grundrechtseingriff, VVDStRL 1998, S. 7 ff.〈S. 38 ff.〉; Thorsten Kingreen/Ralf Poscher, Grundrechte Staatsrecht II, 32. Aufl., 2016, S. 66ff. 邦訳として，ピエロート／シュリンク（永田・松本・倉田訳）『現代ドイツ基本権』（法律文化社，2001年）83頁以下。ドイツにおける「侵害（介入）」概念を簡潔にまとめるものとして，松本和彦『基本権保障の憲法理論』（大阪大学出版会，2001年）24頁以下。

(64)　Hillgruber, Fn. 57, S. 173.

(65)　Arnauld, Fn. 33, S. 100ff.

きる場合があることが指摘されており，そのような状態は「基本権競合（Grundrechtskonkurrenz）」と呼ばれてきた。基本権の競合にはいくつかの事例があるが，ここで述べたような個別の自由権と基本法2条1項の基本権の関係は，片方の規範を退けることで解決できる事例であるとされ[66]，「不真正競合（unechte Konkurrenz）」とも呼ばれる[67]。ある事例において特別の基本権による保護がある場合に，個別の自由権を優先的に適用すべきであるという点では学説は一致しており，個別の自由権と基本法2条1項の基本権とが競合する場合には基本法2条1項を適用しないことで競合を解消することになる。既に見たように，アレクシーは一般的自由権と他の憲法規範との関係について述べているが，それは基本権競合の問題であると理解できる。なお，基本権競合の問題には人的な観点と事項的な観点とがあるが，事項的な観点での基本法2条1項の補充的な適用については，個別の自由権に関する事項と考えられる利益が，最終的には保護されなかった場合に，改めて基本法2条1項の適用を認めることで保護できるかが問題となる[68]。この場合の適用を認める見解もあるが，個別の自由権で保護されなかったものが基本法2条1項で保障されてしまえば，自由権の区別が相対化されてしまうとの批判があった。例えばアーノルドは，基本法8条1項の集会の自由が平穏で武器を持たない集会に限定している場合，それは保護領域の限定ではなく制約であるが，「平穏でない『集会』」については基本法2条1項を適用できないとしている[69]。後者の立場の方が基本権の保護を求める者には不利なようにも思われなくもないが，ピエロートは個別の自由権を広く理解すれば基本法2条1項の保護領域を限定的に捉えても自由の喪失は導かれないと述べている[70]。

---

[66] Reinhold Heβ, Grundrechtskonkurrenzen, 2000, S. 59.

[67] Klaus Stern, Das Staatsrecht der Bundesrepublik Deutschland, Bd. III/2., 1994, S. 1377.

[68] Erichsen, Fn. 34, S. 1196が簡潔にまとめている。また，具体的な例を示すものとしてDegenhart, Fn. 47, S. 165；Hochhuth, Fn. 45, S. 748ff.

[69] Arnauld, Fn. 33, S. 54. 同様に基本法2条1項の適用を認めないものとしてIsensee, Fn. 28, S. 237.

[70] Bodo Pieroth, Der Wert der Auffangfunktion des Art. 2 Abs. 1 GG, AöR 1990, S. 33ff. 〈S. 40〉.

◆ 第1部　情報自己決定権の保護領域

④ 小括：基本権構成要件に関する少し後の議論

このように，基本権の構成要件をめぐっては引き続き議論が展開されており，その一例はアレクシーが「保護利益」該当性の審査としていたものを「事項領域」該当性，「規範領域」該当性，「法的効果」該当性の審査の三つに分けようとするヴィンクラーの議論であった。また，広い構成要件論がもたらしうる不利益についても，基本権の「陳腐化」，基本権の「空洞化」・「実体の喪失」との批判がなされている。他方で，広い構成要件論の側からは狭い構成要件論が多くの事柄を基本権の保護領域該当性の審査で行っていることと，そこから生じる不利益が指摘されている。保護利益と介入からなる基本権構成要件の広狭を論じるのであれば，本来であれば介入概念についても検討する必要があるが，ここでは基本権の構成要件，特にそのうちの保護領域の広さに関する議論が継続的に行われてきたことを確認した。

(4) 小括 ―― 狭義の基本権構成要件論

ここで，アレクシーによる広い構成要件論からここまで見たところについて簡単にまとめておきたい。広い構成要件論に対しては，「孤立した個人」が前提とされており，国家を個人の敵とする見方に固執しているのではないかとの批判があったこと，また，「構成要件」や「保護領域該当性」という用語の理解も様々であり，必ずしも「三段階」審査で統一されているわけではないこと，「介入」の有無を判断する基準も論者によって様々であること，個別の基本権規定で保障されている「個別の自由権」と基本法2条1項の関係についても議論があることを紹介した。基本権の保護領域については，まず広い構成要件論に対して，いったん保護領域に含まれたものの多くが最終的に保護されないことについて「(不)誠実性」，基本法2条1項の空洞化，基本権衝突の増加や連邦憲法裁判所の権限の不当な拡張，「グロテスク」な基本権，基本権の「陳腐化」などが批判され，他方で，狭い構成要件論に対しては，利益間の衡量が基本権審査の前段階に移ってしまっている，保護領域審査が制約条項を取り込んでしまっている，国家の措置の法治国家的な統制や基礎づけ可能性が低下してしまうなどの批判があることを示した。

第2節　状況の変化

先に見たように，ドイツにおいては基本権の構成要件を広く理解する立場が判例・通説であったが，2000年以降になると，連邦憲法裁判所の「グリコール決定」[71]や「オショー決定」[72]などが注目を集めた。それらにおいてはグリコール混入ワインや宗教団体についての政府による情報提供行為が基本権に反しないかが問題となり，連邦憲法裁判所はこれらの行為は基本法に反しないとした。しかし，そこでは申立人の利益は基本権の保護領域に含まれないとされたため，それまでの判例・通説では説明しにくいところもあった。これらの決定もきっかけとなって新たな議論が展開され，それらの議論を活発にした主役がベッケンフェルデとホフマン・リームであった。以下，それぞれの議論とそれに対する賛否について概観する[73]。

(1) 議論の概観
① ベッケンフェルデの議論[74]

ベッケンフェルデは基本権ドグマーティクの問題点として，保護領域が広く理解されていることを挙げる。保護領域が広くなったことによって基本権が公共の利益や他人の権利と衝突するようになり，その結果，介入概念が拡張されてしまったと述べる。そしてこのような状況において介入の正当化という問題が難しい問題となってしまっていると批判する。特に問題とされているのが法律の留保がない基本権への介入の正当化である。学説は留保を伴わない基本権について，憲法内在的な制約として他人の基本権や憲法上の価値を有する法的価値を持ち出してきた。しかし，そのような基本権や法的価値を適用するのは

---

[71]　BVerfGE 105, 252（丸山敦裕「市場に影響のある情報の国による公表——グリコール決定」ドイツ憲法判例研究会編『ドイツの憲法判例Ⅲ』(信山社，2008年) 292頁以下).

[72]　BVerfGE 105, 279（西原博史「政府の情報活動における〈警告〉と信教の自由の保障」ドイツ憲法判例研究会編『ドイツの憲法判例Ⅲ』(信山社，2008年) 117頁以下).

[73]　両者の議論を紹介するものとして，小貫幸浩「基本権が『保障するもの』は何か」髙岡法学15巻12号（2004年）225頁以下，同「基本権が『保障するもの』は何か・続」髙岡法学16巻12号（2005年）1頁以下。

[74]　Ernst-Wolfgang Böckenförde, Schutzbereich, Eingriff, Verfassungsimmanente Schranken, Der Staat 2003, S. 165ff.

◆第1部　情報自己決定権の保護領域

法を適用する機関の事柄であり，立法者の授権を必要としないため，「裁判官留保」の問題が生じるとしている。これらのことから，基本権の保護領域が限定されるのか，介入が正当化されるのかという問題が意味をもたなくなってしまったと批判する。

　このような認識を前提としてベッケンフェルデは，基本権の保護領域とそれに対する介入とを二元的に考えるのではなく，保護領域に含まれるものを「事項・生活領域」と「保障内容（Gewährleistungsinhalt）」に分けることを提案する。事項・生活領域に該当するかについては，例えば「結社」や「職業の選択・実行」と言えるかどうかが検討されるが，それが検討されるにとどまる。それに対して，何が保障されるのか，どの範囲で保障されるのかを規範的に述べるのが「保障内容」である。「保障内容」の検討に重点を置いている判例としてベッケンフェルデが挙げるのは，チューリッヒのスプレー家の事件，強制労働の禁止に関わる事件，マーストリヒト条約についての判決，そして「グリコール決定」である。これらの判例においてはいずれも事項領域と規範的な保障内容が区別されていると指摘する。さらにベッケンフェルデが保障内容について慎重に検討すべき個別の基本権として挙げるのが，良心の自由，信教の自由，学問の自由の三つであり，いずれについても，歴史的な沿革を見ることで保障内容を確定しようとする。良心の自由については，16世紀以来良心の自由がその意義を変化させてきており，ワイマール憲法においては信仰との関連性はなくなり，さらにワイマール憲法下におけるのとは異なり，基本法においては法律の留保が意図的に外されたことを指摘する。それゆえ，良心の自由の保障内容は良心に基づく行為の自由を含まず，良心の不可侵に限定されるべきであるとする。信教の自由についても，ワイマール期とは異なり，この自由が独立して保障されていることと，留保を伴っていないことを指摘し，その保障内容は信仰をもつこととそれを告白することに限定されるとする。学問の自由については，問題設定や研究の方法の選択，教会による禁止に対する対抗，政治的に正しいとされるものへの対抗などといった，18世紀にあった意義がワイマール憲法に引き継がれ，ナチス期の悲惨な経験を経て基本法にも受け継がれていることを指摘する。そして研究の自由の保障内容は問題提起，方法の選択の自由に限定され，研究を行う普遍的な自由を含むわけではないとする。

第 2 章　基本権の保護領域をめぐる議論

　ところで，ベッケンフェルデはヴァールの議論も紹介している。そこで，ベッケンフェルデの議論について説明する便宜上，ヴァールの議論もここで紹介したい。ヴァールは遺伝子技術の研究とその応用について議論を展開した論文の中で，基本権の対象領域（Gegestandsbereich）とその制約との間の，中間的な段階として「保障内容」を検討すべきであるとし[75]，例えば学問の自由について，自由な学問の保障の核心は問題設定の自由にあるとしている。その背景についてヴァールはナチス期の侵害の防御の話から始め，1949年には芸術や研究の自由な活動に対して特別な保護を保障するとの意図において，芸術・研究の自由が留保のない基本権として規定された，という経過について触れる。そして国家に対する方向性においては，学問や芸術の自由の特権性は適切であり，今日の遺伝子技術の領域のような研究実験を考えた場合の危険・脅威の状況は三面関係での問題であるとする。他方で，この問題設定の自由や方法の選択の自由から区別すべきものとして，物や法利益を利用して実験を貫徹することを挙げる。道具や物を利用することについては学問の自由は学者に特権を与えておらず，問題設定は自由であるが設定した問題を実行するための手段は原則的に一般法秩序の基準によって得るべきであるとする。そして，基本権上保障される研究問題を実行すると「種の多様性（Artenvielfalt）」に危険が生じるのであれば，この活動は研究の自由の保障内容には含まれないとする。

　以上のように，ベッケンフェルデは基本権の保護領域が広くなったことで「裁判官留保」の問題が生じているとした。そして，基本権の保護領域に含まれるものを「事項・生活領域」と「保障内容」に分けることを提案し，特に留保のない基本権の「保障内容」についてはそれぞれの自由の歴史的沿革もふまえて限定的に理解しようとしている。また，ベッケンフェルデはヴァールの議論も援用しており，ヴァールは学問の自由について，その「保障内容」を一定程度限定的に理解すべきであるとしている。これらのことからベッケンフェルデが基本権の「保障内容」という語を新たに用い，その範囲を限定的に理解しようとしていることをまずは確認できる。

---

[75]　Rainer Wahl, Forschungs- und Anwendungskontrolle technischen Fortschritts als Staatsaufgabe?, UTR（Umwelt- und Technikrecht）Bd. 14., 1991, S. 7ff.

◆第1部　情報自己決定権の保護領域

② ホフマン・リームの議論[76]

　また，ホフマン・リームは私人の一方が暴力を用いるような場合に権力を用いる国家は自由の敵ではなく，自由を現実に保護する存在と理解すべきであるとする。その点，伝統的なドグマーティクは基本権の保障と正当化を要する基本権介入の制約との関係について議論してきたが，そこで構想されている国家と社会の対置は，今日の保証国家（Gewährleistungsstaat）においてはふさわしくなく，今日においては自由の実行を内容形成を通じて可能にしなければならないとしている[77]。同様にホフマン・リームが重視するのが，基本権を力の強い者（Machtstark）にも弱い者（Machtschwach）にも等しく認めることである。基本権が防御権として用いられれば立法者や行政は法的権力をもたないことになり，このような状況は力の強い者には好都合ではあるが，基本権を自力で守ることができない者の自由の保護には役に立たないとする。そして結果的には多くの者の現実の自由が，力の強い者に有利な形で縮小させられることになると述べる[78]。その点，これまでの学説は基本権の保護は無制限ではないとはしてきたが，制約は理論的に存在しているにすぎず，実務上は決して有効ではなかったとする[79]。そこでホフマン・リームは，自由とは現実の場面における自由の実践的な可能性のことであり，もはや国家に対する自由ではなく，現実の自由の保護という客観的な委託を含むとする。このような状況においては「保護（Schutz）領域（Bereich）」ではなく，「保障（Gewährleistung）内容（Gehalt）」という用語を用いるべきであると主張する[80]。

　そしてホフマン・リームは合憲性審査の手順について，保護利益に触れることと，個別の事例で介入が存在することが認められた場合に，具体的な事例に

---

[76]　Wolfgang Hoffmann-Riem, Enge oder weite Gewährleistungsgehalte der Grundrechte?, in : Bäuerle/Hanebeck u. a. (Hrsg.), Haben wir wirklich Recht ?, 2004 (folgend : "Enge oder weite"), S. 53ff.; ders., Grundrechtsanwendung unter Rationalitätsanspruch, Der Staat 2004 (folgend : "Der Staat 2004"), S. 203ff.〈S. 226ff.〉.

[77]　Hoffmann-Riem, Fn. 76, Enge oder weite, S. 61. なお，"Gewährleistungsstaat"は，一般的に「保証国家」と訳されている。ここで「『保障』内容」との訳語をあてた事情については，本章後掲注[127]参照。

[78]　Hoffmann-Riem, Fn. 76, Enge oder weite, S. 75.

[79]　Hoffmann-Riem, Fn. 76, Enge oder weite, S. 54f.

おける衡量を行うことになるとする[80]。まず基本権の保障内容について，グリコール決定やオショー決定においてはどのような措置を直接的，もしくは間接的な介入と判断すべきかという問題は保障内容が具体化されてから説明すればよく，またそれによってはじめて説明できると考えられていたと言う。この点，基本法制定以来，基本権の保障内容は拡張してきたが，それは制約を通じて自由や法利益を保護される者にとっては自由の保護が縮小されていることを意味するとしている。そこで，基本権の保障内容を確定する際には抽象的な衡量を行う必要があるとする。ホフマン・リームが例として挙げるのは，遺伝子を組み替えた種や幹細胞の研究，クローン研究などである。これらについて研究者は，たしかに基本法5条3項によって研究をするすべての自由をもつが，第三者に不利益な結果を生じさせる自由などあるのかが問題となるとする[82]。また，グリコール決定が，市場への参加者はその市場行為に関連し自由に関連する情報から他の参加者を遠ざけるよう基本権上要求できるわけではないとしたことも，ホフマン・リームは肯定的に捉える[83]。このように基本権の保護領域（保障内容）を確定する際に，抽象的にとはいえ衡量を行おうとするのが，ホフマン・リームの議論の一つの特徴である。

　他方，介入概念については，近年の介入概念が目的志向性の検討から離れ，不利益な効果（Wirkung）を確認できれば十分としていることを批判する。国家の介入を制限するという方向は国家の措置によって不利益になる者の視点に限定することを意味し，場合によっては他方の者を軽視するリスクをもたらすとする[84]。しかし，間接的・事実的で国家によって意図されていない効果がいつ国に帰責されるのかという点について判例ははっきりした態度を示しているわけではないとし，ホフマン・リームもそれぞれの基本権規範に基づいてこの

---

(80)　Hoffmann-Riem, Fn. 76, Der Staat, 2004, S. 226f. ホフマン・リームは「保護内容（Schutzgehalt）」という概念を用いることもあるが，以下では「保障内容」に統一して用いる。

(81)　Hoffmann-Riem, Fn. 76, Enge oder weite, S. 74. なお，保護利益該当性と介入の有無の審査は，アレクシーの言う「構成要件」に該当するものであろう。

(82)　Hoffmann-Riem, Fn. 76, Enge oder weite, S. 63, S. 72ff.

(83)　Hoffmann-Riem, Fn. 76, Der Staat 2004, S. 218.

(84)　Hoffmann-Riem, Fn. 76, Enge oder weite, S. 69f.

点を確定するよう求めるにとどめている[85]。それでも，介入概念が拡張されてきたのに対してその限定を図ろうとしている点で，従来の学説に比べて狭い介入概念を支持していると言えるだろう。

このようにホフマン・リームは，自由とは現実の場面における自由の実践的な可能性であるとして，現実の自由の保護という観点では「保護領域」ではなく，「保障内容」という用語を用いるべきであると主張する。そして，基本権の保護領域（保障内容）を確定する際にはある程度の衡量を行おうとしている。その一方で介入概念については従来の学説に比べて狭い介入概念を支持しているように思われる。これらの議論を通じてホフマン・リームは基本権の保障内容についても介入概念についても狭く理解しようとしており，そこでの構成要件はかなり狭いものになるだろう。

③ 学説の整理

ここまでベッケンフェルデとホフマン・リームの議論を紹介した。どちらの議論も，基本権の保護領域を広く理解しようとする通説的な立場を批判する。そして，基本権の保障内容を限定的に理解する。ホフマン・リームはベッケンフェルデの議論は自身の議論と同じ方向にあると理解しているが[86]，詳しく見ていくと，ベッケンフェルデとホフマン・リームの議論には異なる点も多いように思われる。以下では，若干重複するところもあると思われるが，両者の議論で異なる点について詳しく見ていくことにしたい。両者の議論で特に異なっているのは，それぞれの議論の狙いと根底にある基本権理論，「保護」に代えて「保障（Gewährleistung）」という概念を用いる趣旨，基本権ドグマーティクが「磨耗」していると理解する根拠である。

1) 議論の狙い

ベッケンフェルデが意図しているのは市民の防御権的地位の強化である。そして，その議論は基本権の中で歴史的に重要な部分が裁判官によって制限されることを避けようとするものであった。他方，ホフマン・リームが問題としているのは，これまでの基本権ドグマーティクが国家を敵とみなしてきたことで

---

[85] Hoffmann-Riem, Fn. 76, Der Staat 2004, S. 222.

[86] Hoffmann-Riem, Fn. 76, Enge oder weite, S. 68.

ある。国家を敵とみなし，その活動範囲を限定する議論を批判し，力の弱い者を保護しようとするホフマン・リームの議論は，力の強い者の防御権的地位を弱めることにこそ関心があるように思われる。ホフマン・リームにとって基本権は，力の弱い者にも強い者にも認められるべきものであるが，そこで重要なのは現実に，実践的に実行できる基本権の保障である。これに対してベッケンフェルデの議論には，力の強い者・弱い者という区別はないように思われる。

2）前提となっている基本権理論

また，ホフマン・リームは「自由を実行するための条件」や「自由の現実的利用の条件」といった概念を用いている。そして，これらを整備することが基本権の保護においては必要であるとしていた。しかしベッケンフェルデは，基本法が前提とする基本権理論は，「基本権的自由が実現されるための社会的諸前提については」「相対的に『目をつぶっている』」としている[87]。この基本権理論が有するこうした特性は同じく憲法原理として存在しているとされる「社会国家委託」によって修正されるとするが，ホフマン・リームとベッケンフェルデの基本権理論は対照的である。ベッケンフェルデが自由主義的な基本権理論を前提として基本権の保障内容を検討しているのに対し，ホフマン・リームは自由主義的基本権理論が重視しない「社会的諸前提」の整備を確実に行うという観点から検討しているように思われる。

3）「保障内容」との概念を用いる意図

従来の「保護領域」に代えて「保障内容」という概念を用いることを両者とも提唱しているが，その意図も同じではないように思われる。ホフマン・リームの場合には，「保護」という概念に防御権的な意味合いが強いために「保障」との語を用いているように思われる。これに対してベッケンフェルデが「保障内容」という場合，基本権がもつ歴史的な意義が侵されないようにするために「保護領域」よりも狭い概念として「保障内容」を用いているにすぎず，防御

---

[87] E-W. ベッケンフェルデ（小山剛訳）「基本権理論と基本権解釈」同（初宿正典編訳）『現代国家と憲法・自由・民主制』（風行社，1999年）285頁。原文は Böckenförde, Grundrechtstheorie und Grundrechtsinterpretation, in : ders., Staat, Verfassung, Demokratie, 2000, S. 115ff. であり，ここではそれを筆者なりに訳した文を用いたが，以下では邦訳箇所を引用している。

◆第1部　情報自己決定権の保護領域

権的な意味合いを弱めることまでは意図されていないように思われる。
　4）フォルクマンによる整理
　このような両者の議論の違いを見る上で参考になるのがフォルクマンによる整理である[88]。フォルクマンは保護領域・介入・正当化という，伝統的な防御権について展開してきたドグマーティクの核となっている三段階での審査プログラムが内的な理由と外的な理由から磨耗（Abnutzung）してきているとする。内的な理由とは保護領域の拡張である。保護領域が拡張的に解釈されたことにより介入概念が拡張され，さらには決定が正当化の次元に移されてきており，それによって基本権ドグマーティクが合理性を与えられなくなってきたという側面である。他方で，外的な要因とは個人化・多元化による自由のリスクの顕在化である。自由を利用することは衝突を含むようになってきており，国家が命令や強制ではなく，より緩やかな手段を用いていることにもそのような変化を見出せるとしている。このようなフォルクマンによる整理を用いるならば，ベッケンフェルデもホフマン・リームも基本権ドグマーティクの「磨耗」に着目している点では共通していると言えよう。しかしベッケンフェルデの議論はその内的な側面に着目するものであろう。ホフマン・リームの議論は外的な側面に着目するものであり，その点でベッケンフェルデの議論とは異なっているように思われる。

　④　小括──ベッケンフェルデの議論と，ホフマン・リームの議論
　このように，ベッケンフェルデは基本権の保護領域が広くなったことで「裁判官留保」の問題が生じているとし，その上で基本権の保護領域の一部を構成する「保障内容」を限定的に理解しようとしている。また，ヴァールの議論も援用しながら基本権の「保障内容」という語を新たに用い，その範囲を限定的に理解する必要性を示そうとしている。また，ホフマン・リームも，自由とは現実の場面における自由の実践的な可能性であるとした上で，基本権の保護領域（保障内容）を確定する際にある程度の衡量を行うと同時に従来の学説に比べて狭い介入概念を支持しているように思われる。これらの議論を比較するな

---

[88]　Uwe Volkmann, Veränderungen der Grundrechtsdogmatik, JZ 2005, S. 261 ff 〈S. 263〉.

らば，ベッケンフェルデもホフマン・リームも基本権ドグマーティクのある種の「磨耗」に着目している点では共通していると言えよう。しかしベッケンフェルデの議論はその内的な側面に着目するものである。ホフマン・リームの議論は外的な側面に着目するものであり，その点でベッケンフェルデの議論と異なっているように思われる。それゆえ，ベッケンフェルデとホフマン・リームは，ともに基本権の「保障内容」を限定的に理解しようとしているが，そこでの着眼点には違いがあることになる。この点の違いについてはここではそれ以上検討せず，以下ではこれらの議論に対してどのような指摘がなされているのかを見ることにしたい。

(2) 賛　否
① グリコール決定・オショー決定への批判

先に見たような「保障内容」論に対しては様々な議論がある。ここでは四点について，これまでに述べられてきた賛否について概観する。第一に，グリコール決定[89]やオショー決定[90]は，国家が基本権を保障するという見方に立っているとして強く批判されている。これらの判例が自由は限界を超えてはならないという局面で保障内容を限定するものではないとすれば[91]，これらの判例に対する批判は「現実の自由」を重視するホフマン・リームの議論にもあてはまると理解できる。

グリコール決定を強く批判するフーバーの議論[92]を中心に議論状況を見ると，まずフーバーは基本法12条１項について重要なのはその防御的な性格であり，客観的な価値決定の形成ではないということを連邦憲法裁判所は誤解しているのではないかと批判する。フーバーによれば，たしかに基本法12条１項は競争における成功を求める権利を保障するわけではない。しかしそれは，競争においては競争相手や消費者などの基本権上保護されている利益と衝突するためで

---

[89]　BVerfGE 105, 252.
[90]　BVerfGE 105, 279.
[91]　Dietrich Murswiek, Grundrechtsdogmatik am Wendepunkt?, Der Staat 2006, S. 473ff.〈S. 494〉.
[92]　Peter M. Huber, Die Informationstätigkeit der öffentlichen Hand - ein grundrechtliches Sonderregime aus Karlsruhe ?, JZ 2003, S. 290ff.〈S. 292ff.〉.

◆第1部　情報自己決定権の保護領域

ある。自分の商品などについての批判から離れて自由に競争できる権利が存在しないということは，基本権衝突が存在することの結果であるとする。また他の問題として，国家が競争に対してこのような方法で簡単に誘導的（lenkend）に介入してよいのかという問題を挙げる。個人と国家の間の二極的な法関係においては，基本法12条1項の職業・営業の自由は国家の干渉から保護するものであり，国家による干渉は原則的に正当化を要する介入であると批判する。さらに，基本権上の保護領域を国家による指導の真摯さ（Sachlichkeit）などの基準で確定することで，基本権保護の射程範囲を行政が自由に決定できるようにしてしまうとも述べている。

　この点については他の論者からも，基本権が国家によって保障される一方で，国家によって奪われうることにもなるのではないかとの批判がある[93]。行政による自由な決定の危険性という点ではさらに，グリコール決定以外の判例も含めて，すべての集会を同等に強く保護するよりも政治的集会を優先する方が民主主義にとって望ましいのか，国家によって統制された情報秩序に服すことが市場にとって都合がよいのかなどといった問題について，その根拠が明らかにされることなく，前提とされてしまっているとの批判がある。またその際に判例が用いるのが民主主義や市場といった，広い意味をもつ概念であることに対する批判もある[94]。先に紹介したフーバーは他にも，オショー決定についても，なぜ基本権を相対化し，基本法4条1項の保護領域を結果から確定する必要があるかが明確ではなく，合理性を確保するという比例原則が有している力を放棄しているものでもあると批判している。

　このように，グリコール決定やオショー決定との関係では，これらの判断への批判は「現実の自由」を重視するホフマン・リームの議論に対するものとも理解できる。競争においては企業の利益と基本権上保護されている競争相手や消費者などの利益が衝突するという問題であることと，国家が競争に対してこのような方法で簡単に誘導的（lenkend）に介入してよいのかという問題を挙げることで，国家の干渉は原則的に正当化を要する介入であるとのフーバーの

---

[93]　Volkmann, Fn. 88, S. 265.

[94]　Christoph Möllers, Wandel der Grundrechtsjudikatur, NJW 2005, S. 1973 ff.〈S. 1977ff.〉.

批判は,その例証となるように思われる。こうしてグリコール決定やオショー決定において示された判断に対しては,そこでの問題が基本権の正当化の可否によって判断されていないとの問題,また民主政の重要性との比較のあり方やそこで用いられている概念の多義性などが指摘され,最終的な結論を導く上で基本権に対する介入の正当化の審査に重点を置かないことに対して批判がなされていた。

② 衡量の前倒し

第二に,先述の保障内容論に対しては,正当化の段階で行ってきた衡量を保護領域の審査に移してしまっているとの批判もある[95]。それによって合理性や透明性がなくなるため,むしろ従来通り,裁判官が正当化の次元で衡量する方が透明性があるのではないかとの指摘もある[96]。また裁判所と同様の結論を導きながら,問題となっている諸判例について情報の自由の保護領域該当性を認める者もある[97]。これらの批判に対しては,まずホフマン・リームが,「このような問題は正当化の次元に属する」という主張も同様に決断主義的であると反論する[98]。そして,合理性や透明性という点では保護領域の次元で扱う方がむしろ望ましいとの反論が,ベッケンフェルデをはじめとする論者からなされている[99]。また正当化の次元で審査を行う裁判官の民主的正当性との関係で,立法者が立法を通じて自由を制限していない場合に,従来は裁判官が類推的に基本権を制約してきたことを批判する者もある[100]。保障内容論で用いられてい

---

[95] Cremer, Fn. 35, S. 159 ; Wolfram Höfling, Kopernikanische Wende rückwärts?, in : Stefan Muckel (Hrsg.), Kirche und Religion im sozialen Rechtsstaat. Festschrift für Wolfgang Rüfner zum 70. Geburtstag, 2003, S. 329ff.〈S. 333〉; Augsberg, Fn. 2, S. 577ff.

[96] Wolfgang Kahl, Von weiten Schutzbereich zum engen Gewährleistungsbereich, Der Staat 2004, S. 167ff.〈S. 189ff.〉; Renata Martins, Grundrechtsdogmatik im Gewährleistungsstaat, DÖV 2007, S. 456ff.

[97] Karl-E. Hain, "Big Brother" im Gerichtssaal?, DÖV 2001, S. 589ff.〈S. 589〉.

[98] Hoffmann-Riem, Fn. 76, Der Staat 2004, S. 213.

[99] Böckenförde, Fn. 74, S. 185f. ; Volkmann, Fn. 88, S. 267 ; Murswiek, Fn. 89, S. 500.

[100] Möllers, Fn. 94, S. 1977.

◆第1部 情報自己決定権の保護領域

る介入概念の狭さもしばしば批判されるが，批判の対象となっているのは主にオショー決定やグリコール決定，ならびにホフマン・リームの保障内容論である。それによれば，いかなる情報活動でも国家の「誘導」という領域に一括して分類することは適切ではなく，行政を実質的な意味で捉えるならば，公衆に向けられた公的な立場からの情報活動は行政行為と理解した方がよいとの批判がある[101]。また，介入概念を狭く理解することを批判しながらもオショー決定やグリコール決定の結論自体は支持する議論もある。そこでは，オショー決定やグリコール決定における政府からの情報は防御権の基本権機能の問題であるが，それでも判例については肯定的に評価できるとされている[102]。これに対しては，伝統的なドグマーティクに問題があるとすれば保護領域よりも，介入概念の方を限定する方がよいとの反論がある[103]。

③ 基本法2条1項を根拠とすることの妥当性

他方，ホフマン・リームとベッケンフェルデの間でも意見が異なっているように思われるのが，特別の基本権で保護されない行為の扱いについてである。まずホフマン・リームは，基本法2条1項を補充的に適用することに消極的であるが[104]，それはホフマン・リームが基本権の防御権的機能を重視しようとする通説的議論に対して批判的であることからすれば理解できるものである。

これに対してベッケンフェルデの立場を理解するためには，若干の検討を要するように思われる。ベッケンフェルデは，基本権の保障内容に含まれなかった自由の領域・活動が基本権保護から排除されるのではないか，との批判をあらかじめ予想していた[105]。この点についてベッケンフェルデは，個別の基本権の保障内容に含まれない行為や自由の領域には完全に保護がないわけではなく，「受け止める基本権」という意味で基本法2条1項で保障できると，やはりあ

---

[101] Huber, Fn. 92, S. 295.

[102] Christian Bumke, Publikumsinformation, Die Verwaltung 2004, S. 3ff.〈S. 23ff.〉.

[103] Möllers, Fn. 94, S. 1978. メラースの議論は近年の判例を批判するものである。また基本権を「機能」を保護するものと理解する議論に対しては懐疑的であり，ホフマン・リームに対しては距離を置いているようにみえる。

[104] Hoffmann-Riem, Fn. 76, Enge oder weite, S. 73.

[105] Böckenförde, Fn. 74, S. 188ff.

第 2 章 基本権の保護領域をめぐる議論

らかじめ反論している。これは応急策などではなく憲法制定会議の意図に適合するものであり，制約の留保が広くても，それを比例的な程度に制約すればその保障内容は空洞化しないと述べる。ここでの反論は基本法 2 条 1 項の保障内容を拡張的に理解するものと考える余地があるが，これはベッケンフェルデの保障内容論が「裁判官留保」の状況を避けようとするものであったことと整合しないようにも思われる議論である。憲法制定者が基本法 2 条 1 項を広く解釈していたため，その限りにおいてであれば裁判官による個別事例での判断に委ねても問題ないということなのかもしれないが，この点に関するベッケンフェルデの議論については，後に検討する。

このように，ホフマン・リームとベッケンフェルデとでは基本法 2 条 1 項の扱いについて必ずしも一致しているとは言い難いが，両者を批判する論者としてカールも挙げることができる。カールは，特別の基本権で保護されない行為が基本法 2 条 1 項で保護されず，また介入概念が限定されれば，やはり基本権で保護されない領域が生じてしまうと批判する。また，列挙されている特別の基本権の保障内容を限定的に解釈した上で，そこに含まれなかったものを基本法 2 条 1 項で保護することになれば，できるだけ広く自由を保護しようとしていた憲法制定会議の基本決定が一般的行為自由権という弱い自由権についてしか妥当せず，個別の自由権には妥当しないことになってしまうと批判する[106]。これに対してムルスヴィークは，一般的行為自由は特別の規定が適用できなければ常に適用できるとする。たしかに基本法 2 条 1 項の基本権を特別に人格に関連する自由活動という狭い領域と理解すれば個別の自由権の保護領域の限定は基本権上の自由保護の縮減であるが，一般的行為自由とすれば個別の自由権の適用領域を狭く解しても自由保護は減らないとカールを批判している[107]。

以上のように，基本権の防御権的機能を重視しようとする通説的議論に対し

---

[106] Kahl, Fn. 96, S. 188.
[107] Murswiek, Fn. 89, S. 486ff. ただ，これはムルスヴィーク自身も紹介していることであるが，以前の論文においてムルスヴィークは「環境を汚染する自由」はないとして，保護領域に限界を設けている（Dietrich Murswiek, Privater Nutzen und Gemeinwohl im Umweltrecht. Zu den überindividuellen Voraussetzungen der individuellen Freiheit, DVBl 1994, S. 79ff.）。

◆第1部　情報自己決定権の保護領域

て批判的なホフマン・リームは基本法2条1項を補充的に適用することについて消極的である一方で，ベッケンフェルデは「裁判官留保」の状況を避けようとして基本権の保障内容を限定的に捉えながらも，基本法2条1項の保障内容を拡張的に理解するものと考える余地のある議論を展開している。それに対してこれらの議論のいずれに対しても批判しているのがカールであり，さらにそうしたカールを批判している論者の一人としてムルスヴィークを挙げることができる。こうした議論状況からは，ホフマン・リームとベッケンフェルデの見解の相違や，それに対する賛否に関する議論の複雑さを見て取れる。

④　小括 ── 保障内容論に対する賛否

このように，グリコール決定やオショー決定における判断への批判は「現実の自由」を重視するホフマン・リームの議論に対するものとも理解できる。これらの決定に対しては，そこでの問題が基本権の正当化の可否によって判断されていないとの問題，そこで用いられている概念の多義性などが指摘され，最終的な結論を導く上で基本権に対する介入の正当化の審査に重点を置かないことには様々な批判がある。ベッケンフェルデやホフマン・リームの保障内容論に対しては衡量を保護領域該当性審査の段階に前倒しして行うことになるとの批判があるが，これまでの基本権ドグマーティクで見られた問題に対応する上では構成要件を狭く理解する方が適していることをベッケンフェルデやホフマン・リームは指摘する。加えて，一般的行為自由権を弱い自由権と解した上での批判と，基本法2条1項の基本権を一般的行為自由とすれば済むとの指摘も見られた。以上が上で述べた保障内容論に対する議論状況であるとして，次に，こうした状況が「保障内容」との語を用いずに行われていたそれまでの議論とどのような点で違っているのかを見ておきたい。

(3)「保障内容」論の新しさ

ベッケンフェルデやホフマン・リームによって展開された議論は「保障内容」という，それまでにはあまり見られなかった概念を用いるものであった。そのため先に取り上げた議論は，一見すると新しい議論だったようにもみえる。しかし，合憲性審査のあり方については以前から議論があったことは既に見た通りである。そこで以下では，基本権の「保障内容」に関する議論とそれ以前から行われてきた議論との比較を行い，ここでは防御権的構成に対する批判，基

第2章　基本権の保護領域をめぐる議論

本権の構成要件をめぐってなされている批判，個別の基本権と基本法2条1項との関係についてなされている指摘とに分けて行いたい。

① 基本権の保護領域と構成要件の関係

ホフマン・リームの批判は従来の学説が「保護領域」という用語を用いる場合，その背後には国家を自由の敵とみなす考えがあるとするものであった。そこで国家を通じて自由を保護するという視点が欠落しているとして「保護領域」に代えて「保障（内容）」という用語が用いられていた。しかし，このようなホフマン・リームによる批判は，一般的自由権に対してなされた「孤立した個人」という批判としてアレクシーが挙げていたものと同様の批判と見ることができる。また，基本権の構成要件をめぐっても様々な指摘がなされている。それらを整理するならば，保護領域該当性審査を重視することの是非，保護領域を広く，あるいは，狭く捉える場合のそれぞれの立場がもたらす不利益，介入概念のあり方に関するものに分けることができる。しかし，保障内容論はこれまで「保護領域」とされてきたものを事項・生活領域と保障内容に分けるものであり，アレクシーの構成要件論にあてはめるならば，保護利益をさらに二つに分ける議論である。たしかに従来の議論において保障内容という概念が用いられていたわけではないが，保護領域該当性の審査に先立って「事項・生活領域」該当性を審査しようとする学説があったことは先に見た通りである。それゆえ，保障内容をめぐる議論は，保護領域審査を二段階に分けようとするものであるという点でこれまでにも行われていた議論であり，決して新しいものではなかったと言える[108]。

② 基本権の保障内容と構成要件を広く・狭く解することの功罪

ところで，基本権の保障内容を限定的に理解しようとする学説は，基本権の保護領域が広く理解されることによって他人の権利と衝突することが増えたこと，また，問題の解決が多くの場合に裁判官の手に委ねられてしまっていることを批判的に見る。これに関連して，裁判官が正当化の次元で衡量する方が透明性という点で望ましいという批判と，むしろ保障内容を限定する方が合理性という点では望ましいという反論とがあることは先に述べた通りである。しか

---

[108] Murswiek, Fn. 91, S. 483も同様の見解である。

◆第1部　情報自己決定権の保護領域

し，このようなやりとりも，それ以前から行われてきたものである。まず，基本権の保護領域が広く理解されることによって他人の権利と衝突することが増えてしまったという問題意識は，基本権衝突の増加や連邦憲法裁判所の権限の不当な拡張といった問題が検討される際にも前提とされていたものである。そして，それに対する正当化の次元で衡量する方が透明性という点で望ましいとの批判も，国家の措置の法治国家的な統制や基礎づけ可能性の低下という問題として指摘されていたことである。統制が弱まるとの批判に対してなされている，むしろ保障内容を限定する方が合理性という点では望ましいとの反論も，狭い構成要件論は特定の形式の権利侵害を最初から保護領域から排除できる理論であるとの主張と同様のものである。また，ホフマン・リームは国家を通じた自由保護の必要性という観点から，衡量の場面で考慮すべき介入の概念を限定するよう求めている。国家による情報提供行為を介入の概念に含めないことは，その表れであろう。しかし，このような国家の行為が介入に該当するか否かも，基本権の構成要件を構成する第二の要素として議論されてきた事柄である。これに対してアレクシーの広い構成要件論は，介入に関しても構成要件を広く解するよう主張するものであった。このような意味で，保障内容の広さが与える審査の合理性・透明性への影響，また，それに伴う裁判所の権限の拡張，さらには介入概念を限定することの是非といった争点で議論が展開されていることは，既に基本権の「構成要件」との関係で論じられてきたのと同様であったと言える。

③ **個別の基本権と基本法2条1項の関係に関する議論**

加えて，カールがベッケンフェルデに対して，特別の基本権で保護されなかったものが保護されなくなると批判しているのに対して，特別の規定が適用できなければ常に基本法2条1項を適用できるとしてムルスヴィークがカールを批判していること，さらにカールが基本法2条1項を補充的に適用することも批判していることを先に見た。しかし，この論点も，既に基本法2条1項の補充性や基本権の競合の問題として論じられてきた事柄である。個別の自由権が事項上は関連しているものの最終的に保障されなかった場合に基本法2条1項を適用できるかについて議論があることは，先に見た通りである。基本権の「保障内容」に関する議論は，補充的に適用される場合の基本法2条1項の保障内

第 2 章　基本権の保護領域をめぐる議論

容がさらに検討されているという点では特徴的であるが，特別の基本権と基本法 2 条 1 項の競合の問題の一部と考えられるように思われる。また，ムルスヴィークの議論に従えば，個別の自由権の保護領域は狭く理解した上で，基本法 2 条 1 項の保護領域については広く理解することで，個別の自由権の場合と基本法 2 条 1 項の場合とで保護領域の広さが変わってくることになる。しかし，個別の自由権を広く理解すれば基本法 2 条 1 項の保護領域を狭く理解しても自由は喪失されないとする指摘（ムルスヴィークとは逆になるが）があることも先に見た通りであり，これも従来から論じられてきたものであったと言える。

④　小括──「保障内容」論の新しさ

このように，基本権を防御権的に構成することに対するホフマン・リームの指摘は，「孤立した個人」という批判としてアレクシーが挙げていたものと同様のものであり，「保護領域」とされてきたものを事項・生活領域と保障内容に分けるのも，既に構成要件の理解との関係で論じられてきたものである。また，基本権の保障内容の広さが与える審査の合理性・透明性への影響，また，それに伴う裁判所の権限の拡張，さらには介入概念を限定することの是非も，基本権の「構成要件」との関係で論じられてきたことである。加えて，個別の基本権と基本法 2 条 1 項の関係に関しても，基本権の競合や基本法 2 条 1 項による保護の意義という点で従来から論じられてきた。以上のことから，基本権の「保障内容」をめぐる議論は，それまで基本権の「構成要件（保護領域・介入）」についてなされてきたものに大きな変化を生じさせるものではなかったと見ることができる。

(4)　小括：基本権の保護領域・介入に関する議論状況の変化

ベッケンフェルデ（とヴァール）は基本権の「保障内容」という語を新たに用い，その範囲を限定的に理解する必要性を示そうとした。また，ホフマン・リームも，自由とは現実の場面における自由の実践的な可能性であるとした上で基本権の保護領域（保障内容）を確定する際にある程度の衡量を行うと同時に，従来の学説に比べて狭い介入概念を支持していると思われる。それゆえ，ベッケンフェルデとホフマン・リームは，ともにそれまでの基本権ドグマティクの問題点を指摘したことになるが，その問題点をどこに見出すかという点では両者の議論には相違も見られる。

◆ 第1部　情報自己決定権の保護領域

　それでも両者の議論に対してなされている批判をいったん確認するならば，違憲審査において最終的な結論を導く上で基本権に対する介入の正当化の審査に重点を置かないことには様々な批判がある。それらの議論に対してベッケンフェルデとホフマン・リームは保障内容をどのように解しても生じうる問題や，これまでの基本権ドグマーティクで見られた問題に対応する上では基本権の構成要件を狭く理解する方が良いことを指摘することで反論を試みている。両者による反論とは別に，特別の基本権と基本法2条1項の関係についても議論があり，一般的自由権を弱い自由権と解した上での批判と，基本法2条1項の基本権を一般的行為自由とすれば済むとの反論がなされていた。

　しかし次に問題となるのは，こうした論争が「保障内容」との語を用いずに行われていたそれまでの議論とどのような点で違っているのかである。そうすると，ベッケンフェルデの議論とホフマン・リームの議論には違いもあるとはいえ，基本権の「保障内容」をめぐる議論は，それまで基本権の「構成要件（保護領域・介入）」についてなされてきたものから大きく変わるものではなかった。

　以上のことから，ベッケンフェルデ（とヴァール）やホフマン・リームが基本権の「保障内容」という語を新たに用い，その範囲を限定的に理解する必要性を主張し，それについては活発な議論が展開されたことが確認できる。しかし，それはそれまでの議論の延長線上に位置付けられるにものにとどまっていた。「保障内容」という新しい言葉が用いられたことから，一見すると基本権の保護領域に関する議論状況が一変したかのようにも思われたが，実際にはそのような変化を生じさせるものではなかった。ただ，ベッケンフェルデやホフマン・リームは古くから争われてきた論点を単に蒸し返したにすぎない，もしくは，彼らの議論からは，それまでの議論が明らかにした以上のものは得られないと結論付けるのであれば，それはそこでの議論をあまりにも過小評価するものであるように思われる。そこで以下において，保障内容論が与えた新たな視点や示唆などについて探ることにしたい。

第3節　「保障内容」論がもたらした新たな視点・示唆

(1) 憲法学説と判例の関係

　基本権の保障内容をめぐって活発な議論が展開されたのにはいくつかの背景

第2章　基本権の保護領域をめぐる議論

があり，その背景の一つとしてはグリコール決定やオショー決定のような，従来の通説的な立場からは説明しにくい判例の登場を挙げることができる。たしかに，エルフェス判決，後の「森の乗馬判決」のような，話題になった判例が議論を活発にしたという状況は以前にもあったことである。しかし，エルフェス判決は学説の多数が支持する議論に沿ったものであり，森の乗馬判決も，多数意見はやはり学説の多数が支持するものであった。このような判例の状況ゆえに，これまで学説の多くは自説の正当性を示す一つの根拠として連邦憲法裁判所の判例を挙げていた[109]。

　例えば，アレクシーの論証理論は，基本権の衡量を合理的なものにする試みであると思われるが，衡量の際に考慮すべき要素が示されたとしても，そこで行われる衡量から導かれうる結論は一つであるとは限らない。連邦憲法裁判所の判例がアレクシーや通説的な立場に近かったことからすれば，彼らが連邦憲法裁判所の判例を援用することにはそれなりの根拠があったと思われる。ところが，その後の議論は，グリコール決定やオショー決定のようにそれまでの通説的な立場と整合しがたい判例を背景としている。このような背景の違いは，それ以前の議論におけるものとの大きな違いの一つであろう。

　憲法学説と連邦憲法裁判所の判例の関係について述べるものとして，1989年に発表されたシュリンクの論文がある[110]。そこでシュリンクは，ドイツの憲法学の当時の状況を「連邦憲法裁判所実証主義」と呼び批判していた。連邦憲法裁判所実証主義とは，憲法に関する主要な問題をめぐる議論が裁判所の判決が出ることで終わってしまうことを批判するための概念である。法実証主義が立法者の決断を頼りにするように，連邦憲法裁判所実証主義は連邦憲法裁判所の決断と関係し頼っているという状況をシュリンクは批判していた。もちろん，連邦憲法裁判所の判例は各論者の自説の唯一の根拠としてではなく，多くの根拠のうちの一つとして持ち出されているにすぎない。その点で，シュリンクの

---

[109] Matthias Klatt/Moritz Meister, Der Grundsatz der Verhältnismäßigkeit, JuS 2014, S. 193ff.〈S. 196〉は，アレクシーの議論は連邦憲法裁判所の判決実務を分析的に再構成したものと理解できるとしている。

[110] Bernhard Schlink, Die Entthronung der Staatsrechtswissenschaft durch die Verfassungsgerichtsbarkeit, Der Staat 1989, S. 161ff.

◆第1部　情報自己決定権の保護領域

批判には若干の誇張があることはたしかであろう。しかし，従来の通説的な理論では説明し難い判例が登場したことは，広い構成要件論が根拠としてきたものの一つが失われたことを意味する可能性はあった。

このように，基本権の保障内容をめぐり活発な議論が展開された背景には従来の通説的な立場からは説明が難しい判例の登場があり，それまでの通説的な見解がしばしば連邦憲法裁判所の判例を援用してきたことを考えると，通説的な見解を支えてきた論拠が一つなくなったとも言えた。連邦憲法裁判所実証主義との批判を展開していたシュリンクが，判例に変化の兆しが見られるという状況は連邦憲法裁判所実証主義に別れを告げる好機であると述べたのも[111]，こうした変化の重要性を示すものであろう。

(2) ベッケンフェルデにとっての古くからの論敵

ベッケンフェルデが基本権の「保障内容」について論じた論文においては，近年の広い保護領域論の典型例としてピエロート／シュリンクの教科書が検討の対象とされていた。そこではアレクシーの構成要件論に直接言及されているわけではないが，裁判官による衡量を避けるために基本権の保障内容を限定的に捉えようとするベッケンフェルデの議論が，本章の冒頭で紹介したアレクシーの議論と対立することは明らかである。以前から広い構成要件論を唱えていたアレクシーにとって，基本権の保護領域を限定的に捉える保障内容論を展開するベッケンフェルデは新たな論敵になったということにもなる。しかし，ベッケンフェルデがアレクシーにとっての古くからの論敵でもあったことは指摘しておく必要がある。

① 基本権の客観法的側面に関する論争

両者は以前から基本権の客観法的側面について議論を行ってきた。ベッケンフェルデは，基本法が前提としている「自由主義的・法治国家的基本権理論」においては，法的に保障された自由を実際に実現することは個人および社会のイニシアティヴに委ねられ，基本権的自由が実現されるための社会的諸前提について，相対的に「目をつぶっている」とする[112]。これに対してアレクシーは

---

[111]　Bernhard Schlink, Abschied von Dogmatik, JZ 2007, S. 157ff.〈S. 158ff.〉.

[112]　ベッケンフェルデ，前掲注(87)285頁。

第2章　基本権の保護領域をめぐる議論

基本権を原理の束と考え，法的な自由・平等をとりあえず優先するものの，他の原理・論拠と比較する余地も広く認め，基本権に客観法的な側面も認めてきた[113]。

② 論争の背景

このような意見の対立にはいくつかの背景があるが，ここでは二点挙げておきたい。一つは議会と憲法裁判所の関係についての理解の違いである。ベッケンフェルデは憲法を「枠秩序」と捉え，憲法はそれ自体の中に法的地位を相互に調節する素材をあらかじめ含むものではないとしている。そして憲法において未決定な部分について法秩序を形成する権限は，市民によって選出された議会の立法者に委ねられるべきであり，裁判所が個々の法的地位を確認することは原則として許されないとする[114]。これに対してアレクシーの議論においては，立法者の民主的正当性は一つの「形式的原理」と位置づけられるにとどまっている。そこでアレクシーはこの原理がそれに対する対抗原理と比較衡量されることを認め，連邦憲法裁判所による秩序形成の余地を少なからず認めている[115]。さらに両者の間では，基本権理論の基礎づけのあり方についても意見が異なっている。ベッケンフェルデは憲法において明らかに前提とされ，ないしは明示的に是認された基本権理論があるとして，そこでは基本権が保障された歴史的な意義や制定者意思を強調する[116]。これに対してアレクシーは，基本法の文言の開放性ゆえ，基本権理論についてはある特定の理論が基本法の唯一正しい理論とすべきではないとしている。そうではなく，憲法に内在しない国家・社会理論を支えとすべきであり，ベッケンフェルデのような文面による憲法内在的な基礎づけは循環論法ではないかと批判していた[117]。

---

(113) Robert Alexy, Zur Struktur der Grundrechte auf Schutz, in : Jan-R. Sieckmann (Hrsg.), Die Prinzipientheorie der Grundrechte, 2007, S. 105ff.

(114) ベッケンフェルデ（鈴木秀美訳）「基本法制定40周年を経た基本権解釈の現在」前掲書注(87)382頁以下。

(115) その一方で，立法者に対する裁量を否定しているわけではない。Alexy, Fn. 113, S. 105ff.

(116) ベッケンフェルデ，前掲注(87)299頁。

(117) Alexy, Fn. 5, S. 515.

◆ 第1部　情報自己決定権の保護領域

　③　ベッケンフェルデの議論における，基本権の歴史・概念史論争の重要性
　ベッケンフェルデは基本法制定40周年に際しての講演において，基本法下の（それまでの）40年間に発展を遂げた「歩み」について述べている。そこでは，基本権の客観的原則規範または価値決定としての性格づけについて述べられているが，基本権の主観的自由権としての展開も言及されていた[118]。既に以前からベッケンフェルデが基本権の主観的自由権としての発展にも着目していたとすれば，基本権の客観法的側面をめぐるそれまでの議論は，「保障内容」をめぐる議論と無関係ではないはずである。基本権の保障内容について論じた2003年の論文において意識されていた「裁判官留保」という問題は，基本権の客観的規範性を批判する際にも指摘されていたものである。また，ナチ時代における徹底した自由の侵害や基本法の審議過程を持ち出している点も，それ以前の議論と同様である[119]。基本権の構成要件の問題やベッケンフェルデの基本権の保障内容論は防御権的な基本権を中心とするものである。そのため，基本権の保障内容をめぐる議論のなかで基本権理論の違いを直接論じるのは簡単ではない。しかし立法者と憲法裁判所の関係，また解釈の手がかりなどの問題は，保障内容をめぐる議論にもあてはめやすいように思われる。アレクシーは，先に見たように憲法裁判所が多くの問題を解決することにはそれほど警戒的ではない。また，基本法の制定過程や制定者意思，基本権の歴史的意義などをベッケンフェルデほどには重視していない。それゆえ，基本権の歴史的意義や制定者意思を手がかりにして基本権の保障内容を確定しようとするベッケンフェルデの議論とは，ここでも対立することになるであろう。そして歴史的・概念史的な方法で決定することになるのではないかという批判は，ベッケンフェルデ自身が予想していた三つの批判のうちの一つであり[120]，そこにおいてアレクシーの議論との違いが意識されている[121]。

---

[118]　ベッケンフェルデ，前掲注[114]348頁。

[119]　ベッケンフェルデ，前掲注[87]299頁以下。

[120]　Böckenförde, Fn. 74, S. 186ff.

[121]　しかし，歴史的な解釈によって規範的な方向性を限定することの正当性については特に述べていない。

④ 小括 —— ベッケンフェルデにとっての古くからの論敵

　以上のことから，両者の議論が対立するとすればその対立は基本権の構成要件・保障内容の広さをめぐるものにとどまらず，結局は立法者の役割を裁判官のそれよりも重視し，基本権の歴史的な意義を強調するベッケンフェルデと，論証理論に基づき基本権やその歴史的意義，権力分立を，それぞれ一つの原理にすぎないと考えるアレクシーの違いと見ることができる[122]。

(3) 日本の議論との比較 —— 孤立した個人と福祉国家

　日本においては，一般的自由説と特定の国家像が関連付けられることもあり，一般的自由説は福祉国家を肯定的に捉える立場であると説明されることがある[123]。しかし，ドイツにおいては一般的行為自由説に対して「孤立した個人」を前提としているのではないかとの批判があったこと，またホフマン・リームが基本権の保護領域を広く理解する通説的な立場は現在のような「保証国家」にはふさわしくないとしていることからすると，一般的自由説を支持する論者が福祉国家にも肯定的であるとする見解があることは意外でもある。

　ドイツの一般的行為自由説は，基本権の制約を認めるという点で個人を孤立させるものではなく，国家による介入を認める議論であるとして反論していることは既に見た通りであるが，それはドイツの通説的な理解が防御権的であるとの批判を受けてのものである。一般的自由説を支持する戸波江二も，ドイツの一般的行為自由説を紹介するなかで，「一般的行為自由という基本権理解は，19世紀的な自由主義的・法治国家的自由を前提としている」とし，ドイツの一般的行為自由説は「現代においても国家からの自由な領域を広範に確保することはなお必要であり，そのために基本法上の防波堤を築き，また，それによっ

---

[122] なお，このようなベッケンフェルデとアレクシーの意見の対立からすると，Böckenförde, Fn. 74, S. 188ff. においてベッケンフェルデも基本法2条1項の保障内容を広く理解しているかのような議論をしていることは興味深い。しかし，仮にベッケンフェルデも基本法2条1項の保障内容を広く理解しているとしても，優先的に適用される個別の自由権の保障内容についての理解が異なると思われる両者においては，基本法2条1項によって補充的に保護されるものも相当に違ってくるはずである。

[123] 中島徹「憲法の想定する自己決定・自己責任の構造」自由人権協会編『憲法の現在』（信山社，2005年）242頁以下。

て国家の違憲的行為を是正していくことを主眼としている」とした上で,「このような基本権解釈論は基本的に評価されなければならない」としている[124]。内野正幸も一般的自由説を「自由権以外のものについてはさておき自由権については限定をつけない,という立場」と説明している[125]。ここでは一般的自由説と福祉国家は直線的に結ばれているわけではない。

一般的自由説と福祉国家との関係について,さらに阪本昌成の議論もここで見ておきたい。阪本は一般的自由説を支持しているが,「自由を根底にもっているものを人権と捉え,それ以外のもの,例えば社会権のように,国家が社会保障制度や厚生労働省という機関を整備して初めて出てくる『基本的人権』は人権と呼ばない」[126]としている。このような阪本の議論は,一般的自由説と福祉国家とを完全に区別するものである。

このように,一般的自由説は福祉国家を肯定的に捉える立場であると説明されることがあるものの,そうした説明が妥当であるかを検討する余地がある。日本国内で一般的自由説を支持する見解においては一般的自由説と福祉国家は直接的に結ばれてはいなかったり,一般的自由説と福祉国家が完全に区別されたりしている。これらのことからすれば,一般的自由説と福祉国家とは必ずしも結びつかないことが分かる。もちろん,一般的自由説に立つ論者が福祉国家にも肯定的であることはあるだろうが,ドイツの議論を参考にするならば,それらは別々に検討されるべきものと言えるだろう。

(4) 小括 ── 「保障内容」論がもたらした,新たな視点

基本権の保障内容をめぐって活発な議論が展開された背景には,グリコール決定やオショー決定のような,従来の通説的な立場からは説明しにくい,新しい傾向を見せる判例の登場があった。シュリンクが,判例に変化の兆しが見られるという状況は連邦憲法裁判所実証主義に別れを告げる好機であると述べたのも,これらの決定が基本権解釈の場における変化をもたらす可能性を見出し

---

[124] 戸波,前掲注(19)354頁。

[125] 内野正幸「国益は人権の制約を正当化する」長谷部恭男編『リーディングズ 現代の憲法』(日本評論社,1995年) 39頁以下〈42頁〉。

[126] 阪本昌成・市川正人「人権と公共の福祉」浦部・棟居・市川編『いま,憲法学を問う』(日本評論社,2001年) 201頁以下〈207頁〉。

たためであろう。また，保障内容との用語を用いてそれまでの基本権ドグマーティクを批判するベッケンフェルデの議論は，立法者の役割を裁判官のそれよりも重視し，基本権の歴史的な意義を強調するベッケンフェルデと，論証理論に基づき基本権やその歴史的意義，権力分立を，それぞれ一つの原理にすぎないと考えるアレクシーの立場の違いをより鮮明にしたと言えるだろう。また，ホフマン・リームがそれまでの通説的な立場は「保証国家」にはふさわしくないと述べることで行った問題提起は，一般的自由説と福祉国家が必ずしも結びつくものではないことをより明確にしたと言える。先に述べたように，基本権の「保障内容」について論じられていることは，既に「構成要件（保護領域・介入）」について論じられてきたことと大きく異なっているわけではないが，それまでの議論を蒸し返しているだけではない。基本権の保障内容に関する議論には従来の議論では必ずしも明らかではなかった事柄に光を当てている側面もあり，少なからぬ重要性を見出すことができる。

第4節 小括 ── 基本権の保護領域をめぐる議論について

　広い構成要件論に対しては，「孤立した個人」が前提とされており，国家を個人の敵とする見方に固執しているのではないかとの批判があったこと，また，「構成要件」や「保護領域該当性」という用語の理解も様々であり，必ずしも「三段階」審査で統一されているわけではないこと，「介入」の有無を判断する基準も論者によって様々であること，個別の基本権規定で保障されている「個別の自由権」と基本法2条1項の関係についても議論があることを紹介した。基本権の保護領域については，まず広い構成要件論に対して，いったん保護領域に含まれたものの多くが最終的に保護されないことについて「不誠実」，基本法2条1項の空洞化，基本権衝突の増加や連邦憲法裁判所の権限の不当な拡張，「グロテスク」な基本権，基本権の「陳腐化」などの批判があり，他方で，狭い構成要件論に対しては，利益間の衡量が基本権審査の前段階に移ってしまっている，保護領域審査が制約条項を取り込んでしまっている，国家の措置の法治国家的な統制や基礎づけ可能性が低下してしまうなどの批判があることを示した。

　その後，ベッケンフェルデ（とヴァール）やホフマン・リームが基本権の「保

◆第1部　情報自己決定権の保護領域

障内容」[127]という語を新たに用い，その範囲を限定的に理解すべきであるとし，それについて活発な議論が展開された。ところが，それはそれまでの議論の延長線上に位置付けられるものにとどまり，基本権の保護領域に関する議論状況を一変させるものではなかった。

　しかし，基本権の「保障内容」について論じられていることは，既に「構成要件（保護領域・介入）」について論じられてきたことと大きく異なっているわけではないとしても，それまでの議論を蒸し返しているだけではない。保障内容に関する議論には従来の議論では必ずしも明らかではなかった事柄に光を当てている側面もあり，少なからぬ重要性を見出せる。

　このように，基本権の保護領域をめぐる議論は「保障内容」という用語も用いて行われるようになったが，扱われている争点に大きな変化は見られなかった。基本権には法律の留保を伴うものと伴わないものがあり，それぞれについて個別に検討する必要はあるが，この章では基本権の保護領域を広く理解する傾向は以前から一貫してドイツにおいて一般的であることを示した。また，その後の判例においては基本権の保護領域（保障内容）は限定的に理解されているわけではないとの分析も見られる[128]。第1章では，情報自己決定権の保護領域がドイツにおいて広く理解されていることを見たが，それは基本権一般に関するドイツの一般的な考え方と同様であることがこの章で述べたことから明らかになったと言えるだろう。

---

(127)　両者において前提とされている考えが異なっていることからすると，ベッケンフェルデの議論を「『保障』内容」論とする一方で，ホフマン・リームによる議論は「『保証』内容」論と訳すことを通じて両者の違いを際立たせることも可能であっただろう。しかし，両者ともに"Gewährleistung"という用語を用いているために，邦語に訳す際にも「保障内容」という同じ訳語を充てた。

(128)　Vanessa Hellmann, Der sogenannte Gewährleistungsgehalt - Eine Analyse der Rechtsprechung des Bundesverfassungsgerichts, in：Sigrid Emmenegger／Ariane Wiedemann（Hrsg.）, Linien der Rechtssprechung des Bundesverfassungsgerichts, Band 2, 2011, S. 151ff.〈S. 160ff.〉.

第3章　基本権の保護領域を広く解する立場への批判

　以上のように，ドイツにおいて情報自己決定権の保護領域は比較的広く理解されており，また，それは基本権一般についてもあてはまる。ただ，こうした見解に対しては批判もある。そうした批判のうちいくつかのものを見る中で，ここまで情報自己決定権の保護領域について述べたところでは，それらの権利が主観的権利であることを前提としていたが，憲法13条で保護されている権利の一部を主観的権利ではなく客観的権利として捉える見解もある[1]。また，情報自己決定権を主観的権利と理解した場合であっても，基本権の保護領域を広く理解することに対しては様々な批判がある。そのうち，裁判所の権限が拡張するとの批判がしばしばなされてきているため，この章において改めてこの争点を取り上げることにしたい。

第1節　「三段階審査」と日本国内の議論

　基本権の保護領域を広く理解した場合に生じる問題として様々なものが指摘されてきたが，その中で頻繁に指摘されるものとして裁判所の権限が拡張するという問題を挙げることができる。以下では，ドイツの通説的な理解とそれと関連する日本の学説を簡単に描写し，日本の議論と比較することで両国の議論の関連性について検討した後に，ドイツの通説的な理論に対してどのような批判があるかを示す。これらについて述べることで，情報自己決定権の保護領域が広く解される場合に裁判所の権限の拡張との関係でどのようなものが争点となりうるかを考えておきたい。基本権に関するドイツの議論については既に述べてきたが，ここでも以下の説明をする上で必要な範囲で振り返る。ドイツにおいては基本権の保護領域該当性から始まる「三段階審査」と呼ばれる手法が

---

[1]　宍戸常寿『憲法解釈論の応用と展開（第2版）』（日本評論社，2014年）13頁以下，小山剛『「憲法上の権利」の作法（第3版）』（尚学社，2016年）97頁。

◆ 第1部　情報自己決定権の保護領域

用いられるのが一般的になっていること，そして基本権の保護領域を広く解する立場が一般的になっていることを改めて確認し，それを日本の議論状況と対比させることで，基本権の保護・制限に関する日独の状況を整理しておきたい。

(1) 基本権への介入の合憲性を審査する枠組み

基本権の保護領域該当性について，基本権の適用について通説的とされる記述を基にドイツの議論の特徴を概観すると[2]，そこでは法律の合憲性を問う場合と，行政権や司法権による行為の合憲性を問う場合とで若干異なる構造が示されてはいるものの，審査の手順はほぼ共通するものとして述べられている。それによると，まず第一段階で，法律で規制されている行為や，行政・司法による措置の対象となっている行為が，基本権の保護領域に含まれるかどうかが検討される。もし，それらの行為が保護領域に含まれているのであれば，法律の規定やそれに基づく措置が，保護領域への介入に該当するかが問題となる。

基本権に対する介入があるのであれば，そのような介入が憲法上正当化できるかの検討に移る。介入の正当化に関しても，介入の法律上の根拠や法律の規定の特定性・明確性，その措置の適切性・必要性・比例性，などについて審査が行われる。以上のような多くの手順を経て合憲性が審査されるが，そこでの審査は大まかに，保護領域該当性，介入の有無，介入の正当性に区分され，「三段階審査」と呼ばれることが多い。

この「三段階審査」には，日本の学説において提唱されている審査との共通点もある。たしかに日本の学説においては，違憲審査が明示的に三段階で行われているわけではなく，ドイツの通説的見解と同じ概念を用いて行われているわけでもない。しかし，問題となっている行為が権利として保障されているかどうかは，幸福追求権の保護領域をめぐって議論されている。また表現の自由については，表現を規制する法律の明確性，手段の必要性などについて慎重に審査すべきとされてきた[3]。

このように，基本権侵害を争点として違憲審査がなされる場合，ドイツにお

---

[2] Thorsten Kingreen/Ralf Poscher, Grundrechte Staatsrecht II, 32. Aufl., 2016, S. 87ff. また，松本和彦『基本権保障の憲法理論』（大阪大学出版会，2001年）参照。

[3] 芦部信喜（高橋和之補訂）『憲法（第7版）』（岩波書店，2019年）105頁以下，202頁以下など。

いては基本権の保護領域該当性の検討から始まり，それが認められるとそれに対する介入の有無，その正当化の可否が順次検討される。こうした審査手法は三段階審査と呼ばれることも多いが，日本においても問題となっている行為が権利として保障されているかどうか，また，規制する法律の明確性やその手段の必要性は検討されている。それゆえ，ドイツの通説的な立場と日本の議論で用いられている審査の枠組みは，まったく違っているとまでは言えないように思われる。両国の議論に違いがあるとすれば，その用いられ方にあると考えられる[4]。

(2) ドイツの議論の特徴としての保護領域の理解

おそらくドイツの議論において特徴的なのは，基本権の保護領域を広く理解した上で，それと対立する利益が衡量されることが多いことであろう。ドイツにおいては明文上の留保のある基本権と留保のない基本権とが区別されるが，既述の通り，先に挙げた通説的な立場においては，留保つきの基本権についても，明文上の留保のない基本権についても，その保護領域が広く理解されている。例えば，基本法2条1項は合憲的秩序や他人の権利，道徳律などによる制約を留保した上で，「人格を自由に発展する権利」について規定する。そして，この権利の保護領域は一般的行為自由として広く理解され，合憲的秩序や他人の権利や道徳律によって正当化される可能性があるとされている[5]。一般的にドイツにおいては基本法2条1項の保護領域が広く理解されており，基本権に対する介入が正当化されず，違憲とされることもある[6]。また，留保なく保障されている基本権についても，一般的な見解においては他の利益との衝突が生じる場合には連邦憲法裁判所が憲法による制約を認めていることが紹介されている。こうした見解は，例えば基本法4条1項・2項は信仰や宗教的活動の自

---

[4] 審査基準を使い分けるアメリカの違憲審査と，「統制密度」を分けるドイツの違憲審査を比較する Shu-Perng Hwang, Verfassungsgerichtlicher Jurisdiktionsstaat?, 2005, S. 176ff. は，アメリカにおいては用いられる審査基準が特定の審査結果をあらかじめ決定しているが，ドイツにおいては統制密度の違いは立法者の立証責任の違いを意味しているにすぎないとしている。

[5] Kingreen/Poscher, Fn. 2, S. 97ff.

[6] BVerfGE 80, 137（光田督良「自己の出自を知る権利と子による嫡出の否認」ドイツ憲法判例研究会編『ドイツの憲法判例 II（第2版）』（信山社，2006年）36頁以下）.

由を留保なく規定しており，保護領域を広く理解する連邦憲法裁判所の判例を比較的好意的に紹介する一方で，信仰などによって生じる危険については憲法による制約を想定している(7)。

(3) 日本国内の議論

他方で日本においては，ドイツのような「三段階審査」が常に行われるわけではないが，憲法13条が保障する「幸福追求権」については，権利の保障がどのような行為にまで及ぶかが争われてきた。憲法13条が保障する「幸福追求権」は，ドイツにおける「人格を自由に発展する権利」に対応する権利であるが，この権利の保護領域に関して通説的なのは，人格の発展に必要な限りにおいて保護されるとする立場であり，この立場は人格的利益説と呼ばれている(8)。

人格的利益説によれば一定程度の重要性が認められる行為だけが憲法によって保護され，人格の発展に必要と思われないものは憲法上の権利として理解されない。それに対して，一見すると些細な行為にまで幸福追求権の保護を及ぼそうとする立場は一般的自由説と呼ばれるが(9)，幸福追求権を主観的権利と理解する立場のうち，人格的利益説を支持する学説の中には，幸福追求権でカバーされない活動に対してであっても，規制の趣旨・強度次第では結果的に個別的権利・自由の制限と言うべき場合があるとする見解がある(10)。

それに対して，一般的自由説の代表的な論者は，幸福追求権に対する制限の正当性を検討する際には，問題となっている行為の重要性に応じて審査基準を変えながら対処すべきであるとしている(11)。このことから，人格的利益説と一般的自由説の結論の類似性がしばしば指摘されるが(12)，一般的自由説，特にド

---

(7) Kingreen/Poscher, Fn. 2, S. 69, S. 143ff.
(8) 佐藤幸治『憲法（第3版）』（青林書院，1995年）445頁。
(9) 戸波江二『憲法（新版）』（ぎょうせい，1998年）177頁。
(10) 佐藤幸治「『人格的自律権』に関する補論」佐藤・平松・初宿・服部編『現代社会における国家と法　阿部照哉先生喜寿記念論文集』（成文堂，2007年）3頁以下〈25頁〉。
(11) 戸波江二「幸福追求権の構造」公法研究58号（1996年）1頁以下〈17頁〉。
(12) 中村睦男「『新しい人権』と憲法13条の幸福追求権」杉原泰雄先生古稀記念論文集刊行会編『21世紀の立憲主義――現代憲法の歴史と課題』（勁草書房，2000年）307頁以下〈313頁〉，髙井裕之「幸福追求権」大石眞・石川健治編『憲法の争点』（有斐閣，2008年）92頁以下〈93頁〉など。

第3章　基本権の保護領域を広く解する立場への批判

イツの議論を参照する説においては，基本権の保護領域に含まれなかった行為については，それへの介入の有無や正当性を検討しないことが前提とされているはずである。保護領域に含まれなかった行為であっても，その制約の正当性を検討すべきとする立場とは，「幸福追求権によって憲法で保障されているかどうか」という議論の位置づけについて異なる認識を前提にしていると思われ，結論を導く過程という点で両説の差異は小さいとは言えないだろう。

　このように日本とドイツにおいては，「三段階」での審査かどうかを別にすれば，違憲審査の際に検討される事柄には共通するものもあり，いずれにおいても基本権の保護領域や保護範囲に含まれているかが検討されている。その一方で，具体的な審査のあり方という点では違いがある。まず，両国の議論においては，基本権の保護領域の理解が異なっていることがある。ドイツにおいては，情報自己決定権の保護領域について示されているように，留保つきの基本権も留保のない基本権も，その保護領域が比較的広く理解される傾向があるのに対して，日本においては幸福追求権を人格的利益だけを保護するものと解する立場が有力である。また，ドイツの議論においては，保護領域該当性を広く認めるだけでなく，基本権に対する介入の正当化についても慎重に審査されることが多い。しかし，日本の学説においては「二重の基準論」が通説的であり，表現の自由以外の権利については，その制限の正当性についてそれほどの厳格さは必ずしも求められてはこなかったようにも思われる。

(4) 小括 ——「三段階審査」と日本国内の議論

　ドイツの議論において特徴的なのは，基本権の保護領域を広く理解した上で，それと対立する利益が衡量されることが多いことであると思われる。そして，その傾向は留保つきの基本権についてもそうでないものについても共通してみられる。たしかに，日本においては，ドイツのような「三段階審査」が常に行われるわけではないが，憲法13条の解釈に関する議論は権利の保護領域に関する争いと見ることができる。それは，人格的利益説が保護領域に含まれなかった行為の制約の正当性も検討すべきとしているとしても，結論を導く過程という点での一般的自由説との重要な差異を説明するものとなる。それゆえ，日独両国において憲法上の権利・基本権の保護領域について論じられており，基本権の保護領域に関するドイツ国内の議論は，憲法上の権利の保護領域に関して

91

日本で議論する際にも参照に値するものであると言える。

第2節　基本権の保護領域が広がることによる，裁判所の権限の拡張

　ここまで，ドイツの通説的立場と日本の議論とを比較した。そこでも見たように，日本においては幸福追求権の保護範囲は比較的狭く解される傾向もあるのに対して，ドイツでは基本権一般について，保護領域を広く理解する見解が有力になっている。しかし，ドイツの通説的な考え方にはドイツ国内においても批判もある。ドイツの通説的立場に対してなされているこのような批判は，情報自己決定権の保護領域の広さを考える際にも検討されるべき課題であると思われるため，以下において詳しく見ることにしたい。

(1) 三段階審査と権限分配

　近年においては，ドイツの三段階審査を参照する議論が日本でも行われているが，そのような議論に対しては問題点も指摘されている。ドイツの三段階審査の場合，権限分配的な考慮ができないのではないか，との懸念が述べられるのは[13]，その一例である。しかし，先に述べたように，三段階審査においてドイツで検討される事項には，「審査基準論」が優勢の日本の議論においても違憲審査の際に検討されている事柄もある。その意味で，ドイツの通説的な審査枠組みを導入したとしても，裁判所の権限の拡張という権限分配的な問題が直ちに生じるわけではないだろう。ドイツの通説的な議論を導入することで権限分配的な問題が起こりうるとすれば，保護領域を広く理解し，裁判所による衡量を重視するというところまで参照しようとする場合であろう。

(2) 保護領域の広さと裁判所の権限

　ドイツの通説的な立場に対してはドイツ国内においても批判もあるが，そこでの批判はおそらく，三段階審査という審査枠組みというよりも，通説的な見解が基本権の保護領域を広く理解していることと，その結果，衡量を頻繁に行わざるを得ないのではないかという点に向けられている。既に簡単に紹介した

---

[13]　山本龍彦「三段階審査・制度準拠審査の可能性 ── 小山剛著『「憲法上の権利」の作法』を読む」法律時報82巻10号（2010年）101頁以下。

第 3 章　基本権の保護領域を広く解する立場への批判

指摘ではあるが，基本権の保護領域を広く理解する通説的な見解に対しては，多くの行為が基本権の保護領域に含まれることによって，他の権利・利益が基本権と衝突することも増えてしまい，その結果，対立する利益同士を裁判所が衡量しなければならない場面が増え，それによって憲法裁判所の権限が拡張してしまうのではないかとの批判がある[14]。ドイツの通説的な立場を支えている議論の一つが，アレクシーの提唱する「原理理論」であるが，裁判所の権限の問題は既に「アレクシーの登場以前から存在しており」，アレクシーの原理理論への「典型的な批判論として機能している」と日本においても指摘されている[15]。アレクシーの見解にとどまらず，ドイツ国内の通説的見解に対しても「民主的に正当化される立法者に対して，裁判所特有の仕事がどこに存在するのかという問いへの答えが迫られている」[16]との指摘がある。

(3) 日本国内での指摘

基本権の保護領域を拡張することで国会との関係での裁判所の役割が大きくなるおそれは，日本においても指摘されている。例えば，裁判所が国会と対立する政策判断・価値選択を行うことを「きわめて例外的なこと」とした上で，裁判所が「新しい人権」を創設する根拠について検討すべきとの指摘は[17]，先

---

[14] Christian Starck, Die Grundrechte des Grundgesetzes - Zugleich ein Beitrag zu den Grenzen der Ver-fassungsauslegung, JuS 1981, S. 237ff.〈S. 246〉; Gunnar Duttge, Freiheit für alle oder allgemeine Handlungsfreiheit?, NJW 1997, S S. 3353ff.〈S. 3355〉; Martin Hochhuth, Lückenloser Freiheitsschutz und die Widersprüche des Art. 2 Abs. 1 GG, JZ 2002, S. 743ff.〈S. 746〉. また，連邦憲法裁判所が「一般的行為自由説」の理解に立ったことで「国家によるあらゆる行為制限が潜在的に憲法異議の対象になりうることになった」と指摘するものとして Christoph Möllers, Legalität und Legitimation des Bundesverfassungsgerichts, in： Jestaedt／Lepsius／Möllers／Schönberger, Das entgrenzte Gericht, 2011, S. 281ff.〈S. 367〉. 邦訳として，クリストフ・メラース「連邦憲法裁判所の合法性・正統性・正統化」鈴木・高田・棟居・松本（監訳）『越境する司法 —— ドイツ連邦憲法裁判所の光と影』（風行社，2014年）247頁以下〈310頁〉（松本和彦訳）。

[15] 渡辺康行「憲法学における『ルール』と『原理』区分論の意義」樋口・上村・戸波編『日独憲法学の創造力 —— 栗城壽夫先生古稀記念（上巻）』（信山社，2003年）1頁以下〈19頁，39頁〉。

[16] Benjamin Rusteberg, Der grundrechtliche Gewährleistungsgehalt, 2009, S. 67.

◆ 第1部　情報自己決定権の保護領域

に挙げた問いと同様の趣旨であろう。また，付随的違憲審査制においては幸福追求権によって補充的に保障される独自の類型の権利侵害を主張すべきであり，漠然と「幸福追求権」の侵害ということはありえないとの人格的利益説からの批判も[18]，裁判所の権限と権利の保護領域の関係を問題にするものといえよう。さらに，人格的利益説と一般的自由説の双方に対して，松井茂記が「司法審査の民主主義的正当性」という観点から批判している[19]。そこでは，国民によって選挙されておらず，国民に政治的責任を負っているとはいえない裁判官が法律の合憲性を審査し，違憲と判断することが問題とされている。このように，基本権の保護領域が拡張すると裁判所の権限が拡張するとの指摘は，日独両国において見られている。そこでの指摘は必ずしも情報自己決定権を念頭に置いたものではないが，保護領域が広く捉えられることで他の利益と対立するものも基本権に含まれ，対立利益との衡量をすべき場面が増えることで裁判所の権限が拡張するという問題は，情報自己決定権の保護領域を広く捉える場合にも生じ得ると言えるだろう。

(4) 小括 —— 裁判所の権限が拡張するとの批判について

基本権に対する介入の合憲性審査の枠組みを「三段階審査」と呼ぶかどうかは別にしても，ドイツと日本との間でそうした枠組みの中身がまったく違っているまでは言い難い。両国の審査の違いはその審査の行われ方にあると思われ，日本の有力な見解が幸福追求権の保護領域を比較的狭く理解しようとしていることと比較してみると，基本権の保護領域を広く理解しようとするドイツの通説的見解には日本の有力説との相違があると言える。それでも，基本権の保護領域を広く理解した場合に裁判所の権限が拡張するとの指摘は日独両国において見られており，情報自己決定権の保護領域を広く解する場合にも，そうした指摘にどのように応えるかが課題となる。

---

[17]　高橋和之『立憲主義と日本国憲法（第3版）』（有斐閣，2013年）141頁。

[18]　佐藤，前掲注(10)23頁。

[19]　松井茂記「自己決定権」長谷部恭男編『リーディングズ —— 現代の憲法』（日本評論社，1995年）57頁以下〈66頁〉。

第3章　基本権の保護領域を広く解する立場への批判

第3節　裁判所の権限が拡張することの正当化を試みる議論

　基本権の保護領域を広く理解した場合に裁判所の権限が拡張するとの批判がドイツの通説的見解に対してなされており，そうした指摘は日本においても見られる。それでは，基本権の保護領域を広く理解する立場や一般的自由説は，裁判所の権限が拡張するという批判にどのように応えるのであろうか[20]。ここでは阪本昌成とベッケンフェルデの見解を取り上げることで，それを探りたいと思う。

(1) 阪本の議論

　阪本は「自己愛を追求する人間像」を前提として，一般的自由説を支持し，人格的利益説を批判する論者として知られる[21]。この見解においては裁判所が「人権」問題として扱うべき事例も増えるかもしれないが，それはどのようにして根拠付けられているのかを，以下においてみることにする。裁判所による審査と民主主義の関係について阪本は，「裁判所が紛争当事者の主張する right（正しきこと－阪本）が憲法上正当な論拠をもっているかどうかを審査した結果，ときに，『民主主義』を守ったり，少数者の人権を保護したりすることにつながるかもしれない，ということである」[22]とする。ここでは裁判所が合憲性審査を行うことで「民主主義」に反して少数者の人権を保護する形になったとしても，常に不当となるとまでは考えられていない。そして，裁判所が有権者の代表が制定した法律を「無効」とすることへの疑問に対する回答は，「民主主義」観と違憲判決の効力の理解のしかたによって変わってくるとする[23]。そこで，阪本が民主主義をどのようなものと見ているか，そして裁判所による審査にいかなる意義を見出しているか，を見ると，「デモクラシーとは統治のやり方又は手続を指す言葉にすぎない」というのが[24]，民主政に対する阪本の評価である。阪本によれば，人々の選好を反映している立法過程であっても，民主

---

[20]　裁判所と議会の関係一般について検討する先行業績として，阪口正二郎『立憲主義と民主主義』（日本評論社，2001年）。
[21]　阪本昌成『憲法2　基本権クラシック（第4版）』（有信堂，2011年）22頁以下。
[22]　阪本昌成『憲法1　国制クラシック（全訂第4版）』（有信堂，2011年）229頁。
[23]　阪本昌成『憲法理論Ⅰ（第3版）』（成文堂，1999年）411頁。

◆第1部　情報自己決定権の保護領域

主義は望ましい統治の方法・手段をいうものにすぎず，民主政は「多くの人びとによる支配」を表すにとどまる。それでもなお民主政を採用するのは，これが平和的な政権交代の方法であるためとしている[25]。

このように民主政が「多くの人びとによる支配」を表すものとされる一方で，重要な意義が与えられているのが「法の支配」である[26]。阪本は，司法審査制を実現する上で重要だったのは，「統治は，ときの主権者や多数者の政治的選好を万能とせず，最低限の正しさに従ってなされなければならない」という命題であったとする[27]。そして，この「最低限の正しさ」や「憲法上正当な論拠をもっているかどうか」を判断する際に登場する概念の一つが「法の支配」である。「法の支配」は，民主政をコントロールするルールであり[28]，「自由という効用を増大させようとするルール功利主義を応用する法的理念」であると述べる[29]。このような「自由という効用を増大させようとする」ものとして阪本が重視するのは市場である。阪本は市場での「交換的正義」に適うルールの特徴として，①抽象性，②一般性，③普遍性・事前性，④外面性を挙げる[30]。そしてこのようなルールによって，特定の人の利益となる法律，また，民主過程に歯止めをかけることができる法的理念が「法の支配」であるとしている[31]。

このように，阪本の議論の特徴は，市場において妥当すべきルールは「法の支配」であるとし，このルールが多数決主義を基本とする民主政の歯止めとな

[24]　阪本昌成『リベラリズム／デモクラシー（第2版）』（有信堂，2004年）118頁。また，阪本，前掲注[23]48頁以下，412頁以下も参照。
[25]　阪本，前掲注[22]239頁。
[26]　阪本の「法の支配」論を解説するものとして，渡辺康行「『法の支配』の立憲主義的保障は『裁判官の支配』を超えうるか——『法の支配』論叢を読む」長谷部他編『岩波講座　憲法1　立憲主義の哲学的地平』（岩波書店，2007年）53頁以下〈70頁以下〉。加えて，ハイエクの立場から説く「法の支配論」の描写は，芹沢・市川・阪口編『新基本法コンメンタール　憲法』（日本評論社，2011年）304頁（石川健治）にもみられる。
[27]　阪本，前掲注[22]231頁。
[28]　阪本，前掲注[24]118頁，125頁。「法の支配」に関する阪本の議論を解説するものとして，渡辺，前掲注[26]70頁以下。
[29]　阪本昌成『法の支配』（勁草書房，2006年）247頁。
[30]　阪本，前掲注[29]230頁。
[31]　阪本，前掲注[29]238頁。

第3章　基本権の保護領域を広く解する立場への批判

るとしている点にある。そして、ここでの「法の支配」論が日本国憲法の規定する「公共の福祉」を解釈する際にも応用されている。阪本は、日本国憲法13条にいう「公共の福祉」を、基本権の「制限の制限ルール」を国家に対して述べたものと理解する。そして、「公共の福祉」にいう「公共」とは、「無作為抽出したさいの、どの個人にとっても」または「特定不能な、n人にとって」という意味であると説明する[32]。「公共の福祉」は基本権を制約する論拠として扱われることも多いが、阪本による「公共の福祉」概念には、基本権の「制限の制限ルール」とされているという特徴がある[33]。この「制限の制限ルール」に反しない制約の根拠として挙げられているものの一つは加害原理であり[34]、この加害原理によって禁止される「他者への危害」とは、「特定可能な他人の利益に明白な危害を加える行為」であるとする。そして、自己決定権によって保護される自由についても（個別的基本権規定によって保障されていない）「自己関係的行為」に限定し、殺人の自由に代表される、他者加害的な行為までは含まないとしている[35]。

先に述べた通り、阪本は幸福追求権については一般的自由説を支持している。それゆえ、裁判所の権限が拡張するとの批判が生じる余地がある。しかし、ここまで述べたことを基に考えると、阪本の議論においては、民意を反映している民主政治であっても「法の支配」や「公共の福祉」に従っている必要があり、それらに関して審査を行うのが裁判所の役割であると考えられているものと思われる。

(2) ベッケンフェルデの議論

基本権の保護領域と裁判所の権限の問題について述べるドイツの議論としては、ベッケンフェルデの議論がある[36]。ベッケンフェルデによると、広い保護領域理解が介入概念の拡張を導いており、このことは特に法律留保のない基本

---

[32] 阪本、前掲注(29)62頁以下。
[33] 阪本、前掲注(21)65頁。
[34] 阪本昌成『憲法理論Ⅱ』（成文堂、1993年）170頁以下。
[35] 阪本、前掲注(21)113頁。
[36] Ernst-Wolfgang Böckenförde, Schutzbereich, Eingriff, verfassungsimmanente Schranken, Der Staat, 2003, S. 165ff.

◆ 第1部　情報自己決定権の保護領域

権の場合には問題となる。これについては既に紹介したところであるが，ベッケンフェルデの理解によれば，法律留保がないということは，衝突する危険を判断したり，それを防止したりする自由を立法者はもつべきではないことを示している。これは憲法制定会議においてはっきりと表れたことであり，留保をつけなかったのは，ナチス期の経験を経て個人の自由保護を特別に強くするためであったとの見解を示す。ところが，多くの権利・利益が留保のない基本権の内在的制約の根拠として援用されていると，ベッケンフェルデは述べる。そして，連邦国家的な権限規定も含めた多くのものが内在的制約の根拠として適用されることで，裁判所の権限が拡張することを批判する。制約の発見・適用は憲法解釈の問題であるが，憲法内在的な制約は法を適用する機関，特に裁判所の事柄であり，その場合には立法者による授権は必要としない。その結果，憲法内在的な制約は裁判官留保の根拠となり，それに対応して権力構造が変化してしまうと指摘している。

　このようにして，基本権ドグマーティクにおいては，法律留保のない基本権，つまり，その自由の内容を憲法が特に強く保障しようとした基本権の内容が，法律留保を伴う基本権と同様に軽くなってしまったと批判する。そこでベッケンフェルデは，基本権が何を保護しているのかを，基本法の起草者の意思や基本権の発生史を重視しながら検討する。「裁判官留保」へと移行してしまう危険性を解決するためにベッケンフェルデは，第2章において見た通り，まず，従来「保護領域」該当性の審査として行われてきた審査を「事項・生活領域」と「保障内容」の審査に分けた上で慎重に行うべきであると主張する。例えば信教の自由であれば，問題となっている行為が「信教」や「宗教」といった事項に関係するものであるかが検討される。そして「信教」の「事項・生活領域」に含まれる行為に基本権上の保護が及ぶかが「保障内容」該当性という形で審査される。ベッケンフェルデは信教の自由の保障内容を，16・17世紀の起源と19世紀以降の展開，そしてその中で信教の自由がもつに至った内容を踏襲しようとしたとする憲法制定会議の意図に従い，信仰の自由によって保障されるものを，ある信仰をもつかもたないか，ある信仰・世界観を告白・伝播するかしないか，に限定する。連邦憲法裁判所は過去の判例において，世界観や宗教上の信念に動機付けられた行為を行う自由まで基本法上の自由に含まれるとした

第 3 章　基本権の保護領域を広く解する立場への批判

ことがあるが，それと比べると基本権で保護されるものを限定的に理解する。なお，ドイツにおいては，問題となっている活動が法的に保護されるかどうかを，「保護領域」該当性の審査としてきた。先にも述べた通り，ベッケンフェルデが「保障内容」としているものは，ドイツの憲法学でそれまで用いられてきたところの「保護領域」と同じ内容をもっている[37]。それゆえ，ここで見たベッケンフェルデの議論は，保護領域の限定を図るものと位置付けることができる。

その一方で，信教の自由などの保護領域に含まれない行為態様・自由領域については，受け皿的な基本権としての基本法2条1項が一般的行為自由の基本権として，立法者や行政による介入から一般的に保護するとしている。ベッケンフェルデが司法国家化を一つの問題とした上で，留保なく保障されている基本権の保護領域を限定的に理解しようとしていることからすると，基本法2条1項の保護領域は広く解釈するとの議論がなされていることは，一見すると司法国家を批判していることと矛盾しているようにも見える。しかしベッケンフェルデは，このような解釈は「応急措置」ではなく，基本法2条1項やその表現をめぐる議論を行った際の憲法制定会議の意図にも適合するという。これによって基本権の内容が空洞化することはなく，また，この基本権には広い制約留保があるが，それは比例性に適合する範囲に制約できると述べる。

以上の通り，ベッケンフェルデの議論では，留保のない基本権の保護領域が限定的に理解される一方で，基本法2条1項の保護領域については広く理解されている。一見すると矛盾しているようではあるが，どちらの解釈も基本権の歴史的な生成過程や基本法制定者の意思によって説明されている。基本法2条1項の保護領域を広く解釈すると裁判所の権限が拡張するかもしれないが，それは憲法制定会議の意図には反しないため問題ないということなのであろう[38]。そのためベッケンフェルデは，裁判所の権限が拡張することを問題にしている

---

[37]　拙稿「基本権の構成要件と保障内容」千葉大学法学論集23巻1号（2008年）155頁以下〈182頁〉参照。

[38]　ベッケンフェルデの解釈論は基本権や基本法の生成過程や制定者意思と並んで，枠秩序としての基本権の性格に依拠しているとの見解として，Ulrich Jan Schröder, Der Schutzbereich der Grundrechte, JZ 2016, S. 641ff.〈S. 643〉。

◆ 第1部　情報自己決定権の保護領域

というよりは，それぞれの基本権解釈がそれらの歴史や制定者意思に反することを問題にしており，それらに反しない限りにおいては裁判所の権限が拡張することも認めていると理解できる。

(3) **両者の説明についての検討**
① 一定の理論を前提とした検討・反論

以上において，基本権の保護領域を広く理解した場合に生じる裁判所の権限の拡張を問題視する見解を概観し，同時にその主張に対する反論を見た。ただ，そうした反論についての検討はまだ十分には行えていないため，ここにおいて行うことにしたい。

阪本とベッケンフェルデは，幸福追求権，「人格を自由に発展する権利」の保護領域を広く理解している。裁判所による法適用に際して基本権の保護領域を広く理解しようと思えば，民主主義や国会との関係で裁判所の権限が拡張してしまうおそれがある。それに対して，裁判所の権限を説明・正当化するために阪本が用いるのが「法の支配」をもとにした「公共の福祉」概念であり，ベッケンフェルデは基本権の発生史と基本法制定者の意思を挙げるのであった。憲法13条や基本法2条1項の保護領域を広く理解する両者の議論においては，裁判所の権限が拡張するかどうかというよりは，権利・基本権を裁判所が保護することの根拠に主眼が置かれている。

しかし，阪本やベッケンフェルデによるこのような説明が，一般的自由説に対する批判への回答として適切なものとなりうるかの検討も必要であろう。阪本の議論は「市場」を重視しており，市場において用いられるべきルールを「法の支配」・「公共の福祉」といった概念へと構成し，それを守ることを裁判所の任務と理解していると言えるだろう。また，ベッケンフェルデの議論は，様々な解釈方法の中で基本権の発生史や憲法制定者の意思によるものが妥当であることを出発点としている。裁判所の権限が拡張するという問題は基本権に客観法的機能を認める場合にも指摘されることがあるが，ベッケンフェルデは，ドイツの学説が基本権の諸機能について検討する際に様々な基本権理論が前提とされていることを指摘した上で，基本法が前提としているのは自由主義的（市民的・法治国家的）基本権理論であるとしたことがある[39]。しかし，このような主張に対しては，特定の基本権理論を基本法が前提としていると理解すべきで

第3章　基本権の保護領域を広く解する立場への批判

はなく，憲法に内在しない議論を根拠として示すことで，なぜその基本権理論を採用すべきなのかを述べるべきではないか，との批判がある[40]。これに対して，ベッケンフェルデは，基本法が自由主義的基本権理論を前提としていることは，ナチ時代における自由の侵害と，それを意識していた基本法の審議過程から説明できるとしている[41]。ここで挙げられている，基本権の歴史や基本法の審議過程といった根拠は，基本権の「保障内容」（保護領域）を解釈する際にも手がかりとされている根拠である[42]。前提とされるべき基本権理論をめぐる議論と，基本権の「保障内容」に関する議論とを総合すると，ベッケンフェルデの議論においては基本権の歴史や基本法の審議過程が重視されていることが分かる。

以上のことから，阪本の議論は市場の重要性を，そして，ベッケンフェルデの議論においては基本権の歴史的展開や基本法制定者の意思の重要性を前提としていると言えると思われる。しかし，両者が自身が前提としている理論からその理論に適合的な結論を導いているとすると，循環論法に陥っていると見る余地もある。そうであるならば，両者の議論では，裁判所の権限の拡張を理論的に正当化できておらず，一般的行為自由説に対する批判への回答として不十分なものにもなるかもしれない。

② 「憲法理論」にもとづく議論の意義

本章で取り上げた阪本やベッケンフェルデが前提としている理論は，「ある特定の解釈主体が憲法の個々の条文について行っている様々な解釈論の基礎に存する，体系的な基本思考」であるとも言えるだろう。このような理論は「憲法理論」と呼ばれることがあり[43]，先に「循環論法」の可能性について触れたのは，両者の議論はそれぞれの依拠する「憲法理論」に依拠して議論を展開し

---

(39) 原文は Ernst-Wolfgang Böckenförde, Grundrechtstheorie und Grundrechtsinterpretation, in: Staat, Verfassung, Demokratie, 1992, S. 115ff. であるが，以下では邦訳箇所を引用する。E. W. ベッケンフェルデ「基本権理論と基本権解釈」同著（初宿正典編訳）『現代国家と憲法・自由・民主制』（風行社，1999年）279頁以下〈282頁〉。

(40) Robert Alexy, Theorie der Grundrechte, 3. Aufl., 1996, S. 515.

(41) ベッケンフェルデ，前掲注(40)300頁。

(42) Böckenförde, Fn. 36, S. 174f.

◆ 第1部　情報自己決定権の保護領域

ているという点で「循環論法」と言えなくもないためである。しかし，「憲法理論」のような一定の出発点から議論を展開するのは，阪本やベッケンフェルデに限ったことではない[44]。例えば，ベッケンフェルデの議論を批判するアレクシーの議論においては，基本権の保護領域も裁判所の権限の問題も「論証理論」が前提となっている[45]。また，一定の理論や視点に依拠して基本権の保護領域の輪郭や意義を説明することには，十分な意味もあるように思われる。それは，人権規定の抽象性もあって，一定の出発点を設定しなければ，基本権の輪郭や意義がかえって不明確になったり，決め手に欠ける議論が続いたりする可能性もあるためである。市場の重要性や憲法制定者の意思の重要性を前提としている阪本やベッケンフェルデの反論は，裁判所の権限という点での批判に対する回答となりうるものであり，そこでの議論は循環論法であるとの指摘を受けるかもしれないとしても，十分な意義があると思われる。

③ 両者の議論における「保護領域」の広さ

ところで，ここまでの議論では阪本もベッケンフェルデも憲法13条や基本法2条1項の権利の保護領域を広く理解している論者として紹介したが，その保護領域に一定の限界も設けている（かもしれない）ことにも触れておく必要があるだろう。ベッケンフェルデの議論においては，基本法2条1項の保護領域に「殺人の自由」まで含ませるのかがはっきりしていないが，阪本は自己決定権が保護する自由を「自己関係的行為」に限定し，殺人の自由に代表される他者加害的な行為までは含まないとしている[46]。

このような，他者を加害する行為を基本権の保護領域から除外する理論は，ドイツにおいても展開されている。例えばリュフナーは，芸術家が道具を窃盗

---

[43]　渡辺康行「『憲法』と『憲法理論』の対話（1）」国家学会雑誌103巻1・2号（1990年）1頁以下〈5頁〉。

[44]　笹沼弘志「人権論における近代主義」法の科学24号（1996年）186頁以下，渡辺康行「人権理論の変容」岩村他編『岩波講座　現代の法1　現代国家と法』（岩波書店，1997年）65頁以下〈74頁以下〉参照。

[45]　渡辺康行「討議理論による人権の基礎づけについて ── R. アレクシーの議論を素材として」憲法理論研究会編『憲法50年の人権と憲法裁判』（敬文堂，1997年）153頁以下参照。また，人格的利益説においても前提となる人間像や国家観があると思われる。

[46]　阪本，前掲注(21)113頁。

102

第3章　基本権の保護領域を広く解する立場への批判

することは芸術の自由には含まれないと理解している[47]。またイーゼンゼーも，「暴力の禁止（Gewaltverbot）」は基本権の制限ではないとしている。しかし，イーゼンゼーは自身を「狭い保護領域（構成要件）論者」であると位置づけており[48]，リュフナーも基本権の保護領域を狭く理解する論者と分類されている[49]。

他者加害的な行為は排除するという意味で限定つきの「一般的自由権」説に対しては，「自己の説を『一般的自由権説』と称するのは」「ミスリーディング（誤導的－竹中）であり，論者自身による正確な名称づけが提示されるべき」であるとの指摘があるが[50]，ドイツにおいてはイーゼンゼーやリュフナーが基本権の保護領域を限定的に理解する立場に分類されていることを考えると，理解できる指摘である。この指摘に従えば，阪本の立場は「限定つきの『一般的自由権説』」であり，誤解を避けるためには「一般的自由権説」と称するべきではない，ということにもなるだろう[51]。

以上のことからすると，阪本やベッケンフェルデの議論は，殺人の自由なども基本権の保護領域にいったんは含める，「（限定をつけない）一般的自由」説において裁判所の審査権限を正当化する議論としては展開されていないのかもしれない。その意味で，幸福追求権や「人格を自由に発展する権利」の保護領域に一切の限定をつけない，最広義の一般的（行為）自由説を正当化する議論であるとは限らない。両者の議論は「人格」概念を用いなくとも基本権の意義

---

[47] Wolfgang Rüfner, Grundrechtskonflikte, in: Christian Starck (Hrsg.), Bundesverfassungsgericht und Grundgesetz, Bd. 2, 1976, S. 453ff.

[48] Josef Isensee, Das staatliche Gewaltmonopol als Grundlage und Grenze der Grundrechte, in: Franßen/ Redeker/Schlichter/Wilke (Hrsg.), Bürger - Richter - Staat. Festschrift für Horst Sendler zum Abschied aus seinem Amt, 1991, S. 39ff. 〈S. 58〉.

[49] Alexy, Fn. 40, S. 286ff.

[50] 竹中勲『憲法上の自己決定権』（成文堂，2010年）33頁。

[51] 丸山敦裕「憲法一三条論における一般的自由説とその周辺」松井・長谷部・渡辺編『自由の法理　阪本昌成先生古稀記念論文集』（成文堂，2015年）573頁以下〈591頁以下〉は，阪本自身が一般的自由説を支持しながらも，その保護領域が限定的に捉えられている可能性を疑う本書のような見解に対して，阪本の議論において「他者加害」は一般的自由を輪郭付けるものとして機能しているわけではなく，一般的自由から「新しい人権」を創出する局面において意味をもっているとしている。

◆ 第1部　情報自己決定権の保護領域

や裁判所の権限を説明できることを示しているが，基本権の保護領域に限定をつけない場合に裁判所の権限が拡張するという問題にどのように応えるべきかという課題を依然として残すものではあるだろう。

　④ 小括 ── 両者の説明についての検討

　阪本の議論は市場の重要性を，そして，ベッケンフェルデの議論は基本権の歴史的展開や基本法制定者の意思の重要性を前提としていると言えると思われる。しかし，両者によって前提とされている理論からその理論に適合的な結論が導かれているのだとすると，循環論法に陥っていると見る余地もある。そうであるならば，両者の議論では，裁判所の権限の拡張を理論的に正当化できておらず，一般的行為自由説に対する批判への回答として不十分なものになるのかもしれないが，一定の出発点を設定しなければ，基本権の輪郭や意義がかえって不明確になったり，決め手に欠ける議論が続いたりする可能性もある。そのため，市場の重要性や憲法制定者の意思の重要性を前提としている反論は，裁判所の権限という点での批判に対する回答となりうるものであると思われる。ただ，阪本やベッケンフェルデの議論は，殺人の自由なども基本権の保護領域にいったんは含める，「（限定をつけない）一般的自由」説において裁判所の審査権限を正当化する議論としては展開されていないようにも思われる。その意味で，幸福追求権や「人格を自由に発展する権利」の保護領域に一切の限定を付けない，最広義の一般的（行為）自由説を正当化する議論であるとは限らない。両者の議論は「人格」概念を用いなくとも基本権の意義や裁判所の権限を説明できることを示しているが，基本権の保護領域に限定を付けない場合に裁判所の権限が拡張するという問題にどのように応えるべきかという課題を依然として残すものである可能性はある。

　(4) 小括 ── 裁判所の権限が拡張することの正当化を試みる議論

　基本権の保護領域を広く解する立場には，裁判所の権限が拡張するとの指摘がなされてきたが，幸福追求権については一般的自由説を支持する阪本の議論においては，民意を反映している民主政治であっても「法の支配」や「公共の福祉」に従っている必要があり，それらに関して審査を行うのが裁判所の役割であると考えられている。

　また，ベッケンフェルデの議論では，留保のない基本権の保護領域が限定的

第3章 基本権の保護領域を広く解する立場への批判

に理解される一方で，基本法2条1項の保護領域は広く理解されている。一見すると矛盾するようではあるが，ベッケンフェルデにとっての問題は裁判所の権限が拡張すること自体にあるわけではなく，それぞれの基本権解釈がそれらの歴史的な生成過程や基本法制定者の意思に反しない限りにおいては裁判所の権限が拡張することも認めていると理解できる。

ただ，阪本の議論は市場の重要性を，ベッケンフェルデの議論は基本権の歴史的展開や基本法制定者の意思の重要性を前提としており，両者が自身が前提としている理論からその理論に適合的な結論を導いているのであれば，循環論法に陥っていると見る余地もある。それでも，一定の出発点を設定しなければ，基本権の輪郭や意義がかえって不明確になったり，決め手に欠ける議論が続いたりするおそれがあることを考えると，それ自体は必ずしも否定されるものではない。

以上のことから，阪本やベッケンフェルデの議論を通じても，基本権の保護領域に限定をつけない場合に裁判所の権限が拡張するという問題にどのように応えるべきかという課題は依然として残されるようにも思われるものの，両者の指摘には十分な意義があると思われる。それゆえ，情報自己決定権の保護領域を広く理解する際にも，裁判所の権限の拡張という帰結自体がその妨げになるわけではないと解される。

第4節 小括 ―― 基本権の保護領域を広く解する立場への批判について

第2章においては情報自己決定権の保護領域が広く解されているのは基本権一般について保護領域を広く理解するドイツの議論と同様であることを確認した。それに対してこの章においては，情報自己決定権の保護領域を広く解する場合に検討が求められる事項を取り上げた。ドイツの議論において特徴的なのは，基本権の保護領域を広く理解した上で，それと対立する利益が衡量されることが多いことであると思われ，たしかに，日本においては，ドイツのような「三段階審査」が常に行われるわけではないが，憲法13条の解釈に関する議論は権利の保護領域に関する争いと見ることができる。それゆえ，憲法上の権利・基本権の保護領域については日独両国のどちらの国においても論じられており，

◆ 第1部　情報自己決定権の保護領域

基本権の保護領域に関するドイツ国内の議論は日本国内でも参照しうるものであると言える。

また，「三段階審査」と呼ぶかどうかは別にしても，ドイツと日本との間で違憲審査の枠組みが全く違っているわけではない。違いはその審査の行われ方にあるにすぎないが，基本権の保護領域を広く理解しようとするドイツの通説的見解には日本の有力説との相違があると言える。それでも，基本権の保護領域を広く理解した場合に裁判所の権限が拡張するとの問題はどちらの国でも指摘されており，情報自己決定権の保護領域を広く解するのであれば，いずれの国においてもそうした指摘への回答が課題となる。

基本権の保護領域が広く理解されることで裁判所の権限が拡張される可能性はある。基本権の保護領域を広く解する立場には，裁判所の権限が拡張するとの指摘がなされてきたが，そうした問題意識は幸福追求権や一般的行為自由権として保護領域を広く解する見解にも見ることができる。本章でも見たように，阪本の議論は市場の重要性を，そして，ベッケンフェルデの議論は基本権の歴史的展開や基本法制定者の意思の重要性を前提としており，それらの議論は裁判所の権限が拡張することを理論的に正当化しようとする試みとしても捉えられるように思われる。たしかに両者の議論は循環論法に陥っていると見る余地もあり，また基本権の保護領域に限定をつけない場合に裁判所の権限が拡張するという問題にどのように応えるべきかという課題はあるとは思われるものの，両者の指摘には十分な意義がある。

以上のように，情報自己決定権の保護領域を広く解する場合には裁判所の権限が拡張するおそれについてどのように考えるべきかが検討課題となり，幸福追求権等について一般的行為自由説を支持する阪本やベッケンフェルデの議論は自身の依拠する理論に基づいて裁判所の権限が拡張することを理論的に正当化しようとしている。そのため，ここで示したような，基本権の保護領域を広く理解した場合の不利益や欠点については，それを指摘するだけでは不十分であり，問題はそれをどのように正当化するかであるということであろう。先の記述では取り上げなかった論者の中には，基本権の保護領域を狭く定義する場合には簡単な指摘をするだけで基本権としての保護を否定できることになり，こうしたやり方は「主観的・恣意的」だとする者もある[52]。そこではさらに，

第3章　基本権の保護領域を広く解する立場への批判

衡量が行われていないこと，ないしは，衡量が保護領域を確定する段階に前倒しすることになる旨の批判も行っている[53]。しかし，そこで行われている「主観的」・「恣意的」などといった指摘もやはり主観的なものであり，簡素な指摘だけで結論が導かれてしまうという問題は，基本権の保護領域を広く定義した上で衡量によって解決を図る場合にも生じうるものである。また，最終的には保護されないことが明らかなものまで基本権の保護領域に含めることで対立利益と比較衡量することが「空洞化」を意味するのか，それとも合理性や法的安定をもたらすのかは，一概には言えず，批判できるとすれば，狭く定義する立場自身は衡量を不要としているにもかかわらず，実際には密かに衡量しているという，ある種の自己矛盾が疑われることや，衡量が行われる段階が保護領域を確定させる前に移されている点にとどまるだろう[54]。そのように考えると，それは裁判所の権限の拡張だけでなく，定義による自由の制限や衡量の前倒しといった「問題」を取り上げる際には，そうした帰結のみを問題として挙げるだけでは必ずしも十分ではないとも言えるだろう。そしてそれは他の論点，例えば人権のインフレ化，権利の不明確性といった論点についても同様にあてはまる可能性があり，それらを正当化する理論の有無やその内容，さらにはそれらの指摘が一定の行為・利益が重要ではないとする結論を先行させていないかを検討する必要もあるかもしれない。

---

[52] Matthias Klatt／Moritz Meister, Verhältnismässigkeit als universelles Verfassungsprinzip, in : Klatt（Hrsg.）, Prinzipientheorie und Theorie der Abwägung, 2013,（Der Staat, 2012, 159ff.）, S. 88f.
[53] Klatt／Meister, Fn. 52, S. 87ff.
[54] Klatt／Meister, Fn. 52, S. 87ff.

第4章　第1部の総括

　第1部では情報自己決定権の保護領域について，ドイツの状況を紹介しながら検討した。それは，公権力による措置の妥当性が問題となった場合に，それが憲法上の権利の問題と言えるかは，この措置によって制約される個人の行為や利益が憲法上の権利に含まれていると言えるかどうかによって変わるためであった。情報自己決定権の保護領域はドイツにおいて広く理解されており，ドイツで「情報自己決定権」に分類されている権利が日本国憲法上はどのように位置付けられるかについては争いがあるが，GPS 捜査に関する大法廷判決を受けて，それを憲法上の保護の対象と考えようとする傾向が見られる。日本の最高裁は GPS を用いた捜査を憲法13条の問題とはしておらず，学説でも同35条を適用する余地が論じられているという状況ではあるが，監視活動に対する憲法上の権利の保護の必要性自体は認識されていると言え，その点で日本とドイツの議論状況には近年では類似性も見られる。

　このような傾向はドイツでの基本権一般に関する議論でも同様であり，基本権の保護領域を広く理解する見解がドイツにおいて有力になっている。「保障内容」との語を用いた議論も展開されたが，基本的には論じられている内容に変化はなく，情報自己決定権の保護領域が広く理解されているのはドイツにおける一般的な傾向に沿ったものと理解できる。

　ただ，基本権の保護領域を広く理解した場合にはいくつかの問題が生じるとの指摘がある。情報自己決定権を主観的権利と捉えた上で，その保護領域を広く理解する場合には，これらの疑問にも対応しなければならない。そこで第3章では基本権の保護領域を広く理解すると裁判所の権限が拡張するとの批判を取り上げたが，そこで見た通り，裁判所の権限の拡張という問題は，そうした現象をどのように正当化できるかという問題であり，それを正当化するための根拠や「理論」，そしてそれらの有無が重要になる[1]。それゆえ，情報自己決定権の保護領域を広く理解した場合に発生しうる不利益については，権利の重

◆ 第 1 部　情報自己決定権の保護領域

要性を出発点に，そうした重要性がそれらの「不利益」の発生を正当化しうるほどのものであるかを検討すれば足り，「不利益」自体を理由として情報自己決定権の保護領域を狭く解するということには必ずしもならないように思われる[2]。

　このようにして情報自己決定権や関係する権利の保護領域を広く理解すると，制約されることが必要なものの多くも保護領域に含まれることになる。その場合には，情報自己決定権をどのように制約すべきかの検討が避けられない。その点，ドイツにおいては基本権の保護領域が広く理解され，それに対する介入概念も広く解釈されており，それを通じて多くの場合に自由の制限に対する具体的な法律上の根拠が求められてきたことが注目される。そこで第 2 部においては，情報自己決定権に対する介入とその正当化について検討する。

---

(1) 拙稿「国法学と実務の近さを批判する純粋法学的言説について」工藤他編『憲法学の創造的展開　上巻――戸波江二先生古稀記念』(2017年，信山社) 151頁以下では，ドイツの学説を批判し，「理論」を扱うことの重要性を指摘するイェシュテットの議論を紹介している。

(2) この章で紹介した日独両国における議論の違いは憲法裁判所の有無を抜きにしては語れないとの考え方もありうるが，連邦憲法裁判所の管轄には個人の権利を保護するための「憲法異議」も含まれており，この手続は日本の司法制度と大きく異なるわけではない。そのため，この章で紹介した日独両国における議論の違いが憲法裁判所の有無のみに起因するものとは思われない。

　また，連邦憲法裁判所が情報自己決定権の保護領域を広く捉えていることには，憲法上の権利の問題としなければ連邦憲法裁判所で審査できなくなるという背景もあるだろう。それが「裁判所の権限の拡張」という批判を生むことになっているとも考えられる。問題となっている権利が重要なのであればそうした批判は当たらないと思われるが，日本の裁判官は多くの事件を抱えているとの指摘もあり，その点で両国の状況に違いがあるのだとすれば，人員の拡充などによる対応が日本では求められるだろう。

第2部 情報自己決定権に対する介入と，その正当化

　第1部では，情報自己決定権や関連する権利の保護領域を広く理解しようとする点で，近年の日独両国の議論には類似性も見られるとの見解を示した。基本権の保護領域を広く解する見解に対しては裁判所の権限の拡張などとの関係で批判があるが，情報自己決定権の保護領域を広く解することは可能であると述べた。その上で第2部においては，基本権の保護領域を広く捉えた場合の制約の可否を検討課題とする。

　基本権の制限の合憲性について，ドイツにおいてはそれが基本権に対する介入に該当するかが検討され，それに続いて，その介入が正当化できるかが検討されるのが一般的である。ドイツの判例・通説は，公権力が基本権に対する介入を行う場合には具体的な法律上の根拠が必要であるとしているため，ドイツにおいて基本権に対する介入があったと言えるかどうかは，基本権を制約する国家の行為に個別の具体的な法律上の根拠が必要かどうかを左右する。例えば，情報技術の進展を背景にして技術的な手段を用いて個人に対する捜査を行う場合に，それが介入に該当するかどうかが重要な争点になる。しかし，かつて，警察をはじめとする公的機関による措置が憲法上の問題とされたのは，主に物理的な強制力が用いられる場面であった。その後，写真撮影や盗聴などを行うことによって，物理的な強制力を使わなくても個人に不利益を発生させることがあると考えられるようになったが，第1部で見た通り，そうした措置に対して保護される利益が基本権の保護領域に含まれるかという問題があり，保護領域に含まれるとされた場合には，技術的な手段を用いた措置をどのような性質を有するものと理解すべきか，それを使用することについてどのような正当化が考えられるかの検討が必要となる。そして，ドイツにおいては，それらの措置に対して比較的厳格な審査がなされてきた。また，物理的な手段を用いない

◆第2部　情報自己決定権に対する介入と，その正当化

場合にも個人の重要な利益が制約され得るという問題は，日本でも起こっている。後述する通り，日本の刑事訴訟法では「強制処分」には刑事訴訟法に特別の定めが必要であるとしており，個人の重要な利益を制約する措置の法的性格という問題は，「強制処分」該当性の問題ともなりうる。学説においても監視カメラを用いた捜査活動の合法性を中心に活発な議論があり，個人の重要な利益を制約する際の具体的な立法の要否という問題は日独両国において検討されるべき重要な課題であると言える。

しかし，個人の権利に関わる国家の行為に対して法律上の根拠をどの程度求めるかという点で，日本とドイツの判例・学説には大きな違いがある。ドイツにおいては，国家の行為や法律などが，強制処分や基本権に対する介入に該当するとされた場合にはそのような介入の正当化に関する審査において，判例・学説ともに「比例原則」を用いている[1]。そして，比例原則を用いるかは別にしても，公権力による措置が憲法上の権利を制約している場合に，それを正当化できるかという議論は日本でも行われているが，ドイツにおいてより厳格な基準として用いられているものとして，「私生活の不可侵の核心領域」該当性がある。このような領域に触れる国家の行為は，比例原則による正当化の可否を検討するまでもなく，絶対的に禁止されると考えられているが[2]，以下ではそうした比例原則や核心領域の問題ではなく，その前提となる基本権，本書では情報自己決定権の制約に対する法律上の根拠の要否に注目する。それは，この点に関する議論が日独両国において大きく異なっているからであり，それらの憲法上の位置づけという点では複雑な議論状況を確認できるからである。

以下では，このような違いが明確に表れた事例としての「Nシステム」と，日本ではまだあまり議論が見られず，ドイツにおける特徴的な争点としての「サ

---

[1] 松本和彦『基本権保障の憲法理論』（大阪大学出版会，2001年）27頁以下，宍戸常寿『憲法解釈論の応用と展開（第2版）』（日本評論社，2014年）49頁，小山剛『「憲法上の権利」の作法（第3版）』（尚学社，2016年）69頁以下など。

[2] Sebastian Schulenberg, Der Schutz des Kernbereichs privater Lebensgestaltung bei heimlichen staatlichen Überwachungsmaßnahmen, in: Fabian Scheffczyk/Kathleen Wolter, Linien der Rechtsprechung des Bundesverfassungsgerichts Band 4, 2017, S. 123ff.

◆第2部 情報自己決定権に対する介入と，その正当化

イバーパトロール」を取り上げ，これらの情報収集活動をめぐるドイツと日本の議論状況を概観し，これらの情報収集活動の法的性格とそうした情報収集行為に対する具体的な立法の要否について検討する（第1章）。その上で，それ以外の関連事件も紹介することで，行政・警察機関が情報を収集する場合の法律的根拠の要否に関する一般的な問題として検討を試みる（第2章）。それに続いて第3章では，技術的手段を用いた公権力による情報収集的措置に対する具体的な法律上の根拠という要請を，憲法上どのように位置付けることができるかを検討する。こうした情報収集活動のうちのいくつかを具体例として挙げた上で，それをその他の措置にも広げて検討し，それらの措置の根拠となる具体的立法の憲法上の必要性について考察したことから導かれる本書の見解と今後の展望について述べる（第4章）。

第1章　具体的事例
—— Nシステムとサイバーパトロール

　第2部での検討は，公的機関による情報の収集が有している法的性質の検討から始める。日独両国において，こうした行為の法的性質の評価が問題となる場合を考えると，いわゆる「Nシステム」が用いられる場合を挙げることができる。Nシステムについて単純化して述べるならば，これは公道上に機械を設置し，そこを通過した車両のナンバーを記録した上で，警察が保有するデータと照合するシステムのことである。こうしたシステムをめぐっては両国に判例があるものの，その内容は大きく異なっている。また，警察等がインターネット上で情報収集を行う，いわゆる「サイバーパトロール」をめぐる議論は，日本よりもドイツにおいて活発に行われている。そこで，情報自己決定権と関係しうる措置の法的性格に関して，ドイツにおいて特徴的な争点の例として「Nシステム」と「サイバーパトロール」を取り上げ，それらの法的性質について検討する。以下では，Nシステムの使用に含まれる問題点を実際の事件を手がかりにしながら紹介し，それに対する連邦憲法裁判所の判断と，判例における位置づけ，学説の反応を概観する。その上でNシステムをめぐる日独両国の議論状況を概観し，それに続いてサイバーパトロールの法的性格についても同様に，判例や学説の状況について見ておくことにしたい。

第1節　Nシステムの問題を扱った判例

　ここでは，まず初めに，Nシステムの法的問題について検討した連邦憲法裁判所の判決を確認する。そして，技術的な手段を用いた情報収集の問題について検討したその他の事例も概観した上で日本の先例についても取り上げ，両国の判例実務を簡単に比較する。

(1) ドイツ・第一次Nシステム判決

　情報自己決定権に対する制約が問題となった事例として，まず2008年の連邦憲法裁判所の判決について見ておきたい[1]。その事件において問題になったの

◆第2部　情報自己決定権に対する介入と，その正当化

はヘッセン州公安秩序法（以下，「ヘッセン州法」）とシュレスヴィッヒ・ホルシュタイン州一般行政法（以下，「シュレスヴィッヒ・ホルシュタイン州法」）であり，これらの州法に基づき，公道を走行する車両のナンバーを自動的に読み取る装置が設置・利用されていた。自動車ナンバーの自動読取りは，まずビデオカメラによって走行中の車両を撮影し，それによって取得した画像から自動車ナンバーの文字列と数字列を解析することで始まる。その後，文字列と数字列の情報を警察の捜査記録・メモと自動的に照合し，該当する車両のナンバーが記録・メモ内にあった場合には適合通知（Treffermeldung）が出される（適合事例）。適合通知にはナンバーデータの他，当該車両が通過した場所と時間も追加される。当該車両が盗難車両であった場合などには車両の停止などの措置が続く。他方で，該当する車両のナンバーが捜査記録・メモ内になかった場合には，ナンバーデータは即座に消去される（不適合事例）。このような制度に対して，両州内を運転することがある三名から法律自体に対する二つの憲法異議が申し立てられ，審理が併合された。

① 情報自己決定権に対する介入の有無とその重大性

連邦憲法裁判所は本件が情報自己決定権の問題であるとした上で，通過したことを記録されたナンバーが残され，場合によってはそれ以降の措置の根拠となりうる場合には，情報自己決定権に対する介入となるとした。それによれば，あるナンバーをつけた自動車がある特定の時点で特定の場所にいたという情報は，車両所有者に関わる情報である。その情報はさらに，自動車が停止させられ同乗者が検問に服すような場合には，記録された時点で自動車の運転者，場合によっては同乗者との関連性ももつという。その場合には，ナンバーを保存や利用のために記録することが，既に情報自己決定権に対する介入であると述べる。

次にこの判決の検討対象は情報自己決定権に対する介入の正当化の可否に移る。先にも述べたように，Nシステムによって記録されるのは基本的にはナンバーに記載されている文字・数字だけであるが，連邦憲法裁判所によればNシステムを用いた措置による介入の重大性は必ずしも小さくない。まず，自動

---

(1) BVerfGE 120, 378.

的にナンバーを記録することが他の目的，例えば運転者の行為を解明する目的での利用に役立つとする。例えば特定のナンバーをつけた自動車が通過した場所・時間についての情報と，運転者もしくは同乗者の属性（Identität）についての情報とを結合することで，該当者の行動態様についての情報を導けることを指摘する。また，同乗者のその他の行為について間接的に解明する，もしくはさらなる照合を通じて他の個人データを確立することができれば，得られた情報と人格との関連性はさらに高まる可能性があるという。

加えて，近隣のイベント場所と駐車車両との距離や車両の進行方向といった記録からは，運転者が特定のイベント，例えばサッカーの試合や集会に訪れたことを導けることも挙げる。さらに，適合事例が登録され，データが他の目的のためにも利用されるかどうかはカメラを見ても本人には分からず，それが分からなければ権利保護を求める手がかりもないことにも言及している。連邦憲法裁判所は，それらに加えて，個別の経路（Fahrte）について個人情報の取得を授権できる，もしくは複数の経路についての情報を一つの行動プロフィールに統合できるのであれば，措置は新たな介入可能性を示すことになると指摘する。そして，どのような目的で，ある人が長い間それぞれの場所にいたか，誰と会っていたか，そこで何を行っていたのか，などといった他の情報と結合されるやいなや，介入の強さは人格像の確立に匹敵しうるほどに高まるとしている。

このようにして，連邦憲法裁判所はNシステムを使用した情報収集・照合における適合事例では，車両ナンバーの記録が情報自己決定権に対する介入であるとした。上では介入の重大性に関する連邦憲法裁判所の見解を取り上げたが，そこではこのシステムによって収集されうるのは自動車ナンバーにとどまらないことと，他の情報と統合された場合の問題が指摘され，Nシステムを通じた情報自己決定権に対する介入は重大でありうるとした。

② 介入の正当化の可否

連邦憲法裁判所による審査は一定の重大性を有する介入の根拠となっている法律の有無とその特定性・明確性に移り，連邦憲法裁判所の見るところによれば，自動的なナンバー記録の授権がなされているだけでは情報自己決定権に対する介入を正当化する上では不十分であり，その場合の法律上の授権は特定性

◆第2部　情報自己決定権に対する介入と，その正当化

と明確性という法治国家的な要請を満たしていなければならない。そこでまず問題とされたのは，この事件で問題となっている諸規定においてナンバー記録を行う端緒（Anhaltspunkt）が挙げられておらず，最終的に役に立つべき捜査目的も挙げられていないことであり，法律の中に利用目的について言明がなければ，授権は考えられるすべての利用目的を含んでしまう危険性があると指摘している。同様に，照合の対象となる「捜査記録」・「捜査データ」といった概念には一般に認められた定義があるわけではなく，これらの概念は不明確であるとした。さらに，法律による授権の範囲が特定されていないため，警察による監視も行えるのではないかと指摘する。その場合にはより高い強度の介入となり，そのための授権が必要になるとしている。

　ところが，この事件ではその点に関する立法者の決定もなされていないとする。そのうち，シュレスヴィッヒ・ホルシュタイン州法は情報の取得の限界について，「公的な交通領域における検問に際してのみ許される」，「網羅的な利用」は認められない，などの基準も設けていたが，連邦憲法裁判所はこれらの追加的な基準によってもその根拠と捜査の目的は特定性の要請を満たすような方法では確認されないと指摘する。他にも連邦憲法裁判所は問題となっているこれらの州法が規定する利用目的が不特定であることの問題についても述べ，ナンバー記録が刑事訴訟の目的でも利用されてよいのかどうかが，州法の規定からは読み取れないとした。特に，両州の立法者が意図的に不明確な概念を用いていることを強く批判している。

　特定性・明確性についてはさらに，数列や文字列と並んで他の情報自体も取得されてよいのか，どのような情報であれば取得されてよいのかも明らかではなく，この点でも特定性の命令を満たしていないとしている。例えば，ビデオ映像を通じてナンバー情報を取得する際には，場合によっては同乗者についての記録が必然的に伴う。警察は自動車がどこかの記録場所で観察されたという情報では動き出せないため，盗難された自動車を発見するなどの目的を達成するためには，記録した場所と並んで進行方向も確認することが通常は不可避であると指摘している。

　以上のように，Nシステムを使用した情報の収集・照合が問題となった事例について，連邦憲法裁判所は，この事件の関係規定の不特定性を問題視した。

第1章　具体的事例

そして、連邦憲法裁判所はNシステムを通じた介入の比例性について検討した後に、批判されている諸規定がその不特定な広さにおいて比例性の命令も満たしておらず、基本法1条1項と結びついた2条1項によって保護されている情報自己決定権を侵害しており違憲であると結論付けた。

③　連邦憲法裁判所の判例への位置づけ[2]

自動車ナンバー自動読取・照合システムは2003年に初めてバイエルン州で試用され、2004年にはラインラント・プファルツ州において初めて法律で規定された。この判決が下された時点で16州中8州において法的には可能な状態となっており、連邦レベルでも導入に向けた議論があった。

1）適用される基本権と、それへの介入の有無

自由権的基本権一般についてと同様に、ドイツにおいては行政機関による情報収集の合憲性が検討される場合にも、基本権の保護領域該当性、基本権に対する介入の有無、その介入の正当化の可否という順番で検討が行われている。基本権による保護の有無に関して、警察などによる情報収集が争われたこれまでの事件では、まず、特別の基本権を適用できないかが検討され、それらを適用できない場合にはじめて一般的人格権との関連性が検討される。過去の判例において扱われた特別の基本権としては、信書、郵便、通信の秘密（基本法10条）[3]、住居の不可侵（基本法13条）などがある[4]。一般的人格権としては情報自己決定権[5]と情報自己決定権とは違う独自の基本権が適用されている[6]。さらに、複数の基本権が関わる場合もあるが[7]、この事件は情報自己決定権の問

---

(2) 小山剛「自由・テロ・安全 —— 警察の情報活動と情報自己決定権を例に」大沢秀介・小山編『市民生活の自由と安全 —— 各国のテロ対策法制』（尚学社、2006年）305頁以下〈331頁以下〉、白藤博行「リスク社会下の警察行政」ジュリスト1356号（2008年）82頁以下等参照。

(3) BVerfGE 100, 313〈358ff.〉; 110, 33〈37〉; 113, 348〈364〉（西原博史「予防的通信監視と通信の秘密・比例原則 —— ニーダーザクセン警察法違憲判決」ドイツ憲法判例研究会編『ドイツの憲法判例Ⅲ』（信山社、2008年）254頁以下）.

(4) BVerfGE 109, 279〈308ff.〉.

(5) BVerfGE 65, 1; 115; 320〈345ff.〉; BVerfKG 10, 330〈336〉; BVerfGE 118, 168〈183ff.〉.

(6) BVerfGE 120, 274〈302ff.〉.

◆第2部　情報自己決定権に対する介入と，その正当化

題として扱われた。続いて検討されるのが，それらの基本権に対する介入の有無である。この点について連邦憲法裁判所は，データがすぐに除去される場合には介入ではないとしてきたが[8]，これまでの判例においては基本権に対する介入であると認められた措置も多くある。そしてこの判決においては不適合事例以外の場合には介入となるとした[9]。

2）介入の重大性

基本権に対する介入があると認められると，続いてその種類（Art）・強さが検討される。介入の強さについて詳しく検討するのも連邦憲法裁判所の判例の特徴であり，1983年のいわゆる国勢調査判決が「もはや重要でないデータなどない」と述べたのも，このような介入の強度に関してであった[10]。個人情報の保護の問題というと，まずは情報の「取得」が問題となろうが，公権力によって取得された情報が保存，さらには他のデータと照合・結合されることも少なくなく，それらのデータが他の機関に転送されることもあり，これらの一連の措置が続くにしたがって介入の強さも高まっていくとされている。データの取得・保存・利用の関係という点では，この判決と同じ日に下された決定においてデータの保存に加えて他機関への転送行為も重大視されており，情報の取得・保存だけでなく，その利用についても慎重な審査が行われている[11]。取得されるデータが個人の人格と関わるものであったり，措置が密かに行われたりする場合にも，介入はさらに強いものとみなされる。そしてこの判決においては，駐車場所で取得されたデータとその近隣で行われている行事との関係から，どのような行事に参加しているかが明らかになってしまうこと，他の情報と結合することで一つの行動プロフィールが作成できてしまうことなどから，重大な介入であるとされた。

---

(7) BVerfGE 107, 299 〈312〉; 120, 274 〈302ff.〉.
(8) BVerfGE 100, 313 〈366〉; 115, 320 〈343〉.
(9) 特定の電話加入者を標的と定め，標的とされた人が会話している相手がどのような人物であるかを加入者データと照合しながら調べることが問題となった2003年の事件においては，不適合の場合には基本法10条の客観法的内容に関わるとされた（BVerfGE 107, 299 〈328〉）。
(10) BVerfGE 65, 1 〈45〉.
(11) BVerfGE 121, 1 〈20〉.

3）介入の正当性

　基本権に対する介入があったとされる場合に，その介入が違憲とされないためには介入を正当化できなければならず，本人の同意がない限り[12]法律上の根拠が必要となる。そして，その根拠となる法律は，十分な特定性・明確性を備えている必要がある。情報自己決定権に対する介入の根拠となる法律に明確性を求めたのも，やはり国勢調査判決であったが[13]，この要請は基本法10条の基本権の制限にもあてはまるとされている[14]。加えて，Ｎシステムに関する判決では，情報自己決定権に対する介入の根拠とされていた法律の特定性・明確性の検討に最も分量が割かれており，規定の明確性などについて詳しく述べるのはドイツの判例の一つの特徴となっている。この判決では，問題となっている諸規定に含まれている概念や取得可能な情報が不明確であり，憲法上の要請を満たしていないとされ，また，両州が意図的に不明確な規定にとどめたことが批判され，解釈によっても憲法上の疑義は解消できないとされた。

　法律が特定性や明確性を欠く場合，手段の比例性も欠くとされることが多い。しかし，特定性・明確性という点では問題ないが，手段の比例性は欠いているとした先例もあり[15]，また，データベースに登録されている人物を複数の属性を基に絞り込んで特定の人物を洗い出す「ラスター捜査」が問題となった際の決定においては反対に，規範は特定性・明確性を欠いているが厳格に解釈すれば比例性は満たしていると判断された[16]。Ｎシステムの問題を扱った2008年判決においては，根拠規範が特定性・明確性を欠いているため広範な措置が可能になっており，比例性も満たしていないとされた。手段の比例性について従来の判例は，容疑の対象となっている犯行と，それによってもたらされる不利益それぞれの重大性，そしてそのような不利益・危険が発生する可能性がどの程度存在するかを検討してきた。ラスター捜査やオンライン捜査に関する判例においては，情報の収集は重要な法利益に対する具体的な危険に対処するために

---

(12)　「同意」の要件を厳格に解したものとしてBVerfKG 10, 330.
(13)　BVerfGE 65, 1〈46ff., 54〉.
(14)　BVerfGE 100, 313〈359f.〉.
(15)　BVerfGE 100, 313〈385ff.〉.
(16)　BVerfGE 115, 320〈125ff.〉.

必要なものであるべきであるが，現在（gegenwärtig）の危険に対するものであることまでは求められていない[17]。他方で，通信事業者が一時的に保存した通信データを（予防目的ではなく）危険防御目的で他機関に転送することについては，より厳しい基準を適用し，差し迫った（dringend）危険が必要であるとした[18]。

Nシステムの憲法上の問題について検討した2008年の判決は問題となった二つの州法が比例性も満たしていないとしたが，比例性を満たす法律としてはブランデンブルク州警察法を挙げている。同法はナンバーの読取りについて，人の生命に対する「現在の」危険の存在という，比較的厳しい要件を規定している（36a条1項）[19]。連邦憲法裁判所が用いている「Je-Desto」公式[20]を基に解釈するならば，既に生じている法益への介入がそれほど重大ではなく，かつ申立人の基本権への介入が重大であるほど，容疑の根拠となる事実は確実なものでなければならないということになる。この事件において比較的厳しい要件を規定する法律が参照されているのは，ラスター捜査やオンライン捜査と比較した場合，本件では情報を収集することで保護しようとしている法益がそれほど重大ではないこともある一方で，申立人の基本権への介入は重大であると理解されているためと考えられる。

4）小括──連邦憲法裁判所の判例への位置づけ

以上の通り，連邦憲法裁判所の判例においては，技術的な手段を用いた措置の憲法上の問題について情報自己決定権の他にも通信の秘密や住居の不可侵なども適用して検討してきた。そして少なからぬ事件において基本権に対する介入を認めてきた。そうした介入の重大性との関係では，情報の取得だけでなくその保存・利用についても慎重な検討がなされており，それらの措置を授権する法律の特定性・明確性や比例性についても比較的厳格な審査がなされてきた。

---

[17] BVerfGE 115, 320〈363〉; 120, 274〈328〉.

[18] BVerfGE 122, 120〈141ff.〉.

[19] 「現在の危険」という手がかりが詳しく確定されていないことの問題点も指摘されているという留保は必要であろう。Fredrik Roggan, Das novellierte Brandenburgische Polizeigesetz, NJ 2007, S. 199ff.〈S. 202〉.

[20] BVerfGE 120, 378〈429〉.

第1章　具体的事例

2008年の判決も，そうした先例に沿ったものであったと言えるだろう。

④ 小括 —— 第一次Nシステム判決

このようにして2008年の判決において連邦憲法裁判所は，両州の措置は情報自己決定権に関わるものであり，いわゆる適合事例では情報自己決定権への介入となるとした。そして，その介入は重大であり，問題となった規定はそのような重大な介入を授権する規定として特定性を欠いていることなどから違憲であるとした。こうした見解はそれまでの先例と矛盾するものではなかったように思われたが，その後，連邦憲法裁判所は介入該当性に関する見解を変更している。次に，そうした判断を示した2018年の決定について見ることにしたい。

(2) 第二次Nシステム決定

2018年12月18日の決定ではバイエルン州の法律が問題となった。第一次判決では規定の憲法上の問題が特定性の観点から検討されていたが，合憲性の判断については後に詳しく取り上げ，ここでは事件の概要と介入該当性に関して述べられた部分を見ておきたい。バイエルン州・警察職務法（BayPAG）では，第一次判決で問題となった州法とは異なり，システムを利用できる場合が具体的に列挙されていた。問題となったシステムは第一次判決で問題となったものと同様であるが，この決定では，プログラムが適合データを検知した場合には，記録されている自動車ナンバーの画像と捜査記録に保存されている自動車ナンバーが一致するかを警察官が実際に目で確認することも紹介されており，それを実際には確認できなかった場合（unechter Trefferfall）には削除され，確認できた場合（Trefferfall）にはデータが保存されるとしている[21]。そして，この事件での異議申立人は，バイエルン州に主たる住居を，オーストリア国内に別の住居を有しており，その所有する自動車を使って，その住居間を日常的に，バイエルン州内の連邦アウトバーンも経由しながら行き来していた者である。申立人は，自動的なナンバー認証システムを密かに使って申立人の車のナンバーを認証し警察のデータと照合するのをやめるよう，バイエルン州に命じるよう求めて訴えていた[22]。

---

[21] NJW 2019, S.827ff〈Rn. 7〉.
[22] NJW 2019, S.827ff〈Rn. 11〉.

◆第2部　情報自己決定権に対する介入と，その正当化

　しかし，いずれの裁判所でも申立ては棄却された。そのうち連邦行政裁判所は，不適合の場合には情報自己決定権に対する介入ではないとした第一次判決の見解に基づき，申立人の車両ナンバーは捜査記録に保存されていないことを理由とした。そこで申立人はこれらの決定を直接の，バイエルン州法の規定を間接的な対象として憲法異議を申し立てた。

　連邦憲法裁判所は，先例を参照しながら，個人データの収集自体が介入となるかの基準として，当該データへの当局の関心の「濃密化（Verdichtung）」を挙げた(23)。そしてこの事件での自動ナンバー検査に関しては，その検査の結果として適合事例となるかは重要ではなく，申立人について検査が不適合となる場合であっても，彼の自動車ナンバーの認証と照合に情報自己決定権に対する介入があるとした。しかし，この見解は第一次Nシステム判決と矛盾し，その限りにおいては，それによらないとした。その理由としては，自動的な自動車ナンバー検査において，ナンバー認証は，規定で列挙されている捜査記録との照合に直接資するものであり，両者を結びつけることで情報が洗い出されることになり，それらの情報が警察のその後の任務の遂行にとって重要なものとなることを挙げた(24)。このような見解に至った理由・背景について連邦憲法裁判所は，最終的には不適合者となるような被照合者のデータを取り込むことは検査の不可欠な，意図された部分であり，そうした検査に捜査上の措置としての意味がまずはあるのだとする。そして，ナンバー認証機器のところを通り過ぎた，もしくはその他，検査される自動車の全てのナンバーを認証することに対して特に濃密化した関心が存在するとしている(25)。その一方で，依然として介入とならない場面としては，不特定の人に対して個人関連データを認証せず

(23) NJW 2019, S.827ff〈Rn. 437〉.
(24) NJW 2019, S.827ff.〈Rn. 45f.〉. なお，介入該当性に関する判例が変更された背景としては，2008年以降に生じた技術的なデータ利用の展開や（Anmerkung von Ralf Schnieders, NVwZ 2019, S. 396ff.〈S. 397〉），第一法廷の裁判官が当時からすべて入れ替わったこと（Anmerkung von Matthias Wiemers, NVwZ 2019, S. 405ff.〈S, 405〉）などが挙げられている。また，Fredrik Roggan, Verfassungsrechtliche Grenzen von automatisierten Kfz-Kennzeichenkontrollen, NVwZ 2019, S. 344ff.〈S. 346f.〉は，この判例変更が他の，顔認証システムなどの措置について導きうる帰結について検討している。
(25) NJW 2019, S.827ff〈Rn. 50〉.

に行われ，適合する場合に初めて個人データを把握するような検査を挙げる。そして，その例としては速度や信号無視の検査（Rotlichtkontrolle）が挙げられている[26]。

④ 小括——第二次Nシステム決定

このようにして，連邦憲法裁判所は2018年の決定において，Nシステムの憲法上の問題を改めて取り上げ，申立人のナンバー・データは保存されていないことを理由に情報自己決定権に対する介入を認めなかった連邦行政裁判所，また，その前提となっていた2008年の第一次Nシステム判決の見解によらない判断を示した[27]。それによりNシステムの使用による基本権介入となる場合を拡張し，類似の捜査手法を用いても基本権の介入に該当しない場合について改めて述べた。

(3) **日本の判例との比較**

日本において自動車ナンバーの自動読取システムはドイツに先駆けて用いられており，「Nシステム」と呼ばれている。Nシステムの合憲性については，東京地裁が2001年2月6日に判決を下している[28]。この判決において裁判所は，Nシステムによって運転者等の容貌等は撮影されず，ナンバー・データは一定期間経過後消去され，画像が記録，保存されることはないとした上で，合憲と判断している。まず，画像が保存されることがないため肖像権侵害はないとした。また，原告は，誰にも干渉されずに自由に移動する権利が侵害されると主張したが，裁判所は，自動車を用いて移動すること自体は何ら制約されないとした。さらに，取得される情報は特定のナンバーの車両が公道上の特定の地点を一定方向に向けて通過したとの情報にとどまること，この種の情報は警察等の公権力に対して秘匿されるべき情報とはいえないことなどを理由に，自己情報コントロール権に対する侵害はないとした。そして，目的と手段の関係も相当であり，憲法には違反しないと判断した。

東京地裁と連邦憲法裁判所は異なる結論を下したが，両裁判所の判断には共

---

[26]　NJW 2019, S.827ff〈Rn. 52〉.
[27]　なお，不適合事例でも基本権介入となるとした点は5対2による判断であったとのことであるが，少数意見は執筆されていない。NJW 2019, S.827ff〈Rn. 176〉.
[28]　判例時報1748号144頁以下。

◆第 2 部　情報自己決定権に対する介入と，その正当化

通点もある。東京地裁は，Ｎシステムによって取得される情報は，直ちに個人の私生活上の自由を侵害するものではないとした。連邦憲法裁判所も，車両ナンバーは誰でも認識できるものであり，また公道の走行は公的な性格を有するなどの点に限れば，ナンバーの読取りは重大な介入ではないと指摘していた[29]。また，東京地裁は，Ｎシステムを利用して目的や方法のいかんをいっさい問わず情報を収集できるわけではないとも指摘している。これは，連邦憲法裁判所の判例が「やみくもな」収集活動を認めていないことと共通していると言えよう。

しかし，連邦憲法裁判所は国勢調査判決以来一貫して，どのような情報が知られているか分からない場合や，監視されていると感じる場合などには，個人の自己決定に基づいて計画・決断する自由が害されるおそれがあるとしてきた[30]。他方で東京地裁は，自動車を用いて移動すること自体がＮシステムによって制約されるわけではないとして，このようなおそれについて触れなかった。また連邦憲法裁判所が規範の特定性・明確性を審査する上で，授権規範となる法律・規定があることは大前提であるはずである。それに対して東京地裁判決においては，Ｎシステムを運用するための個別の法律上の根拠が必要とはされていない。連邦憲法裁判所が授権規範に特定性・明確性を求めるのは，民主的な正当性を有する立法者が基本権への介入について基本的な決定を行うことで行政部門を統制しようとしているためであるとされており[31]，日本の裁判所が連邦憲法裁判所によるこのような要請についてどのように考えているのか，気になるところである。

このように，Ｎシステムの法的問題に関しては既に2001年に東京地裁が合憲との判断を示している。そこでみられる，車両のナンバー自体は直ちに個人の私生活上の自由を侵害するものではないとの見解や，Ｎシステムを利用してどのような目的や方法でも情報を収集できるわけではないとの指摘は，ドイツの判例においても見られるものである。しかし，東京地裁が移動する自由には触

---

[29]　BVerfGE 120, 378〈403f.〉.

[30]　「データから自由に運転する権利」と名づける者もある。Clemens Arzt, Voraussetzungen und Grenzen der automatisierten Kennzeichenerkennung, DÖV 2005, S. 57.

[31]　BVerfGE 120, 378〈407f.〉.

れていないことや，Nシステムの使用を認める個別の法律の制定までは求めていないことは，連邦憲法裁判所の判例に見られる傾向とは異なっている。そうした状況を踏まえて，以下ではドイツ国内の学説を中心に見ることにしたい。

第2節　Nシステムに関するドイツ国内の学説

　Nシステムの法的問題についてドイツと日本の裁判所の姿勢には相違も見られる。こうした違いを受けてNシステムによる情報自己決定権への介入の合憲性について考える上では，連邦憲法裁判所の判断がドイツ国内でどのように評価されているかを確認する必要があるだろう。そこで，まず，情報自己決定権に対する介入の有無とその重大性に関するドイツ国内の学説と，同じくドイツ国内の学説における情報自己決定権への介入の正当化をめぐる論争を確認し，それを先に挙げた日本の裁判所の判断と比較することにしたい。他方，日独両国の学説の比較については，次の章において行う。

(1)　**情報自己決定権に対する介入の有無と，その重大性**

① **第一次判決で問題となった州法に対する批判**

　Nシステムに関するドイツの2008年判決について，先例との比較を行ったのに続いて[32]，以下ではまず，ナンバーの自動読取・照合システムに関するドイツ国内の学説を紹介することにしたい。このシステムは以前にも使用されていたが，両州の法律には，それを具体的な端緒がなくても行えるとした点に新しさがあったとの指摘がある[33]。このような法律は多くの州において制定されていたが，先にも述べたように，2008年の判決において問題とされたのはヘッセン州法とシュレスヴィッヒ・ホルシュタイン州法である。特に，ヘッセン州法はナンバーの読取りを照合目的で行う根拠とされていたが，照合を行うために必要な要件は規定していなかった。そのため，「ダムの決壊」との批判が，既に法案段階から学説においてはなされていた[34]。

---

[32]　本件も含めた，それまでの判例を整理するものとしてRainer Erd, Bundesverfassungsgericht versus Politik. Eine kommentierende Dokumentation der jüngsten Entscheidungen zu drei Sicherheitsgesetzen, KJ 2008, S. 118ff.; Wolfgang Kahl／Lutz Ohlendorf, Grundfälle zu Art. 2. I i. V. mit 1 I GG, JuS 2008, S. 682ff.

[33]　Erd, Fn. 32, S. 129.

◆ 第2部　情報自己決定権に対する介入と，その正当化

② それまでの事例に対する評価

　Nシステムに関するもの以外にも，連邦憲法裁判所は警察による情報の収集や利用などに関して多くの判決・決定を下している。その際には厳格な審査が行われる傾向があるが，それには賛否両論がある。一方では,「非常ブレーキ」[35]としての機能が肯定的に評価され，近年の判決を受けて新しい基本権を追加する基本法改正案も提出されており，このような改正案について提案者は,「ガードレール」を設置するようなものとしている[36]。他方では批判もあり，犯行を阻止したり被害者を保護したりするための措置が有効に確立され得なくなっており，テロの犠牲者の立場が十分に評価・重視されていないとの批判は，その一つである[37]。

③ 介入の重大性に関する諸見解

　学説の多くは，ナンバーの読取りを情報自己決定権に対する介入であると理解しているが，情報を取得した段階ではまだ介入ではないと見る者も少なくない。取得される情報自体は文字・数字の組み合わせだけであり，記録されるのは捜査データと照合するまでの間の一瞬にすぎない。この点を重視する立場においては，不適合事例のように，ナンバー・データが照合後即座に消去される場合には，情報自己決定権に対する介入とはされていない[38]。しかし，このような考え方に対しては，認証後すぐに削除されるわけではなく捜査データとの照合の対象になることを重視すべきではないか，との批判がある。この批判に

---

(34)　Arzt, Fn. 30, S. 62. 他方で，他の州は何らかの条件を設けており，シュレスヴィッヒ・ホルシュタイン州法も交通検問の際に行うとし，網羅的に使用できない旨を規定していた。

(35)　Der "Kampf gegen den Terrorismus" - Prävention durch Strafrecht ?, JZ 2008, S. 388ff.〈S. 394〉.

(36)　Renate Künast, "Meine Daten gehören mir" - und der Datenschutz gehört ins Grundgesetz, ZRP 2008, S. 201ff.〈S. 204ff.〉.

(37)　Walter Frenz, Menschenwürde und Persönlichkeitsrecht versus Opferschutz und Fahndungserfolg, NVwZ 2007, S. 631ff.〈S. 635〉.

(38)　Alfons Schieder, Die automatisierte Erkennung amtlicher Kfz-Kennzeichen als polizeiliche Maßnahme, NVwZ 2004, S. 778ff.〈S. 780〉; Thomas Würtenberger/Dirk Heckmann, Polizeirecht in Baden-Würtenberg, 2005, S. 323f.

基づけば，ナンバー・データを収集すること，もしくは読取・照合システムを利用すること自体が情報自己決定権に対する介入となる[39]。その点，2008年の判決は不適合事例においては介入とはならないとした。それでも，この点に関する判断に対しては，介入該当性の審査と衡量の順序が前後してしまっているとの批判がある。第一法廷の裁判官としてこの判決の審理も行った，ホフマン・リーム裁判官が主張している保護領域の制限論が表れているとの指摘もある[40]。

　基本権に対する介入があるとされると，その介入を正当化できるかが検討されるが，そこでの正当化審査は，形式的な側面と実体的な側面とに分けられる。形式的な側面の問題とは州の権限に関する問題であり，予防目的と刑事訴追目的の区別という点でも興味深い問題ではあるが，2008年判決では省略されたこともあって，ここでは割愛する。以下では実体的な側面だけに触れることとし，まずは，介入の重大性について述べると，介入が重大であるほど，授権規範の特定性・明確性と介入の比例性に対する要請も高まるため，介入の重大性は問題となっている措置の合憲性を審査する際に重要な検討課題となる。近年の判例は介入の重大性を慎重に検討しているが，ナンバーを読み取ることによる介入の重大性についても学説は分かれている。一方では，問題となるデータと人格との関連性は相対的に薄い，とされることがある。上述のラスター捜査についてしばしば指摘される点であり[41]，2008年判決に先立つ口頭審理においてシュレスヴィッヒ・ホルシュタイン州は，ラスター捜査[42]や銀行口座基本情報調査に関する事件[43]では合憲とされたのに，なぜナンバーの読取りが違憲とさ

---

[39] Ulrich Möncke/Judith Laeverenz, Zentrale Register im Verkehrsrecht, DuD 2004, S. 282ff.〈S. 287〉; Arzt, Fn. 30, S. 57; José Martínez Soria, Grenzen vorbeugender Kriminalitätsbekämpfung im Polizeirecht, DÖV 2007, S. 779ff.〈S. 782f.〉.

[40] Patrick Breyer, Kfz-Massenabgleich nach dem Urteil des Bundesverfassungsgerichts, NVwZ 2008, S. 824ff.〈S. 824f.〉. ホフマン・リームらによる保護領域制限論について，拙稿「基本権の保障内容と構成要件」千葉大学法学論集23巻1号（2008年）155頁以下。また，本書第1部・第2章。

[41] BVerfGE 115, 320〈371ff.〉; Frenz, Fn. 37, S. 634; Christian Hillgruber, Der Staat des Grundgesetzes, JZ 2007, S. 209ff.〈S. 213〉.

[42] BVerfGE 115, 320.

[43] BVerfGE 118, 168.

◆第2部　情報自己決定権に対する介入と，その正当化

れるのかと述べていた⁽⁴⁴⁾。また，ナンバーが読み取られる場所が公道であることで，介入の重大性が弱まるとする見解もある⁽⁴⁵⁾。

　他方で，ナンバーを読み取ることによる介入は，多くの点で重大であるとの見解もある。そこでまず問題とされるのは，収集されるデータが大量であることである。大量のデータが収集されることで一つの人格プロフィールにまとめられるおそれがあり⁽⁴⁶⁾，基本権の行使を萎縮させる作用があると指摘されている⁽⁴⁷⁾。他にも，データが収集された後に捜査・訴追されるリスクがあること⁽⁴⁸⁾，措置が密かに行われること⁽⁴⁹⁾，「前域（Vorfeld）」で，すなわち具体的な法利益に対して介入を行う前の段階で行われる措置であること，捜査の対象となる犯罪が重大犯罪だけではないこと⁽⁵⁰⁾，などが，介入の重大性を高める要因として挙げられている。

　また，先に紹介したシュレスヴィッヒ・ホルシュタイン州の意見との関係では，ラスター捜査決定では申立ての対象となった諸判決は違憲とされており，銀行口座決定においても一部の規定は違憲とされたことを指摘できる。これらとは別の立場として，情報の収集はともかく，保存や利用は重大な介入であるとの意見もある⁽⁵¹⁾。

④　小括——Ｎシステムに関するドイツ国内の学説

　以上のように，ドイツ国内の学説においてはＮシステムを用いた情報収集が情報自己決定権に対する介入とされる傾向にあり，その介入の重大性は，一

---

(44)　BVerfGE 120, 378〈393〉.

(45)　Soria, Fn. 39, S. 783f.

(46)　Soria, Fn. 39, S. 783f.

(47)　Roggan, Fn. 19, S. 202 ; Soria, Fn. 39, S. 783f.

(48)　Thomas Petri, Informationsverarbeitung im Polizei- und Strafverfahrensrecht, in : Hans Lisken/Erhard Denninger (Hrsg.), Handbuch des Polizeirechts, 4. Aufl., 2007, S. 825ff.〈S. 996〉（2012年に公刊された同書の第5版以降は，この部分の記述は削除され，各州の立法状況に関する記述に代えられている。以下においてこのような記述については，同書の第4版を引用する）; Roggan, Fn. 19, S. 202.

(49)　何をもって「『密かに』行われる措置」を定義するかについて争いがあるようである。Vgl. Schieder, Fn. 38, S. 787.

(50)　以上につき Roggan, Fn. 19, S. 202.

部では小さいとされているが，大きいと指摘されることも少なくない。2008年判決は，公道上を走行するすべての車両が措置の対象となることや措置が密かに行われること，適合事例においてはナンバー・データが保存・利用されるなどの点で介入は重大であるとしており，この点ではドイツ国内の判例と学説に大きな相違はないと言えるだろう。この判決と同日に下された，通信データの「予備的保存（Vorratsspeicherung）」に関する仮命令決定では，個人の自由やプライバシーに対する不利益はそのデータが引き渡された段階で初めて濃密化・具体化するのであり，保存だけではそのような不利益は具体化しないとされたことも考え合わせると[52]，ドイツ国内では介入の重大性に関する審査は情報の収集から保存に，そして保存からその利用にも及んでいると言えるだろう。さらに第二次決定において連邦憲法裁判所は判例を変更し，不適合事例でも基本権に対する介入となるとしており，介入該当性やその重大性を広く認める傾向はより明確になっているように思われる。

(2) **情報自己決定権に対する介入の正当化の可否**

情報自己決定権に対する介入の重大性に続いて，そのような重大性をもつ介入が正当化されうるかが検討される。情報自己決定権に対する介入は本人の同意があれば正当化できるが，同意がない場合には法律上の根拠を必要とする。加えて，その法律の内容は特定性と明確性を満たしていなければならない[53]。法律の特定性・明確性を慎重に審査するのも連邦憲法裁判所の特徴の一つであり，規定を限定的に解釈しても特定性・明確性の問題を合憲的に解消できない場合には，当該法律は違憲となる。「特定性」と「明確性」について，前者が基本権を制約する条件と範囲が分かるか，後者は規範の意味内容を限定できているかをそれぞれ問題にするものと区別することも可能であるが，判例では特に区別されることなく用いられているとされる[54]。

---

[51] Schieder, Fn. 38, S. 788 ; Würtenberger/Heckmann, Fn. 38, S. 324 ; Thomas Würtenberger, Das Polizei- und Sicherheitsrecht vor den Herausforderungen des Terrorismus, in : Johannes Masing/Olivier Jouanjan（Hrsg.）, Terrorismusbekämpfung, Menschenrechtsschutz und Föderation, 2008, S. 27ff.〈S. 45〉.
[52] BVerfGE 121, 1〈20〉.
[53] BVerfGE 65, 1〈43f.〉.

◆第2部　情報自己決定権に対する介入と，その正当化

　ナンバーの読取・照合は，既述のように「前域」領域でも行われる措置であるが，このような領域においても法律に特定性・明確性を求める連邦憲法裁判所の姿勢には批判もある[55]。しかし多くは，法律の特定性・明確性を慎重に検討しようとしている。まず検討の対象となるのは「捜査記録」の概念である。特にヘッセン州法について，「捜査記録」という概念が十分に明確ではないとの指摘があった[56]。その一方で，捜査データや警察のデータ記録などといった概念の意味は捜査という概念や下位法律の規定から解明できるため，捜査データとの照合という目的を挙げることで規範の明確性と特定性の命令は満たされるとの指摘もある[57]。また，シュレスヴィッヒ・ホルシュタイン州も含めたその他の州の法律についても，「検問」や「捜査記録との照合」と阻止すべき犯行との関連性が特定性・明確性を欠いているとの批判があった[58]。なお，特定性・明確性が不十分ではあるがナンバー認証をする条件を合憲的に解釈できるため憲法違反とは言えないとする意見もあった[59]。2008年の判決は，学説において強く批判されていたヘッセン州法だけでなく，シュレスヴィッヒ・ホルシュタイン州法にも特定性・明確性という点において問題があり解釈を通じても合憲的に適用できず違憲であるとしたという点で，それまでの学説状況から考えると比較的厳しい判断をしたとも言える。

　介入の根拠となる規範が存在し，明確性・特定性という点ではその規範に問題がないとしても，警察による情報収集活動が過度に広汎である場合には比例性は満たされず，やはり憲法違反となる。不特定・不明確な法律の多くは介入の比例性も満たさないとされてきたが，不特定・不明確な法律を合憲的な範囲

---

[54]　Thomas Petri, Informationsverarbeitung im Polizei- und Strafverfahrensrecht, in: Erhard Denninger/Frederik Rachor (Hrsg.), Handbuch des Polizeirechts, 5. Aufl., 2012, S. 710ff.〈S. 733〉．なお，これらの概念については後に検討する。

[55]　Markus Möstl, Die neue dogmatische Gestalt des Polizeirechts, DVBl 2007, S. 581ff.〈S. 586〉．

[56]　Kurt Graulich, Die Novellierung des Hessischen Gesetzes über die öffentliche Sicherheit und Ordnung im Jahr 2004, NVwZ 2005, S. 271ff.〈S. 271f.〉．

[57]　Soria, Fn. 39, S. 783.

[58]　Petri, Fn. 48, S. 996.

[59]　Soria, Fn. 39, S. 783.

に限定解釈する手がかりがあれば違憲ではなく，逆に過度に広汎な措置を明確に認める法律は違憲となる。これらの問題についても解釈を通じて合憲的に適用できるとする見解もあるが[60]，ナンバーの自動読取・照合については何らかの限定を求める見解が多かった[61]。一つには，ナンバー・データを収集・保存することで阻止すべき犯行に軽犯罪も含まれており，重要な犯行を阻止するための収集に限定されていないことが批判されている[62]。それと並んで，ナンバーを読み取る際に危険の発生が予想される具体的な端緒が挙げられていないことも問題とされており，端緒の具体性[63]や犯行との時間的な近さ[64]などが求められている。2008年の判決では，ナンバーの読取りという形で情報を収集する際に，いかなる危険の発生も要件とされていないことが批判された。連邦憲法裁判所が合憲的な法律の例として挙げたブランデンブルク州警察法は，36a条1項において，ナンバーを読み取る際には生命等に対する具体的な危険がなければならないとしている[65]。しかし，先に挙げたラスター捜査について，具体的な危険が求められることでラスター捜査が結果的に行えなくなっているとの批判があることからすると[66]，2008年判決にも同様の批判が当てはまるかもしれない。

　このように，Nシステムを用いた措置による情報自己決定権に対する介入の正当化の可否に関して，ドイツ国内の学説はそうした措置を授権するための法律の特定性・明確性を慎重に検討すべきとしてきたが，連邦憲法裁判所はより厳しく審査しているようにも映る。その一方で，Nシステムを用いた措置の比例性については慎重な検討がなされている。こうしたドイツ国内の学説状況を

---

(60) Soria, Fn. 39, S. 782, S. 784f.
(61) 危険を防御する場合と同様の蓋然性までは必要ないとされることもある。Möstl, Fn. 55, S. 587. この点の議論は「閾値（Schwelle）」をめぐる議論ともされる。Ralf Poscher, Eingriffsschwellen im Recht der inneren Sicherheit, Die Verwaltung 2008, S. 345ff. 〈S. 356ff.〉.
(62) Petri, Fn. 48, S. 996.
(63) Graulich, Fn. 56, S. 272.
(64) Roggan, Fn. 19, S. 202.
(65) Roggan, Fn. 19, S. 199ff.; Poscher, Fn. 61, S. 366.
(66) Frenz, Fn. 37, S. 634.

踏まえ，次に日本の先例と比較し，検討する。

(3) 日本国内の先例との比較

自動車ナンバーの自動読取システムは，日本では「Nシステム」と呼ばれ，広く使用されるに至っている[67]。既述の通り，Nシステムの合憲性については東京地裁が2001年2月6日に判決を下している[68]。この判決において裁判所は，Nシステムによって運転者等の容貌等は撮影されず，ナンバー・データは一定期間経過後消去され，画像が記録・保存されることはないとした上で，Nシステムの使用は憲法に違反しないと判断した。

これも先述のように，東京地裁と連邦憲法裁判所の審査の最も大きな違いは，具体的な法律上の根拠の要否の審査にあると思われる。連邦憲法裁判所は情報自己決定権に介入するためには法律の根拠が必要であるとし，さらにその法律が特定性・明確性の要請を満たしているかを厳しく審査する傾向にある。その一方で東京地裁判決においては，このシステムの使用を授権する特別の法律上の根拠は要求されていない。刑事訴訟法197条1項但書きは，強制処分については法律の定めが必要であるとしており，Nシステムを使用して情報を収集するための特別の法律や規定が必要ないとすれば，このシステムを使用して行う情報収集は任意処分であるということになるだろう[69]。また，この判決では特別の法律・規定までは求められていない一方で，Nシステムの利用は目的や方法のいかんをいっさい問わずに許されるわけではないともされた。このように，警察による情報収集が問題となる多くの場合に個別具体的な法律上の根拠を求めない一方で，それぞれの措置について一定の歯止めをかけようとするのは日本の判例の特徴の一つであり[70]，日本の議論の特徴でもある[71]。しかし，法律

---

[67] 警察庁編『昭和60年版　警察白書』（大蔵省印刷局，1985年），大野正博「自動車ナンバー自動読取システム（Nシステム）管見」朝日法学論集47号（2016年）27頁以下，参照。

[68] 判例時報1748号144頁以下。また，東京高裁が2009年にも同様の判断をしている。小泉良幸「車両ナンバー読取システムと憲法13条」『平成21年度　重要判例解説』（有斐閣，2010年）10頁以下参照。

[69] 「行政警察活動」的要素がある措置について任意捜査か強制捜査かという観点から議論することには留保が必要であるとするものとして，亀井源太郎「防犯カメラ設置・使用の法律問題」東京都立大学法学会雑誌43巻2号（2003年）111頁以下〈118頁〉。

とそれを制定する国会がもつ民主的意義を考えるならば，Ｎシステムの使用についてもドイツと同様に具体的な法律上の根拠を求める方が適切であるように思われる。「警察官による顔写真撮影は身体に対する実力行使を伴わないものであっても，憲法上のプライバシー権の制約であることは否定できず」，「承諾なき顔写真撮影を『任意』捜査・『任意処分』と称するのは適切ではない」[72]との憲法学からの意見は，Ｎシステムについてもあてはまるだろう。

　その一方でドイツにおける議論状況と共通する点として，日本においても情報の収集に問題を見るか，保存・利用にも問題を見るかについて意見が分かれていることを挙げられる。技術的手段を使用して情報を収集する場合と人間が情報収集をする場合とを比較した場合，「そこに何かがある」という情報を収集するだけであればどちらも大して変わらないということになろう[73]。しかし，収集された情報が当初の目的とは違う目的で使用される可能性は技術的手段が利用されることによって高まることからすれば，両者には大きな違いがあるとも言える[74]。Ｎシステムについて，装置によって取得される情報自体はプライバシー「外延情報」であるが，それが膨大に収集されると「プライバシー『固有情報』」[75]，もしくは「『固有情報に準ずる』もの」[76]に至るとの指摘も，このような観点からのものといえよう。また，写真撮影による不快感についても議論があるが，問題は情報が保存・利用されることであり，撮影されること自体

---

[70] 京都府学連事件（井上正仁「強制処分と任意処分の限界」井上正仁編『刑事訴訟法判例百選（第8版）』（有斐閣，2005年）4頁以下参照）と電話傍受に関する決定（椎橋隆幸「電話検証」同書72頁以下参照）。また，京都府学連事件に関する憲法学からの解説として，拙稿「被疑者の写真撮影と肖像権」長谷部・石川・宍戸編『憲法判例百選Ｉ〔第6版〕』（有斐閣，2013年）40頁以下。

[71] 亀井，前掲注[69]131頁，井上正仁『強制捜査と任意捜査（新版）』（有斐閣，2014年）2頁以下参照。

[72] 竹中勲「憲法13条と『容ぼう・姿態を撮影されない自由』」樋口陽一・野中俊彦編『憲法の基本判例（第2版）』（有斐閣，1996年）42頁以下〈45頁〉。なお，「法律上の根拠が必要な任意処分」とすることもありうるであろう。

[73] 河上和雄「写真撮影」河上和雄編『刑事裁判実務体系11 犯罪捜査』（青林書院，1991年）152頁以下〈156頁〉。任意捜査の限界に関する議論である。

[74] 福井厚『刑事訴訟法講義（第5版）』（法律文化社，2012年）104頁以下。強制処分性に関する議論である。

によるものではないのではないかとの指摘は少なくない[77]。技術的手段を使用した情報収集活動の適法性を慎重に検討しようとする近年の学説のいくつかは、情報の収集だけでなくその保存・利用の問題にも注目しつつあるように思われる。

このように、2001年の東京地裁の判決はNシステムの使用を正当化し、その判断においてはドイツの判例・学説と共通する部分もあるが、ドイツでは授権法律の特定性と明確性が厳しく審査される傾向にあるという点で日本の実務とは異なっている。人間の目による情報収集と機械による情報収集の相違に関する評価という点でも、両国の議論には違いがあるように思われる。

(4) **小括 —— Nシステムに関するドイツ国内の学説**

ドイツ国内の学説はNシステムを用いた情報収集を情報自己決定権に対する介入であると解する傾向にあり、その介入の重大性も多くの論者によって認められている。そして、そうした介入の正当化の可否との関係では措置を授権するための法律の特定性・明確性を学説は連邦憲法裁判所ほどに厳しく求めていなかったも言えるが、Nシステムを用いた措置の比例性については慎重な検討を求めており、批判的な見解が多く見られる。いずれにしても、日本の先例と比較する限りにおいては、Nシステムの合憲性についてドイツの学説はより厳格に検討しようとしているように思われる。

Nシステムを使用した情報収集は必ずしも具体的な犯行と結びいてるわけではない。その意味でオービスや写真撮影とは違い、「行政警察作用」であることを指摘すべきであろう。「戦前において、強大な行政警察権限が司法警察目

---

[75] 山本未来「自動車ナンバー自動読取システム（Nシステム）の許容性と限界 —— 従来の判例理論に対する行政調査の視点からの分析」明治学院大学法科大学院ローレビュー6号（2007年）95頁以下〈107頁〉。

[76] 小林直樹「自動車ナンバー自動読み取りシステム（Nシステム事件）」獨協法学68号（2006年）77頁以下〈99頁〉。

[77] 議論の文脈は様々である。強制処分性を肯定する文脈のものとして、福井、前掲注[74]92頁。他方で、プライバシーにとっての写真撮影の重要性を疑う文脈でのものとして、三井・馬場・佐藤・植村編『新 刑事手続 I』（悠々社、2002年）353頁（名取俊也）。また反対に、任意捜査の限界を考える上ではすべて重大であるとするものとして、同書360頁（清水保彦）。

的に濫用され，司法警察作用を侵食してきた歴史的経緯」[78]からすれば，このような情報収集活動については慎重な検討が求められるはずである。ドイツにおいては2008年に，本章で扱った判決の他にもオンライン捜査に関する判決や通信履歴の保存に関する仮命令に対する判断が示されており，2008年に下され注目を集めたこれらの三つの判断については，「第一ゼメスターのすべての学生が憲法の基本原則として学ぶこと以上の要求をしているわけではない」との評価もある[79]。これはNシステムに関する判決は基本的な事項を確認したものにすぎないとの見解を示すものであろうが，日本においてこの問題を検討する上で連邦憲法裁判所の判例から受けられる示唆は少なくないように思われる。

第3節　サイバーパトロール

　ここまでは，Nシステムに関する日独両国の判例・学説を手がかりとして議論を進めた。そこでは，このシステムを使った公権力による個人情報の収集等の法的性格をどのように捉えるべきかを検討した。しかし，個人の情報を収集する新しい，他の措置も登場しており，以下では公権力によるインターネット上での情報収集の問題を取り上げ，先に示した見解の当てはめを試みる。このような情報収集が行われるのは，現代の社会では薬物や児童ポルノ・データの売買に関するやり取りなどがインターネット上で行われることも多いためである。そのような背景で「ウェブサイトや電子掲示板等を閲覧して違法情報や有害情報等の捜査の端緒となる情報を把握する活動」が行われており，この活動は日本においては「サイバーパトロール」とも呼ばれる[80]。ところが，サイバーパトロールの直接の根拠となる法律や規定は明らかではない。日本の刑事訴訟法197条1項但書きは「強制の処分は，この法律に特別の定のある場合でなけ

---

[78]　川崎英明「犯罪捜査と被疑者及び市民の人権」村井敏邦編『現代刑事訴訟法（第2版）』（三省堂，1998年）69頁以下〈79頁〉。

[79]　Erd, Fn. 32, S. 133.

[80]　青木篤郎「サイバーパトロールの実施」KEISATSU KORON 2013年8月号25頁以下（29頁）。このような情報収集活動には教育委員会主導のものもある。文部科学省学校ネットパトロールに関する調査研究協力者会議報告書「学校ネットパトロールに関する取組事例・資料集　教育委員会等向け」（2012年3月）参照。

◆ 第2部　情報自己決定権に対する介入と，その正当化

れば，これをすることができない」としているため，サイバーパトロールが「強制処分」に該当すると，この活動を行うための直接的な法律上の根拠が必要になる。しかし，現在のところ，このような情報収集に対して特別の立法がなされているわけではない。そこで以下では，サイバーパトロールの法的性質に関係する議論が活発なドイツの判例・学説の状況を見た後に，サイバーパトロールの法的性質を日本においてはいかなるものとして捉えるべきか検討する。

(1) 具体的事例[81]

ドイツにおいては，基本権を制限する作用のうち一定程度の強さをもつ行為は「介入」と呼ばれる。このような介入について具体的な法律上の授権がない場合には，その介入は憲法違反となる。そこで問題となるのは「介入」とは何かであるが，現在では，「個人に対して，何らかの基本権の保護領域に含まれる行為を，全体，もしくは一部において不可能にする国家の行為全て」とされている[82]。2008年に下された，先に取り上げたのとは別の判決では，憲法擁護庁の職員によるインターネット上での情報収集活動が「介入」に該当しないかという形で，その法的性質が詳しく検討された。その事件で問題となったのはノルトライン・ヴェストファーレン州の憲法擁護法の規定であるが，ここでの関心と密接に関連するのは5条2項11号1文1節である。そこでは，憲法擁護庁は秘密裡の監視やインターネットのその他の解明（Aufklärung），特に，コミュニケーション空間（Einrichtung）に秘密裡に参加するといった措置を用いて情報収集をしてよいとされていた。この規定自体に対して憲法異議が申し立てられ，関係する措置の法的性質が問題になった。

連邦憲法裁判所はまず，通信の秘密で保護されるのは「個人が参加している通信コミュニケーションが第三者に知られていないという信頼」であり，コミュニケーション・パートナー相互の信頼は通信の秘密による保護の対象ではないとした。通信の秘密の問題となるのは，インターネット上での交流（Beziehung）

---

[81] BVerfGE 120, 274 ; Thomas Böckenförde, Auf dem Weg zur elektronischen Privatsphäre, JZ 2008, S. 925〈S. 935ff.〉; Michael Soiné, Personale verdeckte Ermittlungen in sozialen Netzwerken zur Strafverfolgung, NStZ 2014, S. 248ff., usw.

[82] Thorsten Kingreen/Ralf Poscher, Grundrechte Staatsrecht II, 32. Aufl., 2016, S. 60ff.

第1章　具体的事例

を外から（von außen）監視していて，自分がその交流相手になっているわけではない場合であるとの見解を示した。次に，通信の秘密への介入となるのは，コミュニケーションに参加している者による承諾（Autorisierung）がない場合だけであるとした。他方で承諾がある場合とは，多くの参加者のうちの一人が国の当局にアクセスを任意に認めた場合のことであるとされ，これが介入とはならない理由としては，通信の秘密はコミュニケーション参加者相互の相手への信頼が前提となるような（persongebunden）信頼を保護するわけではないことが挙げられている[83]。以上の基準に従って連邦憲法裁判所は，通信の秘密への介入となるのは，憲法擁護庁が①アクセスセキュリティのかかったコミュニケーション内容を監視している，②アクセスキーを使っている，③アクセスキーをコミュニケーション参加者の意思によらずに，もしくは，その意思に反して得ていた，という三つの条件を満たす場合であるとした。このような「承諾のない（unautorisiert）場合」には州の法律が通信の秘密に対して介入することは憲法上正当化できず，その部分の規定は無効となるとした。他方で，通信の秘密への介入とならない例としては，開かれた議論フォーラム[84]やアクセスセキュリティのかかっていないウェブサイトでの情報収集が挙げられている。

　また，情報自己決定権の問題となりうる場合として連邦憲法裁判所が挙げるのが「一般にアクセス可能な情報の収集」である。このような情報収集がなされても，特定人を標的（gezielt）にして収集する場合を除いては情報自己決定権に対する介入とはならないが，「国の当局が，属性・身分（Identität）を隠して，ある基本権主体とのコミュニケーションに加わる」場合には情報自己決定権と関係するとしている。また，自分の身分（＝憲法擁護庁の関係者であること）を隠している場合も含めて基本的には介入とはならないが，当局が，その人のコミュニケーションの相手となっている者が有している相手の属性や動機への

---

[83]　先例として BVerfGE 106, 208（川又伸彦「相手方の同意のない通話傍聴に基づく証言の証拠能力」ドイツ憲法判例研究会編『ドイツの憲法判例Ⅲ』（信山社，2008年）37頁以下）。

[84]　Jens Biemann, "Streifenfahrten" im Internet : Die verdachtsunabhängigen Ermittlungen der Polizei im virtuellen Raum, 2013, S. 140によると，ドイツでは登録を伴うフォーラムが多いとのことである。

◆第2部 情報自己決定権に対する介入と，その正当化

保護に値する信頼を利用して，そうしなければ得られなかったであろう個人データを収集することも介入となるとした。しかし，多くの場合はそうした信頼は保護に値しないと述べた。連邦憲法裁判所によれば，インターネットというサービスは「広い範囲で」「コミュニケーション参加者の，そのパートナーの属性，真実性への信頼が保護に値しない」コミュニケーション関係の確立を可能にし，このようなコミュニケーション関係が成立するのはパートナーについてのチェックメカニズムが用意されていない場である。さらに「特定の人々が，長い間，コミュニケーションに参加し，一種の電子社会を作っているとしても，そうした信頼は保護に値しない」と続け，長期にわたるコミュニケーションが行われていても，パートナーについてのチェックメカニズムが用意されていない場合には相手への信頼は保護に値しないとの見解を示した。これらを受けて，この関係では本人について記載されている事項が真実であるかの確認はできず，パートナーの属性・身分が分からないことを利用者は知っており，そうした場合の相手方への信頼は保護に値しないとした。その結果，州の法律のうち情報自己決定権が問題となる部分は無効とはされなかった。

以上のように連邦憲法裁判所は，州の憲法擁護法の合憲性を検討し，その一部については通信の秘密の問題となりうるとしたのに続いて，情報自己決定権との関係で生じうる問題についても述べた。情報自己決定権と関係しうるものとしては，一般にアクセス可能な情報の収集やコミュニケーション参加者の信頼を利用した情報収集を挙げたが，この事件においてはこの点での情報自己決定権に対する違反は認めなかった。

(2) 学説の反応

既に見た通り，連邦憲法裁判所はコミュニケーション参加者の承諾を得ていない情報収集を通信の秘密への介入であるとした。学説ではその点について特に異論は示されていない。しかし，参加者の承諾を得ている場合であれば通信の秘密への介入ではないとした点については批判もある。ヴェルムは，サイトに立ち入るためのコードを自身の身分を隠して作成した場合には情報収集への同意があったとは言えないため介入に該当し，そのことから当然に，他人のコードを使わせてもらって情報を収集する場合も介入になるとしている[85]。ここでヴェルムは，サイトに立ち入るための手続における本人確認の厳格さによる区

別をしていないが，管理者による本人確認が十分には行われていない場合には警察官が自身の身分を隠して情報を収集していても介入とはならないとする見解もある。ビーマンは，この場合の登録は自動的なものであり，事実上誰でもアクセスできるサイトであることを参加者であれば知っているはずであり，自分たちの交流が警察の関係者に見られていないとの信頼は保護に値しないとする[86]。その一方で，十分な本人確認がある場合には，それらのサイトの利用者は「管理人は利用者の属性を判定している」と期待しており，そうしたサイトに警察官が立ち入っていないとの利用者の信頼は保護に値するとしている[87]。また，自由に立ち入れるチャットルームなどでのやり取りの観察については，基本権への介入ではないとの見解が一般的になっている[88]。しかし，後述する通り，端緒とは無関係な情報収集一般を介入と見る見解もある。

連邦憲法裁判所は，誰もがアクセスできる情報の収集は情報自己決定権への介入にあたらないとしたが，これについても肯定的な見解がある一方で[89]，批

---

[85] Benjamin Wölm, Schutz der Internetkommunikation und "heimliche Internetaufklärung", 2012, S. 218ff.

[86] Biemann, Fn. 84, S. 142. 連邦憲法裁判所の見解によれば通信の秘密の問題となると思われる事例であるが，ここで紹介したビーマンの見解は，情報自己決定権に関するものとして述べられている。

[87] ビーマンはこのケースについては警察官が参加者のコミュニケーションを第三者として見る場合と，警察官自身がコミュニケーションの相手方となる場合とを区別していないが，十分な本人確認を行っているサイトについては両方とも介入に該当すると考えていると思われ，第三者としてやり取りを観察している場合が通信の秘密への介入になると考えているものと思われる。また，Matthias Bäcker, Die Vertraulichkeit der Internetkommunikation, in: Hartmut Rensen／Stefan Brink (Hrsg.), Linien der Rechtsprechung des Bundesverfassungsgerichts, 2009, S. 99ff.〈S. 134〉は，情報自己決定権への介入となるとしている。

[88] Carsten Rosengarten／Sebastian Römer, Der "virtuelle verdeckte Ermittler" in sozialen Netzwerken und Internetborads, NJW 2012, S. 1764ff.〈S. 1767〉; Biemann, Fn. 84, S. 140.

[89] Mark Alexander Zöller, Verdachtslose Recherchen und Ermittlungen im Internet, GA 2000, S. 563ff.〈S. 569〉; Biemann, Fn. 84, S. 105ff.; Wolfgang Bär, EDV-Beweissicherung in: Heinz-Bernd Wabnitz／Thomas Janovsky (Hrsg.), Handbuch des Wirtschafts- und Steuerstrafrechts, 4. Aufl., 2014, S. 1711ff.〈S. 1772〉.

◆第2部　情報自己決定権に対する介入と，その正当化

判的な見解もある。ヴェルムは端緒と無関係な情報収集全般が介入となるとしており[90]，またシュルツ／ホフマンは，法的根拠が必要ないのは，情報の収集に同意していると考えられる具体的な根拠がある場合だけであるとしている[91]。そして会員制サイトでの情報収集に関しては，シュルツ／ホフマンは登録手続が厳格でなく誰が読んでいるか分からない場合にも国家に知られていることに同意しているとは言えず，介入となる余地があるとの見解を示している[92]。これに対してビーマンはここでも，会員制サイトでの登録手続が自動的に完了する場合には，「国家が見ていない」という信頼が成立しないため，警察関係者が身分を隠しているかを問わず情報自己決定権への介入とはならないが，本人確認を厳密に行っている会員制サイトでの情報収集は介入となる場合があるとする[93]。

　次に，国の当局が身分を隠している場合についても多くの議論がある。連邦憲法裁判所は，当局の関係者が自身の身分を隠したまま基本権主体とのコミュニケーションに入っても介入とはならないとしたが，まず，コミュニケーションをしている相手の動機や属性・身分が，自分が思っている通りであるとは限らないとされた点に対する批判がある。その批判においては，憲法擁護庁の関係者が自分の身分について，コミュニケーションの相手方を積極的に欺く側面があることが指摘されている。また，インターネット上では実名が使われることも多く，そうした場面においてはその実名が相手方の属性のチェックとして事実上はたらくのではないかとの指摘もある[94]。他にも，連邦憲法裁判所は相手の属性・身分が信頼できない領域ではコミュニケーションが長く継続されている場合にも情報自己決定権への介入とはならないとしたが，インターネット上では実名が使われることもあることや，さらには，管理人が利用者の本人確

---

(90)　Wölm, Fn. 85, S. 195ff.

(91)　Sönke E. Schulz／Christian Hoffmann, Grundrechtsrelevanz staatlicher Beobachtungen im Internet, CR 2010, S. 131ff.〈S. 136〉. ただ，一般条項でも良いとしている。

(92)　Schulz/Hoffmann, Fn. 91, S. 133ff.

(93)　Biemann, Fn. 84, S. 136ff.

(94)　Bäcker, Fn. 87, S. 134；Rosengarten/Römer, Fn. 88, S. 1767；Biemann, Fn. 84, S. 131, S. 143ff.

認を行っていることがあることなどから，これらの場合の信頼は保護に値するのではないかとされることもある[95]。これらに加えて，インターネット上で相手と直接コミュニケーションを行うことで犯行に関係する話題に意図的に導くことができるとして，連邦憲法裁判所を批判する論者もいる[96]。

このように，コミュニケーション参加者の承諾を得ていない情報収集についてドイツ国内の学説の見解には相違がみられる。そして，誰もがアクセスできる情報の収集についても議論があるが，そこでの議論は特に会員制サイトで行われる措置や当局の身分を秘匿してのコミュニケーションなどいくつかの場合に関する議論に分けることができ，やはりそれぞれについて様々な見解が示されている。

(3) **日本の議論**

日本におけるサイバーパトロールの定義は先に述べた通りであるが，そこでいう「電子掲示板」とは「不特定多数の者が文字情報や画像情報を投稿したり，投稿された情報を閲覧することができるウェブサイト」であるとされている[97]。それを前提にすれば，日本におけるインターネット上での情報収集では不特定多数の者が閲覧できる情報が対象とされてきたと言えるだろう。しかし，そのような情報収集は日本においてはいかなる権利の問題として捉えられるべきであろうか。また，刑事訴訟法197条1項但書きがいわゆる「強制処分法定主義」について規定していることを考えると，この情報収集行為はどのような法的性質を有するものとして捉えることができ，直接的な根拠となる立法によらずに行えるのかも重要な検討事項となるだろう。日本の憲法学説では，通信の秘密の保護は特定人向けの情報のみに及び，公開されることが前提となっている情報や不特定人向けの情報には及ばないとされることが多い[98]。既に見た通り，連邦憲法裁判所も，警察等の機関が閲覧しているのが当事者間のやり取りであ

---

[95] Gerrit Hornung, Ein neues Grundrecht, CR 2008, S. 299ff.〈S. 305〉; Martin Eifert, Informationelle Selbstbestimmung im Internet, NVwZ 2008, S. 521ff.〈S. 522〉; Rosengarten/Römer, Fn. 88, S. 1767 ; Wölm, Fn. 85, S. 215ff.; Biemann, Fn. 84, S. 126ff.

[96] Biemann, Fn. 84, S. 126ff.

[97] 青木，前掲注(80)29頁。

◆第2部　情報自己決定権に対する介入と，その正当化

る場合には通信の秘密の問題となるが，関係者の承諾を得た情報の収集と閲覧制限のないチャットなどでの観察は通信の秘密への介入とはならないとしている。他方で警察等の関係者自身がコミュニケーションの相手方として情報を収集する場合と，誰でも閲覧できる情報を収集する場合は情報自己決定権の問題となり，通信の秘密の問題とはならないとしていることから，連邦憲法裁判所による通信の秘密の理解は日本においても有用にも見える。しかし，本書との関係では，通信の秘密該当性に関する連邦憲法裁判所の見解を日本国内で参照するにあたっては留保も必要であるように思われる。

　一つは日本においてはインターネット上での表現が他者のプライバシーや名誉を害するという問題が扱われることが多いことである。しかし本書では，インターネット上で発信されている情報が何らかの犯罪（もしくはその危険）の徴候を示していることがあることに着目している。また，日本ではインターネット上で発信される情報の保護がプロバイダ責任制限法との関係で論じられることも多いが，プロバイダ責任制限法が主として扱っているのはインターネット上で名誉毀損的表現が行われたような場合のプロバイダの責任の有無や，そうした違法な情報を発信した者の情報の開示請求といった問題である。これに対して本書でここにおいて問題にしているのは，それらの情報を警察関係者が閲覧したり直接的なコミュニケーションを通じて聞き出したりすることである。このように，日本ではサイバーパトロールと通信の秘密の関係について検討がなされてきたとは言い難いが，連邦憲法裁判所による整理を参考にするならば，サイバーパトロールの問題は通信の秘密，ないしは自己情報コントロール権と関係すると捉えられるだろう。以下では，サイバーパトロールによって通信の秘密や自己情報コントロール権が制約されうると考えた上で，近年では憲法上の「法律の留保」原則との関連性も指摘される[99]，刑事訴訟法上の「強制処分法定主義」をめぐる議論も参照し，警察関係者がサイバーパトロールを行うた

---

[98]　鈴木秀美「通信の秘密」大石眞・石川健治編『憲法の争点』（有斐閣，2008年）136頁以下（136頁），佐藤幸治『日本国憲法論』（成文堂，2011年）321頁，高橋和之『立憲主義と日本国憲法（第4版）』（有斐閣，2017年）255頁以下，渋谷秀樹『憲法（第3版）』（有斐閣，2017年）413頁など。

[99]　宍戸常寿『憲法解釈論の応用と展開（第2版）』（日本評論社，2014年）20頁。

めに具体的な立法が必要かを検討する。

　日本においては刑事訴訟法197条１項但書きが強制の処分の法定を求めている。そしてそこで言う「強制の処分」該当性が認められるためには，本人の同意がないままに重要な権利・利益を制約する処分であることが必要であると理解されている[100]。しかし学説においては何を「『重要な』権利・利益」であるとするかで争いがある。それゆえ，インターネット上での情報収集についても，それが本人の重要な利益を害するかが問題となる。これまで日本で行われてきたインターネット上での情報収集は，不特定多数の者が閲覧できる情報が対象とされてきたとされている。このような情報収集であれば，連邦憲法裁判所の見解に従うならば，特定の人物を標的にした情報収集でない限りは立法によらなくても行え，それはアクセス制限のないチャットにおけるやりとりの観察についても同様となろう。たしかに，インターネットの利用者であれば誰でも閲覧できる情報を収集する場合には，通常のパトロールの場合とは異なり，遠く離れた場所で発信された情報や出来事も知ることができる。それでも，誰もが閲覧できる情報の収集は特別な立法によらずに行えると考えるべきであろう。誰でも閲覧できる状態で情報を発信する者に，その情報を警察関係者が見ている可能性があることを念頭に置いておくよう求めても，不当ではないだろう。他方で，「登録サイト内」での情報収集には，「登録サイト」の種類や，「情報の把握」の方法次第では立法が必要な場合もあるだろう。連邦憲法裁判所の見解に従うと，まず，承諾がある形で，アクセス制限のあるチャットに立ち入ってやり取りを観察することには立法は必要ない。しかしドイツにおいては学説の批判もあり，特に自身の正体を明かしていなかった場合が問題である。たしかに，警察関係者の立ち入りを第三者が勝手に許可してしまった場合，「自分の発信した情報を警察関係者は見ていないだろう」との期待は裏切られることになる。それでも，気づかないうちにチャットルームの管理人が警察関係者の立ち入りを認めてしまっている可能性はあり，特に，利用者の本人確認が厳格

---

[100] 井上正仁「強制捜査と任意捜査の区別」井上正仁・酒巻匡編『刑事訴訟法の争点』（有斐閣，2013年）27頁以下参照。ただ，その意味については争いがある（拙稿「行政・警察機関が情報を収集する場合の法律的根拠」鈴木秀美編集代表『憲法の規範力とメディア法　講座　憲法の規範力　第４巻』（信山社，2015年）247頁以下参照）。

◆ 第2部　情報自己決定権に対する介入と，その正当化

ではないチャットルームにおいては，そのようなことが起こる可能性は利用者であれば知っていると考えてよいだろう。情報の発信者が知らないうちに，チャットルームを利用する者の一人が勝手に警察関係者の立ち入りを許可してしまう可能性についても同様である。そうした場合の警察関係者による情報収集には立法が不可欠であるとまでは言えないだろう[101]。その一方で，コミュニケーションパートナーの属性・身分のチェックが有効に機能している領域においては，パートナーの属性・身分の真実性への信頼が保護に値する場合もあると考えられる。このように考えると，十分な本人確認がなされない領域におけるのとは異なり，少なくとも，コミュニケーションパートナーの属性をチェックする習慣のあるスペースにおいてコミュニケーションの直接の相手方として自身の身分を隠して行う情報収集であれば，立法を待ってから行われるべきだろう。

　このように，サイバーパトロールと通信の秘密の関係について，ドイツの議論を参照しながら日本において議論する上ではいくつかの留保が必要であるが，憲法上の権利の問題とはなりうるとして考えるとすると，近年では憲法上の「法律の留保」原則と関係するものとして刑事訴訟法197条1項但書きの規定する「強制処分法定主義」が挙げられることも少なくないため，ドイツの議論状況を強制処分法定主義などとの関係で参照する余地がある。それを受けて検討してみるならば，十分な本人確認がなされない領域におけるのとは異なり，少なくとも，コミュニケーションパートナーの属性をチェックする習慣のあるスペースにおいてコミュニケーションの直接の相手方として警察関係者が自身の身分を隠して行う情報収集は，立法を待ってから行われるべきであるように思われる。なお，連邦憲法裁判所の判決では，公権力を有する者によるインターネット上でのコミュニケーション行為の多くの場合について，基本権に対する介入ではないとされた。上で述べた私見は，連邦憲法裁判所のこうした判断と矛盾するようにも思われるかもしれないが，連邦憲法裁判所は，州が法案趣旨の説明においてコミュニケーション関係に参加しようとしていた領域としてチャット，オークション，交換サイトを挙げていたこともあってか[102]，パート

---

[101]　立法化が望ましいということはあり得る。

ナーをチェックするメカニズムが用意されていない場合について述べるのみであり，それが用意されている場合については述べていなかった。このことから，連邦憲法裁判所がパートナーへの信頼の保護について考える上で想定していたのも上記のスペースであったと考えられ，連邦憲法裁判所はこれ以外の空間における相手方への信頼を保護すべきかどうかについては判断を示していないと見ることができるように思われる。

(4) 小括 —— サイバーパトロールと情報自己決定権

　連邦憲法裁判所は憲法擁護庁にインターネット上での情報収集を認める州法の合憲性が問題となった事例において，結論としては，州の法律のうち情報自己決定権が問題となる部分は無効とはしなかった。学説ではコミュニケーション参加者の承諾を得ていない情報収集や，誰もがアクセスできる情報を会員制サイトで収集したり当局の身分を秘匿して収集したりすることの合憲性について様々な見解が示されている。それらの議論を踏まえて検討すると，連邦憲法裁判所の判断は妥当なものと思われる。そうした見方と先に示した私見との関係が問題になるかもしれないが，連邦憲法裁判所はパートナーをチェックするメカニズムが用意されていないスペース以外の空間での相手方への信頼が保護に値するものかについては判断を示していないとも考えられ，ここで示した私見は必ずしも連邦憲法裁判所の判断と矛盾しないと思われる。

　日本においては2013年の閣議決定である「サイバー空間の行為に関する実態把握のための情報収集の強化」[103]において，「一般のインターネット利用者からの通報が期待し難い，登録サイト内等の違法情報・有害情報等を把握するため，サイバーパトロールの強化及びサイバー防犯ボランティアの促進を図る」ことを提案している。そこで言う「一般のインターネット利用者からの通報が期待し難い，登録サイト」がいかなるものを指しているのかは明記されていないが，いわゆるSNSも含みうるものであろう。しかし，SNSを用いた情報活動については，これまで本書で行ってきたのとは別途の検討が必要であるように思われる。そこで，このような措置についても簡潔ながら法的な観点から検討を加

---

(102) LT-Drs. 14/2211, S. 17.
(103) 2013年12月10日閣議決定「『世界一安全な日本』創造戦略について」10頁。

えると，SNS の特殊性はドイツの学説ではしばしば指摘されている[104]。それらの指摘を参照するならば，SNS においては利用者が実名を使っていることも多く，事前に許可されている者だけが閲覧できる情報があることを考慮する必要があるだろう。日本においても，特に SNS での利用登録の厳格さ，SNS で発信されている当該情報を閲覧できる者の範囲，などを考慮しながら，立法の必要性を検討する必要があると思われる[105]。

第4節 小括──N システムとサイバーパトロールについて

ドイツにおいて N システムを使用した措置は，その場合の情報収集のすべてではないとはいえ，その一部が情報自己決定権に対する介入であるとされた。そして，その介入の根拠となっている法律で規定されている目的等が特定性の要請を満たしていないとされ，州法の一部が違憲とされた。連邦憲法裁判所のこのような判断を日本の判例の姿勢と比較すると，N システムの問題を扱った日本の判決は，技術的な手段を用いた措置に対して具体的な立法を積極的には求めていないように映る。

N システムについて論じるドイツ国内の学説を見ると，そこでは介入該当性と介入の根拠となる法律・規定の明確性・特定性，さらには措置の比例性が争点となっている。そのうち，本書の関心と密接にかかわるのは前二者である。2008年の判決が N システムについて不適合事例においては介入とはならないとした点には異論も示されていた。また，N システムを用いた措置を通じた介

---

[104] Bäcker, Fn. 87, S. 134 ; Unabhängiges Landeszentrum für Datenschutz Schleswig-Holstein, Polizeiliche Recherchen in sozialen Netzwerken zu Zwecken der Gefahrenabwehr und Strafverfolgung, 2012, S. 2f.; Hartmut Brenneisen/Dirk Staack, Die virtuelle Streife in der Welt der Social Media, Kriminalistik 2012, S. 627ff. 〈S. 629〉; Biemann, Fn. 84, S. 145ff.; Markus Oermann/Jurian Staben, Mittelbare Grundrechtseingriffe durch Abschreckung ?, Der Staat 2013, S. 630 ff. 〈S. 647〉.

[105] 本章での検討の一部は，既に拙稿「『サイバーパトロール』の法的性質」憲法理論叢書24号（2016年）131頁以下において行っている。また，科研費・基盤研究（C）（2018-2020年度）「インターネット上での公権力による情報収集とプライバシー権──その立法的統制」（18K01270）の研究成果を基にしたものでもある。

入に関しては，その重大性において見解が分かれているが，重大な介入に該当するという意見が多く見られ，そうした措置の根拠となる法律の特定性や明確性が比較的強く求められている。2008年の判決はＮシステムの使用を授権する法律の目的等を解釈を通じて特定できるとはせずに違憲と判断したという点では厳しい判断をしたと言えるが，そこでの判断はドイツ国内における一般的な見解と大きく矛盾していたわけではなく，2018年の第二次決定では2008年に示した判断を変更し，情報自己決定権に対する介入となる場面が不適合事例にも拡張されている。他方で，日本では実力行使を伴わない措置の問題も指摘されているが，機械による情報収集に固有の危険性を見出さない見解も見られる。日本国内の裁判所の判決においてもＮシステムを用いた措置に対する具体的な法律上の根拠は必ずしも強くは求められていないが，Ｎシステムを使用した措置に対して具体的な立法が求められるのが立法には民主主義的意義があるためであることを考えると，ドイツの判例・学説の方が妥当であり，日本での議論においてもドイツの議論状況は参照されるべきものと言える。

　立法がもつ民主的重要性との観点で，技術的な手段を用いた措置には具体的な法律上の根拠が必要であると考えるべきであるとの見解は，警察等によるインターネット上での情報収集にもあてはまる。インターネットを通じた情報収集を認める州法が問題となったドイツの事例では，そうした措置が情報自己決定権への介入に該当する可能性を認めた上で，当該事例においては情報自己決定権に対する介入はないとされた。その判断について学説には批判があり，閉鎖的な空間での情報収集の問題については別途検討すべきであると思われるが，問題となった州法で想定されていた情報収集に限って考えれば，連邦憲法裁判所の判断は妥当であった。サイバーパトロールの法的性質をめぐるドイツ国内の議論は，情報自己決定権に対する介入該当性について具体的な検討をしようとしている点で，日本において議論する際にも参考になると思われる。

　以上のことから，Ｎシステムとサイバーパトロールに関するドイツ国内の議論状況は，情報自己決定権に対する介入の有無や，そうした介入の根拠となる具体的な法律の要否という点で日本においても参照に値するものである。ただ，そうしたことがＮシステムやサイバーパトロールの問題にとどまらず，様々な措置について一般的に妥当するかはさらなる検討を要すると思われるため，

◆第2部　情報自己決定権に対する介入と，その正当化

その点を以下の第2章で見ることにする。

第2章 技術的な手段を用いた公権力による情報収集の法律的根拠

　一般的に情報技術の発展は様々な利便性をもたらすものであり，前に述べたNシステムを用いた情報収集やサイバーパトロールは，情報技術の発展がもたらした，ある種の効果が表れた場面であった。技術的な手段を活用することによって警察が行えるようになった捜査には他にも様々なものがあり，カメラによる撮影も，その一つの例であろう。しかし，先に見た捜査手法は問題も含んでいるものであり，捜査技術の進展が個人には不利な形でも作用しうる。例えば隠しカメラを利用した捜査は警察にとって有用なものである一方で，個人の私生活を暴露するものとなる可能性もある。そして，連邦憲法裁判所は，警察や公安による活動の根拠となっていた法律を，たびたび違憲と判断してきた。また，日本においてもこれらの活動の合法性や合憲性が論じられている。日独両国において正反対の判断がなされた事例の一つが，先に述べた「Nシステム」をめぐるものであった。しかし，国家による情報収集に関する日本とドイツの判例実務一般を見た場合に，大きく異なっている点を一つ挙げるならば，それは個別具体的な法律による授権の必要性に関する姿勢であると思われる。Nシステムの法的な評価という点で日独両国の判例・学説には大きな違いがあるが，このような違いはNシステム以外の場面でも見られる。そこで第2章では，技術的手段など，物理的ではない手段が用いられる行為に具体的な法律的根拠が必要かどうかを，両国の，第1章では扱われなかった学説や判例も参照しながら検討する。以下では「強制処分法定主義」をめぐる日本の学説の状況を参照した上で，基本権の「介入」概念に関わるドイツの議論を紹介し，両国の議論を比較しながら，情報自己決定権の制限に対する具体的な法律・規定による授権が必要な場合を考察する。

第1節　技術的な手段を用いた捜査に関する日本の議論の特徴

　公権力による行為の法的性質について検討するにあたり，まず一般法の規定

◆ 第2部　情報自己決定権に対する介入と，その正当化

が参考になるだろう。日本の刑事訴訟法は197条1項但書きで，強制処分については法律の定めが必要であると規定している。この規定をめぐってはそれらの措置の刑事訴訟法上の法的性質が問題となり，警察などが行おうとしている措置が「強制処分」に該当するかどうかによって，法律上の根拠の要否が決まることになる。しかし，刑事訴訟法学説においては，これまで長い間，「強制処分」をどのように定義すべきかが争われてきた。「強制処分」の定義をめぐる議論について簡潔にまとめている先行業績も既に多くあるため，以下ではここでの議論に必要な範囲においてではあるが，その議論状況を概観する。

(1) 「強制処分」の概念をめぐる学説の状況

既述の通り，刑事訴訟法197条1項但書きの適用をめぐっては，そこで述べられている「強制処分」とは何かが問題となる。日本の刑事訴訟法学説においては令状の要否という観点を中心に，写真撮影などを用いた監視が「強制処分」に該当するかが検討されてきた。かつて「強制処分」は実力による自由の制限を伴う処分であるとされ，このような説明を行う立場は「有形力説」と呼ばれてきたが，今日においては，物理的な強制力によらなくとも，盗聴器などの技術的な装置を使用することで捜査対象者の重要な利益が侵害されるおそれがある。そのような状況を背景として，被処分者の同意を得ずに行われ，なおかつ，重要な権利・利益を制約する処分を強制処分と理解する「権利・利益侵害説」が登場した。しかし，この立場においては「強制処分」に分類される行為が増える。そこで，比較的新しい処分を，刑事訴訟法の立法当時は予定されていなかった強制処分として捉えた上で，それらの処分には令状主義のみを妥当させる立場も登場した[1]。この立場はしばしば，「新しい強制処分説」と呼ばれている。「強制処分」の定義に関して紹介されることが多いこれらの立場のうち，現在において有力なのは「権利・利益侵害説」である[2]。そのため，強制処分を定義するにあたっては，当該処分によって制約される権利の重要性を検討するのが一般的になっているが，どのような権利・利益が重要と言えるかには争いがある。

ここでいう「重要な権利・利益」としてはプライバシー権や私的空間が挙げ

---

(1) 田宮裕『刑事訴訟法［新版］』（有斐閣，1996年）72頁以下。

第 2 章　技術的な手段を用いた公権力による情報収集の法律的根拠

られることが多く[3]，重要ではないとされることが多いのが公道での容貌・肖像である[4]。重要とまでは言えない権利を制約する行為は任意処分として扱われるが，強制処分ではなく任意処分とされた行為にも一定の統制が試みられている。このような通説的な立場を代表する井上正仁は，「強制処分かどうかは，結局，用いられる物理力の性質や程度を考慮した実質的な判断に俟たざるを得」ず，「およそ何らかの権利や利益の制約があれば強制処分だというわけではなく，やはり，そのような法定の厳格な要件・手続によって保護する必要のあるほど重要な権利・利益に対する実質的な侵害ないし制約を伴う場合にはじめて，強制処分ということになるのではないか」とする。その場合には「任意処分であるとされるものの中にも，少なからず強制的要素を伴ったものが存在する」が，「完全な意味での強制処分ではないというだけで放置するのは適切ではなく，任意処分の範疇に属するものについても，その実質に応じた合理的な規制を講じていくことが必要」と述べる[5]。

このように，通説的な立場は「重要な権利・利益」の範囲を限定的に捉え，多くの処分を「任意処分」と理解しながらも，「任意処分」の限定を試みることによって公権力による行為の行きすぎを防ごうとしているが，強制処分の範囲を限定的に捉えつつ任意処分についてもある程度の統制を試みる，通説的な立場に対して，強制処分の概念を広く理解することで強制処分法定主義をより厳しく適用しようとする立場もある[6]。この立場においては，同意に基づかない処分は広く強制処分とすべきとの主張や[7]，技術的な手段を用いた情報収集には先に挙げた通説的な見解が考えている以上の危険性がある旨の指摘が見ら

---

(2)　名取俊也「写真・ビデオ撮影 ── 検察の立場から」三井・馬場・佐藤・上村編『新　刑事手続Ⅰ』（悠々社，2002年）349頁以下〈350頁〉，若原正樹「写真・ビデオ撮影 ── 裁判の立場から」三井・馬場・佐藤・上村編『新　刑事手続Ⅰ』（悠々社，2002年）362頁以下〈362頁〉，酒巻匡「捜査に対する法的規律の構造（2）」法学教室284号（2004年）62頁以下〈69頁〉，田口守一『刑事訴訟法（第6版）』（弘文堂，2012年）46頁，上口・後藤・安冨・渡辺『刑事訴訟法（第5版）』（有斐閣，2013年）50頁以下（渡辺修）など。
(3)　渡辺，前掲注(2)47頁以下など。
(4)　名取，前掲注(2)350頁，若原，前掲注(2)362頁。
(5)　井上正仁『強制捜査と任意捜査　新版』（有斐閣，2014年）5頁以下。
(6)　光藤景皎『口述　刑事訴訟法上（第2版）』（成文堂，2000年）29頁など。

れる[8]。

　以上のように，強制処分の概念について日本国内の有力説は，重要とまでは言えない権利を制約する行為は任意処分として扱い，任意処分とされた行為にも一定の統制を試みており，その代表的な論者として井上を挙げることができる。しかし，こうした見解には批判もある。刑事訴訟法197条1項但書きの条文解釈をめぐる議論状況は以上の通りであり，次にこのような論争が具体的な場面でどのように表れているかを見ることにする。

(2) **具体的事例 —— 警察による情報収集**

　制約される権利の重要性に関する理解の違いは，警察による情報収集の法的性質をめぐる議論で表れる。警察による情報収集のうち，これまで活発に議論されてきたのは，警察による写真撮影の法的な位置づけである。先に見た，通説的な立場に立つ論者の多くは，写真撮影を任意処分と理解する[9]。それに対して，写真撮影を強制処分と理解する立場もある。また，「新しい強制処分説」は，写真撮影には刑事訴訟法197条1項但書きは妥当しないとして，法律上の根拠を厳格には要求しない一方で，令状主義の精神が妥当するとしている[10]。

　先に，通説的な見解の代表的論者として挙げた井上は，街頭にいる人は「自ら自分の行動を他人の目に曝しているのであり，住居の中にいる場合などと同様にプライヴァシーを正当に期待ないし主張できる立場にいるとは言え」ず，「住居の内にいる人をひそかに撮影する場合に侵害が問題となるようなプライヴァシー権と比べると，やはり，一段劣位に立つものといわざるを得ない。その意味で，街頭行動をしている人の写真撮影は，強制処分とまではいえない」とする。しかし，強制処分ではないとはいえ，写真撮影は「その利益の重大性と写真撮影の必要性・緊急性とを較量し，相当と認められる限度でのみ許容される」と述べる[11]。ここでは街頭にいる人を撮影する場合には重要な権利が制

---

(7) 緑大輔「強制と任意 —— 強制処分法定主義をめぐって」法学セミナー666号（2010年）112頁以下〈115頁以下〉。
(8) 福井厚『刑事訴訟法講義（第5版）』（法律文化社，2012年）104頁以下。
(9) 田口，前掲注(2)98頁など。
(10) 田宮，前掲注(1)121頁。
(11) 井上，前掲注(5)14頁以下。

第2章　技術的な手段を用いた公権力による情報収集の法律的根拠

約されているわけではないために「強制処分」とはならず，「任意処分」であることになるとしても，そこには一定の制約・統制がありうるとしており，通説的な理解に沿った議論が写真撮影の場面でもなされていることが分かる。

これに対しては，写真撮影を強制処分であると理解する立場が対立しており，その立場においては，写真という，技術的な手段を用いた情報収集がもつ特徴が指摘され，それが個人の私生活にとって大きな影響を与えるとされる。また，物事を人が肉眼で認識することと機械を使って認識することとの違いが指摘され，個人の権利に対する重大性が高まるとされることも少なくない[12]。

このように，刑事訴訟法上の「強制処分」の定義をめぐる論争は，警察による情報収集の法的性質に関する議論という形でも表れている。通説的な見解はそれを任意処分とした上で一定の制約・統制を試みるが，それに対しては物事を認識する手段としての肉眼と機械の違い等が指摘され，本人の同意によらない写真撮影を強制処分と解する見解が対立している。

(3) **日本の判例**

次に，日本の判例がどのように強制処分を理解してきたのかを見ると，技術的な手段を用いた警察による情報収集が問題となった初期の事例とされるのは京都府学連事件である。京都府学連事件は，デモが行われている時に警察官がデモの参加者を写真で撮影した事件であった。この事件について最高裁は，デモ行進を行っている最中の参加者の様子を警察官が撮影したことは，「肖像権と言えるかどうかは別にしても」，撮影の対象となっている者の何らかの利益を害することを認めた。憲法学においてはプライバシー権的な権利に関する初めての判決として知られているが，刑事訴訟法学説においては警察が行った活動の法的性質と違法性の判断に注目が集まった[13]。この事件で最高裁は，写真撮影の根拠規定として警察法2条1項を挙げたのに続いて，写真撮影の許容性は，犯行との時間的近接性，証拠保全の必要性・緊急性，撮影の方法の相当性，

---

[12]　松代剛枝「捜査における人の写真撮影——アメリカ法を中心として」光藤景皎先生古稀祝賀論文集編集委員会編『光藤景皎先生古稀祝賀論文集　上巻』（成文堂，2001年）111頁以下〈133頁〉，福井，前掲注(8)104頁以下など。

[13]　三浦守「写真撮影——京都府学連デモ事件」井上正仁編『刑事訴訟法判例百選（第8版）』（有斐閣，2005年）20頁以下。

◆第 2 部　情報自己決定権に対する介入と，その正当化

の三点から判断されると述べ，その結果，本件写真撮影は適法であるとした。この判決の一つの特徴は，写真撮影が強制処分なのかどうか，それに関連して，刑事訴訟法197条 1 項但書きによって求められている法律上の根拠として警察法 2 条 1 項で十分なのか，詳しく述べていないことである。審査は処分の許容性に集中しており，写真撮影の法的性質を判例がどのように理解しているかを知るためには，他の事例を参照する必要がある。

　2008年に最高裁は，ビデオ撮影の合法性について判断した。この事件ではまず，ATMから現金を引き出した人物が，公道上を歩いている姿を撮影されたことが問題となった。警察は，この人物がある強盗殺人事件の捜査線上にあがった，後の被告人と同一人物であるかを確認するために，被告人をビデオカメラで撮影したのであった。また，本件においては，パチンコ店内にいる被告人の姿もビデオで撮影された。それは，現金を引き出した者が身に着けていた腕時計が，被告人が着用していたものと同一であるかを確認するためであった[14]。これらのビデオ撮影を最高裁は適法であるとしたが，ここでも具体的な根拠法律・規定が求められることはなく，撮影の適法性が検討されたのみであった。この点について学説では，その判断の前提として，本件のような行為を最高裁は任意処分と理解していると考える説が有力とのことである[15]。

　また，東京高裁は2009年に，公道上を走行する車両のナンバーを読み取り，警察が保有するデータと照合するシステム，いわゆる「Nシステム」の合憲性について判断した[16]。この事件で東京高裁は，警察法 2 条 1 項によって，強制力を伴わない捜査が認められていることを指摘した。その上で，正当な目的のために相当な範囲・方法で個人の私生活上の情報を収集しても，憲法に違反しないと述べた。また，既述の通り，2001年に東京地裁は，Nシステムによって

---

[14] 最二小決2008年 4 月15日（刑集62巻 5 号1398頁）（宇藤崇「被疑者の容ぼう等のビデオ撮影が適法とされた事例」『平成20年度重要判例解説』（有斐閣，2009年）208頁以下），松代剛枝「捜査としての公道上の人のビデオ撮影・ゴミの領置」関法59巻 6 号（2010年）1413頁以下，州見光男「写真・ビデオ撮影」井上・大澤・川出編『刑事訴訟法判例百選（第10版）』（有斐閣，2017年）18頁以下。

[15] 宇藤，前掲注[14]209頁以下。

[16] 東京高判2009年 1 月29日（判タ1295号193頁）（小泉良幸「車両ナンバー読取システムと憲法13条」『平成21年度重要判例解説』（有斐閣，2010年）10頁以下）。

第2章　技術的な手段を用いた公権力による情報収集の法律的根拠

取得される情報は「特定のナンバーの車両がNシステム端末の設置された公道上の特定の地点を一定方向に向けて通過したとの情報にとどまる」としていた[17]。東京高裁は，取得された情報がそれほど重要ではないために，本件の情報収集は強制処分ではなく，警察法2条1項に基づいてこのシステムを利用できるとした。そして，任意処分の範囲・方法の相当性にも言及することで，情報収集の違憲性・違法性を審査する姿勢を示した。

　京都府学連事件では時間も対象も特定された形で情報が収集されたが，2008年の判決で問題とされた撮影は，対象を限定していたものであったとはいえ，撮影が行われたのは具体的に事件が起きている場所・時間ではなかった点で，京都府学連事件におけるものとは異なっていた。さらに，Nシステムは，機械を使って公道上の特定の地点を常時監視し，機械の下を通過したすべての車両のナンバー・データを記録・照合するシステムである。先述の東京高裁の判決で問題となったものは，事件現場で特定の対象者を撮影したことが問題となった京都府学連事件におけるものよりも，時間も対象もかなりの程度拡張された監視であり，警察によるビデオ撮影の合法性が問題となった2008年の事件と比べても対象範囲が広い行為をめぐるものであった。以上のことから，日本の判例においては，行為の時間・対象の広さを問わず，いずれの場合においても当該措置が強制処分であるとは明言されないことが多く，行為の適法性に重点を置いて審査されてきた，とまとめることができるだろう[18]。

(4) 小括 ── 技術的な手段を用いた捜査に関する日本の議論の特徴

　強制処分の概念について日本国内の有力説は，重要とまでは言えない権利を制約する行為は任意処分として扱い，任意処分とされた行為についても一定の統制を試みており，その代表的な論者として井上を挙げることができる。しかし，こうした見解には批判もある。このような，「強制処分」の概念についての争いは警察による情報収集の法的性質をめぐる論争という形で具体化されて

---

[17]　東京地判2001年2月6日（判時1748号144頁以下）。また，小林直樹「Nシステムと自己情報コントロール権」法律時報78巻8号（2006年）80頁以下。
[18]　2017年3月15日に，最高裁大法廷は当該事件において行われた，GPSを用いた捜査を違法とした。特に本書との関連では，GPSを用いた捜査についての特別な立法の必要性が説かれている点で重要なものであり，後に言及する。

おり，こうした議論状況は，日本においては「権利・利益侵害説」が現在は有力になっており，「強制処分」の定義自体は大方一致しているが，何を「重要な」権利・利益と考えるべきかという点では見解に相違が見られることを示している。他方で，日本の判例においても，行為の時間・対象の広さを問わず，いずれの場合においても強制処分と明言されないことが多く，審査の重点は措置の適法性に置かれている。以上の通り，日本の通説と判例は，「強制処分」の概念を定義する上で制約される権利・利益に高い重要性を求め，それに伴って増える「任意処分」についても，その相当性を審査しようとしており，これらの点で判例・学説の議論傾向は共通している。このような判例・学説についてどのように考えるべきかを，以下においてドイツの議論を参照した後に両国の議論や判例を比較しながら検討したい。

第2節　技術的な手段を用いた捜査に関するドイツの議論の特徴

既に見たように，日本の判例は多くの行為を具体的な法律上の根拠を要しない任意処分に分類し，その適法性を審査しようとする。しかし，ドイツの判例と学説は，それとは異なる状況にある。これも繰り返し述べた通り，ドイツにおける違憲審査は，基本権の保護領域該当性，保護領域への介入の有無，介入の正当化の可否の，主に三段階で行われる。そして，そのような介入に法律上の根拠があるかが三段階目の正当性審査において検討されることがあり，このような審査は「正当性審査の形式的側面」とも呼ばれている。また，そのような授権法律は内容的にも特定性・明確性を備えている必要があり，介入的手段の比例性も審査される。このような授権法律の内容に関する審査は，「正当性審査の実体的側面」と呼ばれることもある。そのうち，公権力による情報収集に具体的な法律上の根拠が必要かどうかは，そのような情報収集が「介入」に該当するかどうかで変わってくる。そこで以下では，この点について学説においてどのような議論があるかを概観し，また，いくつかの事例にも触れながら，ドイツの議論状況を見ることにしたい。

(1) 学説における「介入」概念

基本権に対する「介入」概念は，かつては国家による措置の目的志向性，直接性，単に事実的ではない法的作用，命令や強制といった形式によるもの，と

第2章　技術的な手段を用いた公権力による情報収集の法律的根拠

いう四つの要件で構成されるとされていた。このような「古典的介入概念」に対して，社会国家化などによって国家と個人が関わる場面が増えたことにより，介入概念の拡張が求められた。それを受けて介入概念は上の四つの要件，それぞれについて緩和されてきた。

例えば，個人に対してある行為をまったく，もしくはその一部を不可能にしてしまう行為が介入とされ，国家による行為の作用が目的志向的かどうか，直接的かどうかも問われなくなった。また，間接的な作用や事実的な作用も介入とされるようになり，その形式も命令や強制によるとは限らないとされるようになった[19]。

そして，介入概念の拡張は情報自己決定権に対する「介入」概念にも表れている。近年，ドイツの学説の多くが，本人の同意に基づかない情報収集を広く「介入」としている[20]。また，情報の収集だけでなく，その転送や結合等も独立の介入とされることが多い。いずれの場合においても，情報がもたらす内容が増してしまう危険性が指摘されている[21]。この他にも，ドイツにおいて情報自己決定権に対する介入の有無について争われる際には，個人を特定できる情報であるかどうかが検討されることが多い。

このように，ドイツ国内の学説において基本権に対する「介入」概念は，か

---

[19]　Thorsten Kingreen/Ralf Poscher, Grundrechte Staatsrecht II, 32. Aufl., 2016, S. 66ff. による。また，ドイツにおける介入概念を参照しながら，日本の違憲審査の枠組みについて検討を試みる最近の邦語文献として，小山剛『「憲法上の権利」の作法（第3版）』（尚学社，2016年）35頁以下，宍戸常寿『憲法解釈論の応用と展開（第2版）』（日本評論社，2014年）36頁以下，神橋一彦「行政訴訟の現在と憲法の視点──『基本権訴訟』としての行政訴訟との関連で」ジュリスト1400号（2010年）43頁以下〈46頁〉。

[20]　Michael Sachs (Hrsg.), Grundgesetz Kommantar, 7. Aufl., 2014, S. 133 (Dietrich Murswiek); Thomas Petri, Informationsverarbeitung im Polizei und Strafverfahrensrecht, in : Hans Lisken/Erhard Denninger, Handbuch des Polizeirechts, 5. Aufl., 2012, S. 710ff.〈S. 726〉; Christoph Gusy, Polizei- und Ordnungsrecht, 9. Aufl., 2014, S. 91ff.; Kingreen/Poscher, Fn. 19, S. 103f.; Hans-Detlef Horn, Allgemeines Freiheitsrecht, Recht auf Leben, körperliche Unversehrtheit, Freiheit der Person, in : Klaus Stern/Florian Becker (Hrsg.), Grundrechtekommentar, 2. Aufl., 2016, S. 170ff.〈S. 221f.〉.

[21]　Murswiek, Fn. 20, S. 133f.; Petri, Fn. 20, S. 726f.

159

◆ 第2部　情報自己決定権に対する介入と，その正当化

つては「古典的」な介入概念によって捉えられていたが，その後は広がりをもって捉えられるに至っており，それは情報自己決定権に対する介入に関しても同様となっている。次に，これまでの連邦憲法裁判所の判例において，情報自己決定権への介入との概念がどのように捉えられてきたかを概観する。

(2) 判例における介入概念 ── 国勢調査判決

技術の発展と国家による情報の扱いが問題となったドイツの事例としてよく知られているのが，一般的人格権から新たに「情報自己決定権」を導き出した，先述の「国勢調査判決」である[22]。この権利を保護するにあたって連邦憲法裁判所は，コンピュータ技術の発展によって発生しうる問題を指摘した。例えば，データが無限に保存され，引き出せるようになったこと，他のデータと結びつけることで個人の人格像を明らかにできることを問題として挙げた。

さらに，このような危険性を有する行為を国家が行うことで個人には精神的な圧力が加わり，個人の人格の発展を害する危険性もあるとした[23]。そして，情報自己決定権を制約する際には法律による授権が必要であるとし[24]，そのような法律の合憲性を検討するところでは，自動的なデータ処理という条件の下では「重要でない」データなどもはやない，ということをふまえるべきであるとした[25]。

国勢調査判決の一つの特徴は，情報技術の発展が個人に対してもたらしうる作用が，情報自己決定権の意義のところで述べられていることである。現在の三段階審査に従えば，その次に基本権に対する介入の有無，介入の形式的・実体的正当性の審査が続くことになる。しかし，国勢調査判決は，情報自己決定権の制約には法律の根拠が必要とする一方で，「制約」とは国家によるいかなる行為を指すのか，どのような場合に法律上の根拠が必要になるかについては説明していない。そして，「重要でないデータなどない」という，データの重要性に関わる指摘は，介入の比例性を審査する段階でなされたものである。

それゆえ，連邦憲法裁判所が情報自己決定権への「介入」をどのように定義

---

[22]　BVerfGE 65, 1.
[23]　BVerfGE 65, 1 〈41ff.〉.
[24]　BVerfGE 65, 1 〈44〉.
[25]　BVerfGE 65, 1 〈45〉.

第2章　技術的な手段を用いた公権力による情報収集の法律的根拠

しているかを知るためには，他の判例を参照する必要がある。ここでは，監視カメラの使用が問題となったレーゲンスブルク決定と，「Nシステム」の使用が問題となった事例を取り上げる。

(3) **判例における介入概念 —— その後の諸判決**

　レーゲンスブルク決定と呼ばれる部会決定では，展示作品として地面に埋め込まれていたレリーフを保護する目的で公道にビデオを設置して監視することが問題となり，カメラによって得られたデータは期限つきで保存されることになっていた。市の当局はバイエルン州データ保護法をその根拠として挙げていたが，連邦憲法裁判所はビデオでの監視に十分な法律上の授権があるかを審査し，それを情報自己決定権との関係で検討した。

　そして連邦憲法裁判所は，このような監視は情報自己決定権に対する介入であり，基本法に違反するものでもあると判断した[26]。そこではビデオによる監視がもたらす様々な問題を挙げており，例えば，その後の不利益な措置につながりうること，当事者の行動を制約するおそれや，他のデータと結びつき，当該人物のプロフィールが作成されるおそれ，などを指摘した。監視されている場所が公の場所であったとしても介入に該当し，録画されていることを知っているだけでは撮影への同意とは言えず，介入であることに変わりないとした[27]。

　また，2008年の事件では，既に第1章で詳しく述べた通り，公道上に機械を設置し，そこを通過した車両のナンバーを認証するシステムが問題となった。それらのナンバー・データは，警察等が所有するデータと照合されることになっていた。連邦憲法裁判所は，この場合の情報処理の一部を情報自己決定権に対する介入であるとし，このようなシステムを用いた措置の根拠となっていた二つの州の法律は違憲であるとの判断を示した[28]。この判決においても，このシステムがもたらしうる様々な不利益が指摘されており，データは無制限に保存でき，それらのデータを使って様々な情報が生み出されうること，このシステムが使用されていることを自動車の保有者が知ることで「萎縮効果」が発生することがそれである[29]。また，ナンバー情報が公的に登録されているとい

---

[26]　BVerfGK 10, 330〈336〉.
[27]　BVerfGK 10, 330〈336f.〉.
[28]　BVerfGE 120, 378.

◆第2部 情報自己決定権に対する介入と，その正当化

うだけでは，基本権上の保護はなくならないとした上で[30]，このシステムの根拠となっていた法律は明確性・特定性に欠けており，違憲であると結論付けた。また，その後の決定において，不適合事例においても情報自己決定権に対する介入となりうるとの判例変更が行われたことは既に述べた通りである。

以上のように，国勢調査判決においても連邦憲法裁判所はデータが自動的に処理されるという状況下では「重要でないデータ」などなくなると指摘したものの，どのような措置が情報自己決定権に対する介入となるのかは述べていなかった。そこでその後の判決を見ると，レーゲンスブルク決定では州のデータ保護法に基づいてカメラを使って公道を監視することが問題となり，これが介入であるとされた。同様に，連邦憲法裁判所はいわゆるNシステムが情報自己決定権に対する介入を生じさせる可能性を指摘した上で，Nシステムを用いた情報収集がもたらしうる問題を指摘している。Nシステムに関する判決で問題となったのは個人の行動を記録するためのものであったと言えると思われるが，常時の監視を行うためのシステムであったという点で，レーゲンスブルク決定で問題となったものよりも射程の広い措置についてであった。また，データの照合などが問題となった事例であり，まさにそれが目的のシステムであったことも，レーゲンスブルク決定において問題となった監視とは異なっていた。

(4) 小括──技術的な手段を用いた捜査に関するドイツの議論の特徴

国勢調査判決はコンピュータ技術の発展がもたらした危険に着目し，「情報自己決定権」を導出したり，制約の根拠となる法律の合憲性を判断したりした。その一方で，「制約」の概念や法律上の根拠の要否の基準は説明されていなかった。ここでレーゲンスブルク決定やNシステムに関する判例を取り上げたの

---

[29] 「萎縮効果」は国家の行為がもたらす間接的な作用である。この点について Johannes Rux, Wie viel muss der Rechtsstaat wissen ?, in : Stefan Huster/Karsten Rudolph (Hrsg.), Vom Rechtsstaat zum Präventionsstaat, 2008, S. 208ff.〈S. 212〉は，横断歩道の「向こう側に警察官が制服を着ている場合に，道路に何も走っていないからといって赤信号で渡ることをためらわない人などいない」ことを例に挙げる。上記の意味で「萎縮」する個人は違法行為を行っているわけではなく，「赤信号で渡る」場合とは異なる状況にあるが，「萎縮効果」の説明として参考になると思われる。また，違法行為をしているわけでもない者に「萎縮効果」が発生することは，より深刻であるとも言える。

[30] BVerfGE 120, 378〈397ff.〉.

は，それらが「制約」ないしは「介入」の概念について述べた判例の一部であったためである。これらの判例を参照することでドイツの判例の傾向を読み取ることができ，ドイツにおいては「介入」概念を定義する際に国民に対する様々な作用が指摘されていることが分かる。情報が他のデータと結合する危険性や，監視されているとの意識がもたらす「萎縮効果」が，情報自己決定権に対する介入の有無を考える際に考慮されており，情報が収集されているのが公の場所であることも，情報自己決定権に対する「介入」かどうかを検討する上では重視されていない。その結果，ドイツにおいては，国家による行為の多くが基本権への「介入」と解されており，これが連邦憲法裁判所の判例において憲法違反との判断が示されることが少なくない要因の一つとなっている。

第3節　検　討

(1) 日本とドイツの議論の比較

ここまで，日本の判例・学説の特徴とドイツの判例・学説の特徴について述べてきた。そこでは両国の議論における共通点と相違点が浮き彫りになっており，日独両国の状況を改めて比較した上で，若干の考察を行いたい。日本とドイツにおいては，最終的な結論が異なっていることが少なくない一方で，議論の枠組みには共通点もある。以下では，法律上の根拠の必要性の有無が検討されていることと，「強制処分」・「介入」の定義自体には共通するところがあることに触れたいと思う。

① 法律上の根拠の要否の審査

刑事訴訟法197条1項但書きは，強制処分については法律上の根拠が必要であると規定している。そのため，日本においては「強制処分」とは何を指しているかが活発に論じられてきた。他方，連邦憲法裁判所による違憲審査は，基本権の保護領域該当性，基本権に対する介入の有無，介入の正当化の可否という三段階で行われる。ある措置が基本権の介入でなければ，それを正当化する必要はなく，法律上の根拠（＝形式的な正当化）も必要ないということになる。それゆえ，介入とは何かが，ドイツでも検討されてきた。このように，日独両国において，「強制処分」該当性，もしくは「介入」該当性という形で，法律上の根拠の要否が検討されてきたと言える。

◆ 第2部 情報自己決定権に対する介入と，その正当化

② 制約される権利・利益の重要性の審査

　また，日本においては，有形力を物理的に行使するものだけが強制処分とされていたこともあったが，近年においては，そのような強制力が用いられていない場合でも「強制処分」に該当しうるとする立場が有力になっている。そして，その際には，制約されている権利・利益が重要でなければならないとされている。他方，ドイツにおいても，情報自己決定権に対する介入が認められる場合には，情報技術が発展したことによってもたらされる，個人に対する不利益の重大性が指摘されている。ここでも両国の議論は，法律上の根拠が必要であるかを，制約される権利・利益の重要性を基準に検討しているという点で共通している。

③ 相違点 —— 権利・利益の重要性，法律上の根拠を要しない措置に対する統制

　しかし，日独両国の議論は重要な点で異なっている。まずどのような権利・利益を重要と見るかという点で両国の議論には違いがある。日本においては，多くの処分が「任意処分」として理解されているが，その要因の一つは，制約される権利・利益が重要ではないとされることが少なくないことである。情報が収集されるのが公道上である場合や，記録されるのが自動車のナンバーだけである場合には，制約される利益は重要でないと理解するのが判例・通説となっている。また，機械を使った情報収集に警察官による肉眼での情報収集との質的な差異を見出さず，侵害の重大性という点で問題がないとされる傾向もある。

　他方，ドイツ国内の議論では，公道上において個人の権利の重要性が極端に低下するとまでは考えられていない。また，自動車のナンバーだけが記録される場合であっても，それが他のデータと結合されたり，記録されていると意識したりすることから生じうる「萎縮効果」が指摘されている。このような見方に基づいて，処分において制約される権利は重要であると判断される傾向にある。

　さらに日独両国において大きく異なっているのが，「強制処分」もしくは「介入」ではないとされた措置の扱いである。日本においては，「強制処分」ではなく法律上の根拠が必要とされない「任意処分」についても，その許容性が検

討されている。これに対してドイツにおいては，公権力による措置が「介入」ではないのであれば，直ちに合憲という結論に至るはずである。日本の判例・通説が，法律による授権がない処分についても，その適法性を審査すべきとしているのと比較すると，ドイツの判例・通説は，法律上の根拠の有無を重要な問題と考えているとも言える。また，ドイツにおいては，「情報自己決定権に対する介入ではない」との結論は，制約されている権利・利益が，手段の比例性（許容性）を審査すべきほどには重要ではないとの認識に基づいているはずであり，介入に該当するかを検討する際に，ドイツの判例・通説が重要と考えている権利・利益が，日本においては「重要でない」と理解されるということも起こりうる。このことは先に挙げた，制約される権利の重要性に関する日独両国における議論の違いとも関連する点である[31]。

以上のように，どのような権利・利益を重要と見るかという点で両国の議論には違いがある。日本においては，多くの処分が「任意処分」と理解されており，そこでは制約される権利・利益が重要ではないと考えられていることが多いと解される。他方でドイツでは公道上での情報収集についても「萎縮効果」の発生が懸念されるなど，技術的な手段を用いた情報収集によって制約される権利・利益の重要性が認められることが，日本国内で見られる見解と比べると多いように思われる。加えて，「強制処分」・「介入」ではないとされた措置の扱いも，日独両国においては異なることになるだろう。両国におけるこのような議論状況の違いは，情報自己決定権への介入に対する正当化の可否を考える上で重要な違いだろう。

④ 小括 —— 日本とドイツの議論の比較

日独両国において，「強制処分」該当性，もしくは「介入」該当性という形で，法律上の根拠の要否が検討されてきており，法律上の根拠が必要であるかを検討する際に制約される権利・利益の重要性が検討されている。しかし，ど

---

[31] この点に関連して，日独両国の議論の違いを，「萎縮効果論」がドイツにおいては「当該警察措置の『侵害』的性格を明確にするためである」一方で，日本の判例で採用されている萎縮効果論は，「立法的根拠を提示するためのものではなく，警察措置の違法性の判断基準としての役割を担うことが期待されている」ことに見る分析がある（島田茂『警察法の理論と法治主義』（信山社，2017年）245頁）。

◆第2部　情報自己決定権に対する介入と，その正当化

のような権利・利益を重要と見るかという点では違いがあり，さらに「強制処分」・「介入」ではないとされた措置の扱いについても，日独両国においては異なっていると思われる。以上のように，日本とドイツの議論を比較すると，両国の議論の枠組みという点では共通点を見出すこともできる。それは，いずれにおいても法律上の根拠の要否と問題となっている処分によって制約される利益の重要性が検討されているからである。他方で，それらの評価については両国において相違が見られ，ドイツの判例・学説においては法律上の根拠を厳格に求め，制約される利益の重要性も大きいものと捉えられる傾向がより強く見られるように思われる。

(2) **日本国内での批判**

　ここまで，日本とドイツの議論を比較してきた。それによって，ドイツと異なり日本においては当該処分の許容性の検討に重点が置かれていることを示した。しかし，両国の議論の違いはしばしば指摘されていることである。そのような指摘の一例は，「ドイツではアクセルとブレーキの関係が非常に良好である」一方で，「日本の場合には，アクセルもブレーキもないのかもしれない」とするものである[32]。それによれば，日本の警察実務においては「取得時中心主義」という色が強く，それは「情報の取得，それに引き続く保存，あるいは利用・分析といった情報処理の一連の過程の中で，情報取得時のインパクトを重視し，もっぱら情報取得の正当化に神経を集中させるというアプローチ」を指す。例えば，監視カメラの設置・撮影・録画についても「『撮影』という局面に集中しており，『録画・保存』という問題領域が審査の土俵からほぼ完全に除外され」，「公道」論も，「さらされない・見られない自由」を基軸とする伝統的なプライバシー権を前提にしているという。そして，この議論では，侵害の有無や侵害度を考える上で，撮影・取得された情報がその後どのように保存・利用されるかという視点が抜け落ちると指摘される[33]。

　警察の実務における情報収集行為の問題は，Ｎシステムについてもしばしば

---

[32] 山本龍彦『プライバシーの権利を考える』（信山社，2017年）78頁。また，山本龍彦「京都府学連事件判決というパラダイム ―― 警察による情報収集活動と法律の根拠」法学セミナー689号（2012年）46頁以下も参照。

[33] 山本，前掲注[32]『プライバシーの権利を考える』75頁。

第 2 章　技術的な手段を用いた公権力による情報収集の法律的根拠

指摘される。日本の判例はＮシステムを用いた措置を任意処分と理解した上で，その利用に具体的な根拠規定を求めないが，これに対しては学説からの強い批判もあり，警察官の肉眼による監視と機械を使った監視の違いが指摘されたり，大量の情報が収集されることで運転者の移動経路が判明し，他のデータと結合することで個人の生活が丸裸になってしまうことなどが指摘されたりしている[34]。また，移動情報を「固有情報」に近いと理解する者もあり[35]，先に挙げたドイツの議論を前提にすれば，日本の判例・通説的な立場は批判的に理解されることになるだろう。Ｎシステムは単に通過した車両ナンバーを検知するだけではなく，それを他のデータと照合したり，他の措置のきっかけとしたりするためのシステムである。そして，情報を収集した後に様々な行為が続くという点では，その他の情報収集行為でも同様である。以上のことからすれば，公権力による情報収集行為の法的問題について検討する際には，情報の収集だけに焦点を当てるのではなく，情報の結合や処分といった，利用行為にまで視点を広げる必要があることになる。

　しかし，個人に対するそのような不利益は，必ずしも「強制処分」を定義する際に考慮されなければならないとまでは言えないとの反論もあるだろう。既に見たように，通説的な立場は強制処分ではない処分についても，その相当性を検討しようとしている。さらに「新しい強制処分説」も，「任意処分自体にも適法性の要件が求められる結果，任意処分と強制処分の概念は近接し相対化する現象をきたす」ことになり，「両者の区別自体の重要性は減弱化し，むしろ，いずれに分類されるにせよ，個々の処分の当否こそが重要となるであろう」と指摘している[36]。

　このように，日本国内の警察実務に関しては，取得された情報の保存・利用という場面での問題意識の薄さが批判されており，それはＮシステムについても同様にみられる。ただ，技術的な手段を用いた捜査に対して逐一立法を求めなくても，それらの問題は個別の措置の妥当性を検討する際に考慮すれば足

---

[34]　福島至「刑事立法と刑事訴訟改革　組織犯罪対策とその周辺」法律時報71巻3号（1999年）23頁以下〈25頁以下〉，小林，前掲注[17]81頁，小泉，前掲注[16]11頁。

[35]　小林，前掲注[17]81頁。

[36]　田宮，前掲注[1]72頁。

りると考える余地もある。そうであるならば，問題は，具体的な不利益は任意処分，もしくは「新しい強制処分」の相当性・当否を検討することで十分に考慮できるのか，ということになるだろう。

(3) **両国の議論の違いの評価 —— 審査手法の違いにすぎないと言えるか**

ドイツとは異なり日本においては，「強制処分」ではなく法律上の根拠が必要ないとされた処分についても，さらなる統制が試みられている。その意味で，処分の適法性・合憲性を考える上で，それらの処分が「強制処分」であるかどうかは，ドイツほどには大きな影響を与えるわけではない。ただ，情報自己決定権への介入に関する議論は，ドイツのいわゆる「三段階審査」が前提であり，両国における違いは論理構造の違いに尽きるのかもしれない。そこで以下では，権利を制限する公権力による行為に法律上の根拠が求められることの意味について検討し，「強制処分」や「介入」概念の違いが両国の審査手法の違いの表れにすぎないのかを考えたい。

① **強制処分に法律上の根拠が求められる理由**

第一に，強制処分に法律上の根拠が必要な理由が問題となる。強制処分法定主義の意義としては，民主主義と「市民の自律」が挙げられることがある[37]。民主主義的な意義とは，「国会を通じて強制処分に対して民主的なコントロールを及ぼし，法律によって捜査機関等による人々の自由への制約を限界づける」ことであり，「市民の自律」という意義は，「人々がどのような処分まで捜査機関に授権してよいかを自ら考える」ことの重要性に関わる。「市民の自律」が持ち出されるのは，有権者自身が捜査機関等への授権の可否について検討する必要性を指摘するためであり，強制処分法定主義には，強制処分が行われることを有権者が正当化するという意義があることになるだろう。このように考えると，強制処分の定義に関する日独両国の違いは，処分を授権する法律の制定を求めることで有権者の代表者による意思決定を経ることの重要性に対する認識の違いにあると言える。たしかに日本の判例・通説は，法律上の根拠を必要としない処分についても，その適法性を検討することで妥当な結論を探ろうとするが，そこでは強制処分法定主義が有している，「有権者の代表による承認」

---

(37) 緑，前掲注(7)113頁。

としての機能が軽視されていると言わざるを得ない。強制処分として具体的な法律上の根拠を求めることと，処分の実体的な許容性を検討することとでは，たしかに同じ結論を措置の妥当性については導けるかもしれないが，その根底には大きな違いがあるように思われる。

② 強制処分・介入への授権立法の要請の位置づけ

ドイツと日本の違いとしては，日本では強制処分の法定が刑事訴訟法197条1項但書きという，一般法の解釈の問題とされているのに対して，ドイツでは憲法上の権利の制約という，憲法問題として議論されていることも挙げるべきなのかもしれない。日本において法律の留保原則は，行政と国会の権力分立の問題として触れられることが多く，人権保障の観点で語られることは必ずしも多くはなかった。その意味で，基本権の制限に法律の根拠が必要であるという憲法原則は，ドイツほどには自明でなかったとも言える。

③ 日本国憲法への位置づけ

人権保障の観点で，法律の留保原則についてこれまで指摘されてきたことを見ると，刑事訴訟法以外の公法分野では，具体的な法律上の根拠を求める議論として行政法分野での「法律による行政」の原理がある。法律上の根拠が必要な行政の行為については争いがあるが，「侵害行政つまり行政権が一方的に国民の自由ないし財産を制限したり奪ったりする場合には，その旨を授権する法律の規定が必要」としている点では共通しているようである[38]。

侵害行政以外の場面でも法律の規定が必要かという点で意見が分かれているが，少なくとも侵害行政については必要であるという点では，行政法学説は一致していると思われる。そこで奪われる「国民の自由」には憲法上の権利・自由も含まれるはずであり，「法律による行政」の原則は，憲法上の権利が制限される場合にも妥当するだろう。そして憲法学においても，人権の制限に具体的な法律があることを，最低限の要請とする論者が登場し始めている[39]。

このように考えると，刑事訴訟法197条1項但書きの規定も，一般法上の原

---

[38] 原田尚彦『行政法要論（全訂第7版［補訂2版］）』（学陽書房，2012年）84頁。

[39] 小山，前掲注(19)47頁以下，宍戸，前掲注(19)22頁。正当化段階で法律の留保に着目するのが「三段階審査」の意義の一つとする見解として，市川正人「最近の『三段階審査』論をめぐって」法律時報83巻5号（2011年）6頁以下〈9頁〉。

則を規定しているだけでなく，憲法上の原則を確認する規定でもあると考える余地も生じる。権利の制限に法律上の根拠を求める一般法の規定を憲法原理の確認規定とする議論は，内閣法11条について行われることがある。内閣法11条は，「政令には，法律の委任がなければ，義務を課し，又は権利を制限する規定を設けることができない」と規定しており，この規定が憲法上の原理を確認する規定とされることがある[40]。そして，強制処分法定主義を「あえて」法律の留保の問題として理解する可能性を指摘する議論や[41]，国民の自由を制限する行政活動に警察活動を含めて検討する憲法学説が登場してきている[42]。

日本の判例においては，「検証」に関する規定が存在することで強制処分の法定という要請は満たされていると考えられていることも多いように思われる[43]。しかし，これらのことからすれば，強制処分法定主義を規定する刑事訴訟法197条1項但書きは憲法上の原理を確認した規定であり，強制処分法定主義は憲法上の原則であると考える余地もあるだろう。

④ 小括 ── 両国の議論の違いは審査手法の違いに過ぎないと言えるか

以上のように，日本の判例・通説においては強制処分法定主義が有している，「有権者の代表による承認」としての機能が軽視されているようにも思われ，強制処分として具体的な法律上の根拠を求めることと，処分の実体的な許容性を検討することには大きな違いがあるように思われる。また，基本権の制限に個別の法律の根拠が必要であるという憲法原則の存在は，ドイツにおけるほどには自明でなかったとも言える。しかし，強制処分法定主義を規定する刑事訴訟法197条1項但書きを，憲法上の原理を確認した規定として捉え，強制処分法定主義を憲法上の原則と理解する余地もあるように思われる。それゆえ，法律上の根拠が必要とはされなかった処分の扱いをめぐる日独両国における違いは，個人の利益を制限する公権力による行為に対して立法を求めることで，これらの行為を有権者の代表者で構成される国会を通じて統制することの意義を

---

[40] 小山，前掲注(19)47頁。
[41] 宍戸，前掲注(19)20頁以下。
[42] 三宅雄彦「法律の留保」大石眞・石川健治編『憲法の争点』(有斐閣，2008年) 216頁以下〈216頁〉。
[43] その旨を述べる最近のものとして，大阪地決2015年6月5日（判時2288号138頁）。

めぐる認識の違いと言える。また，強制処分法定主義と憲法との関係についての検討のあり方の差異を示すものでもあり，その意味で，両国の議論の違いは論理構成の形式上の違いにすぎないとは言えないように思われる。

(4) 小括 ―― 両国の議論を比較した上での検討

具体的な法律の根拠が必要となる国家の行為によって制約される重要な権利・利益とはどのようなものであるかという点で，日独両国の議論は一致していない。収集された情報の利用などの問題を考えれば，日本の議論には問題があるように見える。しかし，情報の利用などについては任意処分の許容性の問題として検討することも可能であり，この点に関する日独両国の違いは議論の枠組みの違いにすぎないのかもしれない。結局，問題は，制約される権利の重要性を任意処分の許容性の問題として検討すれば十分なのかということになり，「強制処分法定主義」が有する意義を考えることが必要になる。先に述べたことからすれば，強制処分法定主義は民主主義的意義を有する法理であり，また，憲法上の原理でもあると考える余地があり，軽視されるべきものではない。強制処分と任意処分の区別は「減弱化」されてよいものではなく，任意処分を統制すれば法律上の根拠の要否を厳格に考えなくてよいわけでもない。そのような意味で，技術的手段を用いた公権力の行為に対する法律上の根拠の要否に関する日独両国の議論の違いは，単なる論理構成の違いではない。これまでの日本の判例・通説と「新しい強制処分説」は，いずれも「強制処分法定主義」がもつ先述の意義を十分に考慮しておらず，妥当ではない。法律上の根拠を厳格に求める，ドイツの判例・通説の方が適切である。

第4節　小括 ―― 技術的な手段を用いた公権力による情報収集の法律的根拠について

強制処分の概念に関する日本国内の議論を見ると，日本の通説と判例は，「強制処分」の概念を定義する上で制約される権利・利益に高い重要性を求めている。それに伴って増える「任意処分」についても，その相当性を審査しようとしており，これらの点で判例・学説の議論傾向は共通している。次にドイツ国内の議論を見ると，ドイツにおいては国家による行為の多くが基本権への「介入」とされており，これが連邦憲法裁判所の判例において憲法違反との判断が

◆第2部　情報自己決定権に対する介入と，その正当化

少なくない要因の一つとなっている。このような，具体的な法律の根拠が必要となる国家の行為によって制約される権利として何を重要なものと考えるかという点での日独両国の議論は一致していないが，この点に関する違いは議論の枠組みの違いにすぎないとも考えられ，制約される権利の重要性を任意処分の許容性の問題として検討すれば十分なのかが問われる。この場合には「強制処分法定主義」に，どのような意義があるかが重要になるが，先に述べたことからすれば，強制処分法定主義には民主主義的意義があるとされているのであり，任意処分として統制すれば法律上の根拠の要否を厳格に考えなくてよいということには必ずしもならない。そのような意味で，技術的手段を用いた公権力による行為に対する法律上の根拠の要否に関する日独両国の違いは，単なる論理構成の違いではなく，法律上の根拠を厳格に求める，ドイツの判例・通説の方が妥当である。この章では，公権力によって物理的な実力を行使せずに行われる行為について検討する際に権利の制約に具体的な法律が必要であることが，日本の議論においては十分に考慮されていないことを指摘した。その背景として，日本の場合にはそのような情報収集に具体的な法律の授権がない場合も少なくないことがあるのかもしれないが，いかに重要な情報収集手段であろうと，法律に基づかない行為は端的に違法，もしくは違憲とされるべきであろう。ただ，強制処分法定主義や法律の留保原則の憲法上の位置づけという問題は課題として残されたままである。これらの原則を基本権自身から導く立場が憲法学では主張されることがあるが[44]，刑事訴訟法学においては，犯罪捜査の手法を法定する必要性について憲法31条が参照されることが多いため[45]，強制処分法定主義と法律の留保原則の関係，両者の憲法上の位置づけを次の章で検討する。

---

[44]　松本和彦「基本権の制約と法律の留保」樋口・上村・戸波編『日独憲法学の想像力　上巻 —— 栗城壽夫先生古稀記念』（信山社，2003年）369頁以下〈376頁〉。

[45]　渡辺，前掲注(2) 3頁，福井，前掲注(8) 3頁など。

第3章 憲法上の位置づけ

　ここまで第2部においてはNシステムの憲法上の問題について検討した後に，サイバーパトロールの問題を取り上げ，そこでの議論をその他の捜査手法の憲法上の問題に関する検討へと展開し，情報自己決定権への介入に対して特別の法律上の根拠を求めるドイツの議論が妥当であるとの見解を示した。しかし，そこにおいてはそのような法律上の根拠の必要性が，憲法上，どのように位置付けられるのかの検討は行っていなかった。そこで第3章では，情報自己決定権に対する介入の正当化に関係して，それに対して特別の立法の必要性を説くことが憲法上，どのような議論として位置付けられるのかを，日独両国の議論を比較しながら検討する。

第1節　日本国内の議論

(1) 具体的な立法によらない措置

　第2章でも述べたように，技術的な手法を用いた捜査について具体的な立法を行わないのが日本の実務の特徴であった。とはいえ，過去の事例において日本の裁判所が法律上の根拠を全く示していないというわけではない。ここではこのような捜査の問題を取り上げた過去の事例をいくつか挙げ，検討する。

① （監視）カメラの使用

　肖像権に関する最初のものと言われる京都府学連事件判決は[1]，技術的手段を用いた情報の収集が問題となった初期の事例でもあった。カメラによる撮影を通じた情報収集を認める直接的な立法はなされていなかったが，最高裁は「警察官が犯罪捜査の必要上写真を撮影する際，その対象の中に犯人のみならず第三者である個人の容ぼう等が含まれても，これが許容される場合がありうる」とするなかで警察法2条1項を参照し，「犯罪を捜査することは，公共の福祉

---

(1) 最大判1969年12月24日（刑集23巻12号1625頁）。

のため警察に与えられた国家作用の一つであり、警察にはこれを遂行すべき責務がある」とした。

また、下級審の判例ではあるが、過去にある程度の犯罪件数がある地区が監視カメラを使用して撮影されていた事例において、一部のカメラについて違法であるとされた[2]。この判決において大阪地裁は、「主として犯罪の予防を目的とした警ら活動や情報収集の一手段であり、性質上任意手段に属する」「本件テレビカメラの設置及びその使用は、警察法及び警職法が当然に予定している行為の範疇」に属し、「特別な根拠規定を要することなく行える」ものであるとした。監視カメラを用いた情報収集を直接的に規定する法律はないが、大阪地裁は地方自治法2条3項の挙げる行政事務を司るものの一つが警察機関であるとし、警察法2条1項が犯罪の予防等を警察の責務としていることを指摘することで法律上の根拠を示そうとした。

警察法2条1項は先に挙げた京都府学連事件判決でも挙げられていたが、この事件において大阪地裁は、警察官職務執行法も援用している。大阪地裁は警察官職務執行法が「警察官が警察法に規定する個人の生命、身体及び財産の保護、犯罪の予防、公安の維持並びに他の法令の執行等の職権職務を忠実に遂行するために、必要な手段」について定めていることを取り上げる。このように警察法に加えて警察官職務執行法の規定があることをふまえて大阪地裁は「警察官は、行政警察の作用として、警職法上の各種の手段を用いて、犯罪の予防等の責務を遂行しなければなら」ず、「積極的に犯罪や危害の発生を防止し、公安の維持を図ることも要請されている」とする。そして、そのためには「警察事象の発生を予測し、あるいは早期に把握できる態勢をとる」ことや、「その目的を達成するために必要な調査をしたり、立哨や警ら活動を行ったり、各種の情報を収集するなどの措置」が必要としている。それゆえ、「警察法や警職法は、警ら活動や情報収集等について特別の根拠規定を置いているわけではないが、これらの行為は、警察官がその職権職責を遂行するための前提となる事実行為として、右各条項の当然予定するところと考えられる」とし、「警職法が前記各手段を規定しているのは、これらが何らかの強制力を伴い、人権を

---

(2) 大阪地判1994年4月27日（判時1515号16頁）。

第 3 章　憲法上の位置づけ

制約するおそれがある行為であるから，その権限と要件を明定している」ためであると述べた。これらのことから大阪地裁は「このように強制手段に出ない限り，特別の根拠規定を要せず，警察法等の定める目的を達成するために必要な行為をすることができると解すべきである」とした。

　以上のように，京都府学連事件判決は，直接の授権法律のない写真による撮影について警察法 2 条 1 項を関連規定として挙げ，同じく監視カメラによる情報収集について大阪地裁は京都府学連事件判決と同様に警察法 2 条 1 項を援用すると同時に，警察官職務執行法も援用し，これらの法律を挙げることで「各種の情報を収集するなどの措置」が認められると解した。この場合には，技術的な手段を用いて情報収集をする上で，警察法 2 条 1 項や警察官職務執行法が授権の根拠となる法律として妥当であるのか，そしてそれを憲法上いかなる問題として位置付けるべきかが検討課題となるだろう。

　② 警察法と N システム

　第 2 章においては N システムの問題を取り上げ，日本とドイツとでは結論だけでなくその理由づけについても大きな違いがあることを紹介した。ドイツでの違憲判決を受けた2009年の判決において東京高裁は[3]，「ドイツ憲法裁判決は，そのような公権力の行使は法律の定めに基づくことを要するとしていると理解され」るとしながらも，「我が国においては，警察は，警察法 2 条 1 項の規定により，強制力を伴わない限り犯罪捜査に必要な諸活動を行うことが許されていると解される」とし，「上記のような態様で公道上において何人でも確認し得る車両データを収集し，これを利用することは，適法に行い得るというべきである」とした。ここでも N システムを使用した情報収集が具体的な立法を待たずに行われているという状況で警察法 2 条 1 項が援用されており，そうした情報収集の根拠規定として警察法 2 条 1 項が妥当であるかが，やはり検討されるべきであろう。

　③ 検証としての位置づけ ―― 検証許可状に基づく措置

　以上は警察法や警察官職務執行法が援用された事例であったが，先例においては「検証」ならびに「検証許可状」について規定する刑事訴訟法218条も援

---

(3)　東京高判2009年 1 月29日（判タ1295号193頁）。

◆ 第 2 部　情報自己決定権に対する介入と，その正当化

用されている。その代表例は，通信傍受法の制定前に検証許可状に基づいて行われた「盗聴（通信傍受）」が問題となった事例である[4]。この事件において最高裁は，「本件当時」，「電話傍受を直接の目的とした令状は存していなかった」が，一定の場合に「検証許可状により電話傍受を実施することは，本件当時においても法律上許されていたものと解するのが相当である」とした。その理由として最高裁は「電話傍受は，通話内容を聴覚により認識し，それを記録するという点で，五官の作用によって対象の存否，性質，状態，内容等を認識，保全する検証としての性質をも有する」ことを挙げ，「傍受すべき通話に該当するかどうかが明らかでない通話」の傍受も刑事訴訟法129条にいう「必要な処分」に該当しうる場合があるとした。また，覚せい剤の密売容疑に基づいて宅配便荷物に対するエックス線検査が行われた事例では[5]，こうした捜査は強制処分にあたるものとされ，検証許可状によることなく行われたことを理由にエックス線検査が違法とされた。このような最高裁の判断は，刑事訴訟法218条が，通信傍受やエックス線検査のような現代的な捜査手法を用いた捜査にも適用可能なのかという観点での検討を求めるものであろう。

④　小括 —— 日本国内の議論

以上のように，日本においては技術的な手段を用いた公権力による情報収集に特別の立法をしないのが一般的であり，写真撮影が問題となった京都府学連事件判決や，Ｎシステムとの関係では警察法が，また監視カメラの使用については警察法に加えて，警察官職務執行法が援用されていた。加えて，通信傍受が問題となった，通信傍受法制定前の事例では刑事訴訟法218条に基づいて通信傍受による情報収集が正当化され，また，エックス線による宅配物の中身の捜査は違法とされたが，それは検証許可状による必要があったことを理由とするものであった。こうしたことから，警察法や警察官職務執行法，また当該の捜査手法について直接的に定めているわけではない刑事訴訟法218条をここで述べたようなやり方で根拠とすることが，憲法上妥当と言えるのかが検討される必要がある[6]。

---

(4)　最三小判1999年12月16日（刑集277号145頁）。
(5)　最三小判2009年 9 月28日（刑集63巻 7 号868頁）。

第3章　憲法上の位置づけ

(2) GPS捜査

　その点で注目されるのが，GPSを用いた捜査について立法的統制を求めた2017年の大法廷判決である[7]。この事件で行われた捜査は令状に基づいていたわけではなかったが，上で述べたような状況においてはGPS捜査を「検証」と位置付けることで刑事訴訟法で「法定済」であるとする説明も考えられ，実際に下級審ではGPS捜査を「検証」と位置付けた上で令状を求めるものもあった[8]。これについて大法廷は，「GPS捜査は，情報機器の画面表示を読み取って対象車両の所在と移動状況を把握する点では」刑事訴訟法上の「検証」と同様であるが，「対象車両にGPS端末を取り付けることにより対象車両及びその使用者の所在の検索を行う」点では「『検証』では捉えきれない性質を有することも否定し難い」とする。

　それに続いて最高裁は，検証許可状・捜索許可状の発付を受けて行う可能性について検討し，GPS捜査には「GPS端末を取り付けた対象車両の所在の検索を通じて対象車両の使用者の行動を継続的，網羅的に把握することを必然的に伴う」という特質があり，「GPS端末を取り付けるべき車両及び罪名を特定しただけでは被疑事実と関係のない使用者の行動の過剰な把握を抑制することができず，裁判官による令状請求の審査を要することとされている趣旨を満たすことができないおそれがある」と指摘する。さらに，「GPS捜査は，被疑者らに知られず秘かに行うのでなければ意味が」ないのであるが，「刑訴法上の各種強制の処分については，手続の公正の担保の趣旨から原則として事前の令状呈示が求められており」（刑事訴訟法222条1項，110条），事前の令状呈示「に代わる公正の担保の手段が仕組みとして確保されていないのでは，適正手続の保障という観点から問題が残る」。しかし，仮に事前に令状呈示を行うことを想定できないのであれば「実施可能期間の限定，第三者の立会い，事後の通知等様々な」手段を設けることが考えられるが，この判決においては「捜査の実

---

[6] 責務規定と権限的作用の授権との関係，加えて，警察の任務等について超実定法的な観念を想定し，それを基に警察の権限の輪郭を描こうとする議論を詳細に扱う，警察法分野のものとして，島田茂『警察法の理論と法治主義』（信山社，2017年）311頁以下。
[7] 最大判2017年3月15日（刑集71巻3号13頁）。
[8] 大阪地決2015年6月5日（判時2288号138頁）。

◆第 2 部　情報自己決定権に対する介入と，その正当化

効性にも配慮しつつどのような手段を選択するかは」「第一次的には立法府に委ねられて」いるとされ，2017年判決はこうした理解を「刑訴法197条1項ただし書の趣旨に照らし」て導いている。

　ただ，現状ではGPS捜査に関する直接的で具体的な規定はないのであり，このような状況下でGPS捜査を認めるのであれば，「法解釈により刑訴法上の強制の処分として許容する」ことになるだろう。しかし，上述の通り，GPS端末を取り付けるべき車両及び罪名を特定しただけで被疑事実と関係のない使用者の行動の過剰な把握を抑制できるのかという問題がある。それを解消するためには「裁判官が発する令状に様々な条件を付す必要が生じる」が，この場合には「事案ごとに，令状請求の審査を担当する裁判官の判断により，多様な選択肢の中から的確な条件の選択が行われない限り是認できないような強制の処分」を認めることになりかねず，このようなやり方は「『強制の処分は，この法律に特別の定のある場合でなければ，これをすることができない』と規定する同項ただし書の趣旨に沿うものとはいえない」としている。以上の検討を受け，大法廷はGPS捜査に対して「刑訴法197条1項ただし書の『この法律に特別の定のある場合』に当たるとして同法が規定する令状を発付することには疑義がある」としている。そして，「GPS捜査が今後も広く用いられ得る有力な捜査手法であるとすれば，その特質に着目して憲法，刑訴法の諸原則に適合する立法的な措置が講じられることが望ましい」とした。

　このようにして2017年判決において大法廷は，GPSを用いた情報収集には「『検証』では捉えきれない性質」があるとしたうえで，事前の令状呈示に代わる公正の担保の手段が仕組みとして確保されていなければならないが，いかなる手段を選択するかは第一次的には立法府に委ねられているとした。しかし，GPS捜査の仕組みを規律する直接的な法律はないという状況で令状を発付することには疑義があり，GPS捜査を今後も広く用いるのであれば「立法的な措置が講じられることが望ましい」とした。大法廷が「GPS捜査」が検証とは捉え切れない性質を有するとしながらも検証許可状を得た場合についての検討に移り，それを基に調査官が「GPS捜査」が検証としての性質をもつにとどまるのかがこの判決においては決め手になるとは解していないとしていることは[9]，問題となっている捜査の根拠となる規定の有無を決め手にしないとい

第3章　憲法上の位置づけ

う点では最高裁の姿勢に変化がないことを推測させる。それでも，京都府学連事件判決以来の日本の裁判所が，技術的な手法を用いた捜査に具体的な立法を求めず，警察法や警察官職務執行法，もしくは刑事訴訟法上の「検証」規定を挙げるにとどまっていたことを考えると，具体的な立法上の措置を求めた2017年の大法廷判決にはそれまでの判例にはなかった特徴も見られると言える。

(3) **憲法学における学説**

写真撮影による情報収集の法的問題が検討された京都府学連事件判決以来，技術的な手段を用いた捜査の憲法上の問題を扱った事例は少なからず見られる。そして学説においてもその憲法上の位置づけ方が検討されてきたが，その方法が一様であったとは言い難い。以下ではそうした学説の状況について見ることにしたい。

① **31条説（１）──「手続の適正」説**

日本国憲法が制定されてからしばらくの間の議論状況については別稿にて詳しく述べたことがあるが[10]，戦後間もない時期には『註解　日本国憲法』が憲法31条の要請として刑事手続の法定と罪刑法定主義を挙げ，刑事手続の法定との関係では，その要請に「手続の内容の適正」も含まれるとした上で「告知・聴聞」の必要性を説いていた[11]。そこでの説明は具体的な事例を反映したものではなかったが，その後，いわゆる「第三者所有物没収事件判決」において密輸品とそれを積み込んでいた貨物の没収に際して「財産権擁護の機会」が与えられなかったことが問題となった[12]。この事件で最高裁はこの処分を「憲法31条，29条に違反するもの」としており，この判決が「本件における事前手続の

---

(9)　伊藤雅人・石田寿一「車両に使用者らの承諾なく密かにGPS端末を取り付けて位置情報を検索し把握する刑事手続上の捜査であるGPS捜査は令状がなければ行うことができない強制の処分か」『最高裁　時の判例IX　平成27年〜平成29年』（有斐閣，2019年）417頁以下〈423頁〉。

(10)　拙稿「『刑事訴訟法197条１項但書きの趣旨』の予備的考察」福岡大学法学論叢62巻３号（2017年）559頁以下〈580頁以下〉。

(11)　法学協会編『註解 日本國憲法 上巻（２）』（有斐閣，1953年）583頁以下。

(12)　最大判1962年11月28日（刑集16巻11号1593頁）（笹田栄司「第三者所有物の没収と告知・聴聞 ── 第三者所有物没収事件」長谷部・石川・宍戸編『憲法判例百選Ⅱ（第６版）』（有斐閣，2013年）244頁以下）。

◆第2部　情報自己決定権に対する介入と，その正当化

欠如を論難し，憲法上の手続保障の意義を明らかにしたことは画期的」[13]だったと評されている。このように『註解　日本国憲法』が憲法31条の要請として刑事手続の法定と罪刑法定主義を挙げ，刑事手続の法定との関係について言えば，その要請に「手続の内容の適正」も含まれるとした上で「告知・聴聞」の必要性を説き，その後は前述の第三者所有物判決がそれを示す例として挙げられるようになる。

　そして「電話盗聴」の問題が憲法問題として論じられるようになると，それも憲法31条との関係で議論されるようになる。例えば市川正人は，通信傍受法制定前に行われていた電話盗聴について，「手続の適正」という，法定されている内容の問題として議論することが考えられる一方で，電話盗聴がそもそも刑事訴訟法で規定されている「検証」に該当するかという点も「合法性」の問題として論じる必要があるとの認識を示している[14]。具体的な立法を待たずに行われる電話盗聴の問題を法定されている手続の内容の問題として捉える見解は他の論者によっても示されており，一例としては野中・中村・高橋・高見による共著書におけるものを挙げることができる。そこでは憲法31条の具体的保障内容として実体の適正と「手続の法定」，「手続の適正」を挙げ，そのうち「手続の適正」について述べている箇所で「手続の適正さに関して生起する新たな問題は，すべて31条との関連で検討対象となる」と述べた後に，「捜査における『強制処分』法定主義も本条の要請するところであり，通信傍受につき法律の定めがないのに検証令状によりそれを行うことを認めるのは本条違反の疑いが強い」としている[15]。このように通信傍受法の制定を待たずに行われていた電話盗聴の問題はしばしば憲法31条の「手続の適正」の問題とされ，そうした見解は一定程度定着していたと思われる。

---

(13)　野坂泰司『憲法基本判例を読み直す』（有斐閣，2011年）40頁。

(14)　市川正人「刑事手続と憲法三一条」樋口陽一『講座・憲法学　第4巻　権利の保障（2）』（日本評論社，1994年）197頁以下〈215頁以下〉，市川正人「捜査方法としての電話盗聴」法学セミナー488号（1995年）79頁以下〈80頁以下〉。市川のこうした見解を肯定的に詳しく紹介しているものとして，樋口・佐藤・中村・浦部『註解　法律学全集2　憲法Ⅱ』（青林書院，1997年）262頁以下（佐藤幸治）。

(15)　野中・中村・高橋・高見『憲法Ⅰ（第5版）』（有斐閣，2012年）412頁以下。

しかし，以前の事件で問題となった第三者所有物の没収は関税法の規定に基づいていたものであり，没収処分に先立って「告知・聴聞」がなされなかったことを最高裁が「手続の適正」の問題としたことは理解できないわけではないとしても，通信傍受法制定前における電話盗聴は，それを認める直接的な規定がないという，第三者所有物没収事件の場合とは異なる状況でなされたものである。にもかかわらずここで見た議論では，刑事訴訟法の改正や特別法の制定を待たずに行われていた電話盗聴が「手続の法定」ではなく「手続の適正」の問題であるとされたり[16]，立法を待たずに行われていることが合憲性ではなく合法性の問題として扱われたりしており，その位置づけの妥当性については疑問の余地もあるだろう。

以上のように，憲法31条についてこれまでの憲法学の学説は，『註解　日本国憲法』が，憲法31条の要請には「手続の内容の適正」も含まれるとした上で「告知・聴聞」の必要性を説き，その後は第三者所有物判決がそれを示す例として挙げられるようになった。そして，憲法31条から導かれる「手続の適正」という要請は，通信傍受法制定を待たずに行われていた電話盗聴の問題についても言及されるようになった。このような，刑事訴訟法の改正や特別法の制定を待たずに行われていた電話盗聴を「手続の法定」ではなく「手続の適正」の問題であるとしたり，立法を待たずに行われていることを合憲性ではなく合法性の問題として扱ったりする見解は，電話盗聴の問題を「刑事訴訟法で規定されていない強制処分に令状が発付された」という「方法」の問題として捉えることで，これを「手続の適正さ」の問題として位置付けているのかもしれないが，電話盗聴が具体的な立法によらずに行われていることが「手続の法定」という憲法上の問題として扱われていないことについては検討の余地もある。特に，戦後初期の学説が「手続の法定」の必要性を前提として憲法31条が「手続の適正」まで求めるものかを論じてきたこととの関係でも，その後の議論では「手続の法定」の必要性に言及されることがこの文脈では多くはなくなっていたことは印象的である。

---

[16]　ここでの議論が「盗聴」が「検証」に該当することを前提にしているとすると，そのような見解は，山本龍彦「GPS捜査違法判決というアポリア？」論究ジュリスト22号（2017年）148頁以下〈152頁〉が「法定類型拡張解釈モデル」と呼ぶものとなるだろう。

◆第2部　情報自己決定権に対する介入と，その正当化

② 31条説（2）——「手続の法定」説
　しかし近年では，電話盗聴（通信傍受）の問題を「手続の法定」という，憲法31条と関係する問題である（あった）とする説明も見られる。例えば，毛利・小泉・淺野・松本による共著書には，憲法31条の保障内容を「手続の法定」，「手続の適正」，「実体の法定」，「実体の適正」に分けた上で，「手続の法定」に関して，「31条は手続の法定だけを保障しているという解釈も有力である」ことを紹介した上で，「手続の法定というだけでも十分に重要な規定であることも改めて強調しておきたい」としている箇所がある[17]。そこでは，「法律で定めることが求められる手続とは，起訴後の裁判手続に限られず，捜査を含めて刑事責任追及に直接結び付く手続に広く及ぶと解され」，「その意味で，捜査における強制処分法定主義は31条の表れであると位置づけることができ」，「31条の解釈が，刑訴法197条1項但書きの解釈（「強制の処分」と任意処分の区別－淺野）に縛られる必要はないから，31条の観点から何が法定されなければならないかは国会がコントロールすべき重要な部分は何かという観点から検討される必要があるだろう」とし，電話の傍受と通信の秘密の関係が問題とされた1999年の決定を取り上げている。
　この決定においては検証許可状による通信傍受が認められたが，「刑訴法上の検証の仕組みにより裁判所がチェックすることが可能であった」としても，「そのことと，国会がその検証の仕組みを作ることによって電話傍受を認めたといえるかどうかということとは区別すべき」であるという。「裁判所による個別的許可の必要性（令状主義－淺野）という問題と，国会による一般的・制度的な許可の必要性（手続の法定－淺野）という問題とは，区別して考えるべきであ」り，「そのような意味において，同決定は31条の観点からは疑問があ」り，「電話傍受のような新たな捜査手法を開始する場合には，国会が法律で定めることが憲法上要求されると解するべきではないだろうか」と述べている。次いで1999年の通信傍受法の制定により「手続の法定という問題は解決された」としたのに続いて，第三者所有物没収事件の問題を「手続の適正」に関係する

---

[17]　毛利・小泉・淺野・松本『憲法Ⅱ 人権』（有斐閣，2013年）291頁以下（淺野博宣）。同書の第2版（2017年）313頁以下でも同趣旨の説明がなされている。

第3章　憲法上の位置づけ

ものとして取り上げている。

　また，新井・曽我部・佐々木・横大道による共著書も，憲法31条の保障内容を「手続の法定」，「手続の適正」，「実体の法定」，「実体の適正」に分けた上で，「手続の法定」について述べる中で通信の傍受を取り上げている[18]。そこでは，「刑事訴訟法は強制処分法定主義を採用しており，そのもとで強制処分を限定的に捉える判例が展開しているが，31条の科刑手続の法定の要請との関係で再考すべき余地もあるように思われる」との説明がなされている。そして1999年の決定にも触れ，その決定については，手続の適正に関わる問題点のほか，「通信傍受を『検証』として行うことには無理があり，手続の法定の要請の観点からも議論の余地がある」としたのに続いて，1999年に通信傍受法が制定されたことを紹介している。そして，第三者所有物没収事件については，別途，「手続の適正」に関する説明の中で言及している。

　以上のように，電話傍受のような技術的な手段を用いた捜査の憲法上の問題を憲法31条の適正手続主義の問題として捉え，特に「手続の内容の適正」の問題とする見解は以前から見られていたが，近年においては同じ適正手続主義でも，「手続の法定」の問題として捉える見解が見られるようになっている。しかもそうした見解は近年の憲法学において一定程度の広がりを見せていると言えるだろう。

③　法律の留保説
１）京都府学連事件と法律の留保

　他方で，直接的な授権に基づかない情報収集の問題を法律の留保の問題とし，それを日本国憲法13条を挙げて述べる見解も見られる。例えば宍戸常寿は銃所持を制限する正当性について検討することで，人格価値と関連性のない「放任行為」の制限のあり方についての見解も示している[19]。宍戸は戦前の一般的自由権説の狙いは「憲法条文が『法律の定る所により』と定めているかどうかに求めずに，およそ『天然の自由』の侵害すべてを法律に留保すること」にあったとする。ところが戦後においては「『法律によりさえすれば人権を制限でき

---

[18]　新井・曽我部・佐々木・横大道『憲法Ⅱ　人権』（日本評論社，2016年）208頁以下。
[19]　宍戸常寿『憲法解釈論の応用と展開（第2版）』（日本評論社，2014年）13頁以下。

183

る』という意味での法律の留保は日本国憲法では妥当しないと説明された」こともあって,「憲法上の権利の制約については,本当にいかなる場合にも法律が必要なのか」,「法律は制約の内容・程度をどこまで行政に委ねてよいのか」といった問題が取り残されてしまったとする。そして,戦後の憲法学において重要な問題が取り残されたことを,宍戸は京都府学連事件を参照することで説明する。

この京都府学連事件を「古典的な一般的自由権の文脈でとらえるならば,法律の留保と比例原則が妥当すべき」であり,写真撮影の強制処分該当性に関する論争は「あえて公法上の論点に引きつけると,法律の留保の問題として読み替え可能な側面が」あるという。京都府学連事件の最高裁判決を法律の留保の観点から検討する際には,責務規範にすぎない警察法2条1項は本件写真撮影の根拠でありえるか,主に行政警察作用を念頭に置いていた法律の留保は捜査作用にも妥当しうるか,写真撮影が自宅などの私的空間ではなく路上という公的な空間で行われたことをどのように評価すべきか,といった点が問題となるとする。

宍戸はそれぞれについて回答を用意しており,「行政法では一般に自由の侵害はその旨の根拠規範が必要と解されてきたことからすると」,「犯罪捜査を警察の責務とするにとどまる」警察法2条1項が「自由の制限として十分な法律の根拠といえるかどうか,疑いが残る」とし,また,「捜査こそ人権侵害の可能性が高い国家作用であり,そのために憲法は令状主義をはじめとする厳格な規律の下に置いたはず」であると述べる。さらに,写真撮影が行われたのが路上であった点については,そういった事情があるにしても「一般論としていえば,(重要な国民の権利・利益を奪う―宍戸)処分を用いることを許すかどうか自体,国民自身が,その代表である国会を通じて,意識的かつ明示的に決断すべきである」としている。以上のように宍戸は京都府学連事件で問題となった写真撮影の「強制処分性」に関する論争を「あえて」公法上の論点にひきつけ,それが法律の留保と関係することを指摘したが,議論を再び銃所持の制限の合憲性に戻す。そこで宍戸は,銃所持の行為が「客観法」上の保護を受けるにすぎないとはいえ,「銃所持の制限にも法律の根拠が必要」であると述べている。

このようにして宍戸は,戦前の一般的自由権説をめぐる議論の場合とは異な

り，戦後の憲法学においては「憲法上の権利の制約については，本当にいかなる場合にも法律が必要なのか」という問題が取り残されてしまっていると指摘し，そのことを京都府学連事件を参照することで説明する。そして，京都府学連事件判決を法律の留保と関連付けながら検討し，再び銃所持の制限に対する法律の根拠の必要性という問題について検討する。ここで取り上げた宍戸の議論は，銃所持の制限の正当化との関係で憲法13条と法律の留保との関係について論じるものであり，そこで京都府学連事件と法律の留保の関係に言及したのは，銃所持の行為の「客観法上の保護」とその制限に対する法律の根拠の必要性を指摘するためであろうが，本書との関係でも注目に値する内容をもつものである。特に，同意のない写真撮影による情報収集の根拠として警察法2条1項で十分であるかについて疑問を示し，それを憲法13条の問題として論じている点が興味深い。

2）GPS捜査判決と法律の留保

上で見たのは京都府学連事件と法律の留保の関係について言及するものであり，写真撮影という技術的な手段を用いた情報収集としては初期のものについて法律の留保との関係が指摘されていることに注目した。しかし，技術的な手段を用いた捜査と法律の留保の関係については，GPS捜査に立法的統制を求めた2017年の大法廷判決との関係でも論じられている。例えば山本龍彦は，「現代的な高度情報監視は，情報取得の局面だけでなく，一律のルールの下，取得後の情報の利用・保存・管理等のあり方まで規律・統制しておく必要が高い」ものであるため，「濫用を防ぎ，適正な情報の取り扱いを担保するような制度的仕組み・システム構想の構築にまで配慮しうる立法的措置はとくに重要な意味を」もつとしたうえで，「強制処分ではないから立法的措置が不要である」との議論に対する批判的な見解を示す中で，「取得後の情報の管理等まで射程に入れた組織的・構造的な統制が必要な侵害態様を含む監視型の捜査手法については，それが刑訴法上の強制処分であるかどうかにかかわらず，立法的措置が求められる」としている。そして「本判決は，刑訴法上の強制処分法定主義と，憲法上の法律の留保論との関係性をいかに捉えるべきかという宿題を，刑訴法学と憲法学の双方に課すものであった」，「我々研究者の多くは，憲法13条と35条の関係を，憲法41条を本籍地とする法律の留保論と31条を本籍地とする

強制処分法定主義の関係を，最高裁に誇れるほど真剣に考えてこなかった」と指摘している[20]。

3）法律の留保の特別規定としての憲法31条

さらに，こうした法律の留保論について日本国憲法上の位置づけを探る別の議論も見られる。山田哲史は「強制処分法定主義が重要な権利の侵害ないし介入があってはじめて法律の根拠を要するものであるとするならば，侵害留保説でさえも，重要な権利に限定せず，国民の権利を制約し義務を課すものであれば法律の根拠を要求しているところであり，従来の法律の留保論と整合しないことになる」とする。このような問題意識を背景に，「強制処分法定主義，さらには法律の留保原則の日本国憲法上の位置づけを再考」しようと試みる。

それについて他の考えられる理解について触れた上で，山田は「憲法31条が刑事手続に関する法律の留保原則を特別に明文化した，あるいは，特に法定が要求されるべき，刑事手続についての確認規定であると解する」ことが考えられるとする。そして「この場合，刑訴法197条1項は本文も含めて，憲法31条に規定される刑事手続における法律の留保原則に従って設けられた規定だと理解することとなり，「さしあたり，これが一つの筋が通った妥当な考え方ではないかと考えている」としている[21]。

それに続いて山田は，先に述べた2017年の大法廷判決がGPS捜査に立法的統制を求めた点について，それを「強制処分」かどうかという点でのみ検討するのではなく，「公法学の観点からは，法律の留保原則にのっとれば，侵害留保説であっても，権利の制約（Eingriff）があれば，その権利が重要か否かに拘わらず法律の根拠が要求されるはずである」とする。そして，「法律の留保原則から求められる立法府による捜査統制の要求と，令状主義（ドイツでは裁判官留保（Richtervorbehalt）と呼ぶ－山田）を切り離し」，「強制処分と令状主義の完全分離が一つの筋として浮上する」とし[22]，さらには「任意捜査も授権規

---

[20] 山本，前掲注(16)155頁。山本は座談会「強制・任意・プライバシー［続］──GPS捜査大法廷判決を読む，そしてその先へ」法律時報90巻1号（2018年）54頁以下〈75頁〉においても法律の留保と関連づけた議論の必要性を指摘している。

[21] 山田哲史「強制処分法定主義の憲法的意義」公法研究77号（2015年）225頁以下〈227頁，230頁〉。

範があるという理解」であると述べている[23]。

　こうして山田は法律の留保論について日本国憲法上の位置づけを探り，憲法31条を刑事手続に関する法律の留保原則を特別に明文化したものと理解しようとする。そして，2017年の大法廷判決についても，制約される権利が重要とは言えない場合であっても法律の根拠が要求されるとし，任意捜査についても刑事訴訟法197条1項本文を根拠とするものと捉える。

４）小括 ─── 技術的な手段を用いた情報収集と法律の留保

　以上のように，宍戸は京都府学連事件で問題となった写真撮影の「強制処分性」に関する論争を「あえて」公法上の論点にひきつけ，それが法律の留保と関係することを指摘した。そこでの議論は直接的には銃所持の制限の正当化との関係で客観法的な権利保護を規定するものとしての憲法13条と法律の留保との関係について論じるものであるが，同意のない写真撮影による情報収集の根拠として警察法2条1項で十分であるかについて，憲法13条との関係で疑問を示している点で注目されるものである。そしてGPS捜査との関係では，山本は2017年の大法廷判決が課す「宿題」の一つとして，「刑訴法上の強制処分法定主義と，憲法上の法律の留保論との関係性をいかに捉えるべきか」を挙げる。そうした法律の留保論について日本国憲法上の位置づけを探る議論を展開している論者として山田も挙げることができ，山田は憲法31条を刑事手続に関する法律の留保原則を特別に明文化したものと理解することの意義を指摘している。そして，2017年の大法廷判決に関連して，制約される権利が重要とは言えない場合であっても法律の根拠が要求されるとし，任意捜査についても刑事訴訟法197条1項本文を根拠とするものと捉えている。このように，技術的な手法を用いた捜査についてはそれを法律の留保と関連付けて論じる必要性が指摘されるに至っており，それが憲法31条に位置づけられるとする見解も示されるようになっている。こうした議論状況は情報自己決定権の介入に対して具体的な法律上の根拠が必要であるとの考え方を，日本国憲法上，いかにして位置付けるべきかを考える上で参照すべき点を含んでいるように思われる。

---

(22)　山田哲史「GPS捜査と憲法」法学セミナー752号（2017年）28頁以下〈30頁〉。山田は座談会，前掲注(20)76頁でも法律の留保を基本にして論じることの意義を指摘している。

(23)　座談会，前掲注(20)77頁（山田）。

◆ 第2部　情報自己決定権に対する介入と，その正当化

④ 小括 ── 憲法学における学説

　ここまで述べてきたように，憲法31条について，『註解　日本国憲法』が，憲法31条の要請には「手続の内容の適正」も含まれるとしたうえで「告知・聴聞」の必要性を説き，その後は第三者所有物判決がそれを示す例として挙げられるようになった。そして，憲法31条から導かれる「手続の適正」という要請は，通信傍受法の制定を待たずに行われていた電話盗聴の問題についても言及され，そうした議論は少なからず定着していた。このことからは，まず，戦後初期の学説が「手続の法定」の必要性を前提として憲法31条が「手続の適正」まで求めるものかを論じてきたこととの関係でも，その後の議論では「手続の適正」が議論の焦点となり「手続の法定」の必要性に言及されることはこの分野では多くはなかったことを確認できる。その後も，そうした議論は電話傍受のような技術的な手段を用いた捜査の憲法上の問題について論じられる際にも展開されていたが，近年においては同じ適正手続主義でも，それを「手続の法定」の問題として捉える見解が広がりを見せている。さらに，通信傍受などの問題を法律の留保と関連付けて検討する議論も見られるようになっており，宍戸は京都府学連事件で問題となった写真撮影の「強制処分性」に関する論争が法律の留保と関係することを指摘した。また，GPS捜査との関係でも，法律の留保論と関連付けた議論を展開する必要性が山本や山田によって指摘されており，山田はさらに，憲法31条を刑事手続に関する法律の留保原則を特別に明文化したものとしている。以上のような議論状況ゆえ，日本の憲法学説に従った場合に，情報自己決定権に対する介入に具体的な立法が必要であることを日本国憲法上の法理であると考える根拠としては，憲法31条の要請する「手続の適正」，憲法31条の要請する「手続の法定」，憲法上の法律の留保，憲法31条で特別に規定されているものとしての法律の留保，が考えられることになるだろう。

(4) 小括 ── 日本国内の議論について

　これまでの日本の議論においては，警察法や警察官職務執行法，刑事訴訟法上の「検証」規定が援用されていたのに対して，2017年に大法廷はGPSを用いた情報収集に立法的統制を求めた。他方で，学説においても技術的な手法を用いた捜査に対する法律上の根拠の要否について検討がなされてきたが，その

憲法上の根拠としては憲法31条の要請する「手続の内容の適正」，憲法31条の要請する「手続の法定」，憲法上の法律の留保，憲法31条で特別に規定されているものとしての法律の留保，が考えられる。それゆえ，情報自己決定権に対する介入に具体的な立法を求める日本国憲法上の根拠について比較法的に検討することが有意義であると思われ，次に，情報自己決定権に対する介入についてそれを定める具体的な法律がないという問題が，ドイツにおいてどのように位置付けられるかを見ることにしたい。

第2節　ドイツの議論

先に見た通り，日本の学説において，写真撮影やGPSといった技術的な手段を用いた捜査の憲法上の問題は憲法31条の適正手続主義（「手続の適正」・「手続の法定」）や「法律の留保」の問題として論じられてきた。このような複数の論拠がありうるという状況でそれをドイツの議論と比較すると，ドイツの連邦憲法裁判所は少なからぬ事例で情報自己決定権に対する介入を違憲としてきたが，近年の事例においては授権法律の「特定性の要請（Bestimmtheitsgebot）」違反を理由にすることが目立っている。以下において具体的な判例について述べるなかでも触れるように，特定性の要請は授権法律に特定性を求めるものであり，それが要請される理由としては，民主的に正当化された議会の立法者による決定を経る必要性，政府・行政がその法律の中に行為基準を見つけられること，裁判所が法的統制をするために必要であること，当該市民が自身に生じうる不利益を見越すことができるために必要であることが主に挙げられている。今日ではこうした要請がドイツにおいては重要視されているため，以下では授権法律の特定性を問題にしたドイツ国内の判決のうち直接の授権立法があった事例となかった事例を取り上げ，そこで「特定性」との関係で述べられていることを確認し，特定性の要請をめぐるドイツ国内の議論の特徴をまとめることにする[24]。

---

[24] 特定性（規範明確性の原則）について触れた連邦憲法裁判所の先例を詳しく述べる先行業績として，島田，前掲注(6)273頁以下。

◆第 2 部　情報自己決定権に対する介入と，その正当化

(1) 授権法律の特定性を問題にする判決
① N システム
1 ）第一次 N システム判決の位置づけ

N システムは公道に設置された機器の下を通過した車両のナンバーを取得・照合するシステムである。2008年の判決においてはその使用を認める根拠とされていた州法の合憲性が問題となった[25]。中でも本書との関係で注目されるのは，この判決において連邦憲法裁判所が法律の特定性について詳細に論じたことである。そこでは不特定性が問題となるものとして，照合の対象，ナンバー認証を行える場合，利用目的，収集され得る情報が挙げられており，それぞれについて連邦憲法裁判所が述べたことを見ていくことにしたい。

2 ）第一次 N システム判決における判断

まず連邦憲法裁判所は，警察が合法的な方法で捜査記録を作成するための授権根拠やそれらの制定からは，特定性の要請を満たすような，捜査記録・捜査メモの概念を限定的に解釈する手がかりは出てこないとし，州法以外の各種規定を見てもやはり捜査記録や捜査データベースといった概念の限定ができないとした。それにより，ナンバー認証がもつ情報の収集や照合に対する授権が不特定になっており，ナンバー認証の性質が運転者についての，しかも非常に多くの人についての情報を得るためのものに変わってしまうと指摘する[26]。

以上のようにして「捜査記録」・「捜査メモ」の特定性を問題にし，それが欠けていることから生じる問題を指摘したのに続き，連邦憲法裁判所は，シュレスヴィッヒ・ホルシュタイン州では行われるすべての検問に際しての端緒なきナンバー認証を日常的に使用することも，それを標的を定めた形である特定の車両を監視するために，例えば特定の道路上で投入することも排除されておらず，収集した情報の二次利用についてもその限定が十分になされていないことを指摘する。そして，ヘッセン州法でもシュレスヴィッヒ・ホルシュタイン州でも，ナンバーの認証が刑事訴追目的でも，容疑の前域での犯行の訴追のための事前配慮も含めて投入されてよいのかが読み取れなくなっていることを指摘

---

[25]　BVerfGE 120, 378.
[26]　BVerfGE 120, 378〈410ff.〉

第3章　憲法上の位置づけ

することで，ナンバー認証を行える場合と利用目的が十分に特定されていないことと，それがもたらす問題を指摘した。このようにして連邦憲法裁判所はナンバー認証を通じた情報収集を行う場面が検問の場面に限定しても十分に特定されておらず，それによって得られたデータの二次利用や刑事訴追目的での利用の可否が明らかになっていないことを指摘している(27)。

　連邦憲法裁判所による検討は収集される情報の特定性にも及び，まず，ナンバー認証による把握は必然的に車両の所有者，車両の進行方向の把握に及ぶことを指摘した上で，適合事例についてのどのような情報が個別に保存されることになるかも警察官の裁量になるだろうとする。加えて連邦憲法裁判所は，シュレスヴィッヒ・ホルシュタイン州政府が示した画像についても言及し，車両の所有者の輪郭や風貌に関する（physiognomisch）個別の事柄が認識できる可能性を指摘する。以上によって連邦憲法裁判所は，自動ナンバー認証の目的特定性がないことに伴って，収集されうる情報も基本権に反する形で不特定になっているとした(28)。

　連邦憲法裁判所は以上のような理由を述べて，この事件で問題となったヘッセン州公安秩序法の一部の規定は基本法1条1項と結びついた2条1項に反し無効であるとした。また，シュレスヴィッヒ・ホルシュタイン州一般行政法の一部も基本法1条1項と結びついた2条1項に反し無効であるとした。他の事例においては，特定性に欠けるとされた規定を憲法適合的に解釈することで規定自体は違憲としないこともあるが，この事件においては憲法適合的解釈をしても，そうした不特定性が治癒されえないとした(29)。

3）第二次Nシステム決定

　既述の通り，Nシステムの法的な性質はその後も問題になっている。第一次判決では規定の特定性が主要な争点となっていたため，ここでも特定性との関係で連邦憲法裁判所が述べたことのうち重要と思われる点を見ておきたい。問題となった規定では，まず，「危険を防御するため」のナンバー検査が認められていた（バイエルン州・警察職務法33条2項2-5文，13条1項1号）。しかし，

---

(27)　BVerfGE 120, 378〈419ff.〉
(28)　BVerfGE 120, 378〈425ff.〉
(29)　BVerfGE 120, 378〈423f.〉

191

◆第2部　情報自己決定権に対する介入と，その正当化

　この点について連邦憲法裁判所は，いかなる危険を防御するための自動車ナンバー検査であっても無制約に認めることは過度の侵害禁止と合致しえず，少なくとも，かなりの重要性のある法利益の保護にそのような検査を制限することが必要であるとした[30]。

　また，連邦憲法裁判所は，州警察職務法33条2項3文・4文の認めるデータの照合の憲法上の問題についても述べている。連邦憲法裁判所によると，州警察職務法33条2項3文によって認められているデータ照合の射程は，この規定からははっきりとは導けないが，照合データは手がかりに応じた形で（anlassbezogen）選び出されなければならない（auszuwählen sein）というように解釈できるという。この規定がそのように明文で規定しているわけではないが，そこで挙げられている捜査記録全てとの照合を認めているとの解釈に必然的になるのではなく，持ち出される捜査記録は，その限りにおいて，手がかりに応じて，目的と関連付けて特定できるデータを選び出せるような保存データ（Datenfundus）のことであるとも理解でき，憲法上もそのような解釈が必要であるとしている。そしてこのような規定として解することで，この規定は特定性の要請も満たすという。連邦憲法裁判所によれば，ここには立法者の十分に明確な決定があり，列挙されている捜査記録からのより詳細な選び出し（Auswahl）は，そのような選び出しを覊束的な裁量により，そして比例性の原理を考慮して行われなければならないのであれば当局に委ねられてよく，そうした当局にある程度の判断の余地が認められることは，憲法上排除されていないとした[31]。

　加えて，30kmまでの国境地帯（Grenzgebiet），ならびに幹線道路（Durchgangsstraße）（連邦アウトバーン，ヨーロッパ道路，その他，国境を超える交通にとって重大な意味をもつ道路）でのナンバー検査も認められていた（33条2項2-5文，13条1項5号）。これについて連邦憲法裁判所は，30km地帯の外でも行えるナンバー検査は十分に特定・限定されておらず，州全体の幹線道路での検査をする権限は特定性の要請と合致しえず，過度に広汎であるとした。規定では幹線道路の概念を説明する括弧書き部分もあったが，そこでは連邦アウト

---

(30)　NJW 2019, S. 827ff.〈Rn. 104〉.

(31)　NJW 2019, S. 827ff.,〈Rn. 109ff.〉.

第3章　憲法上の位置づけ

バーンやヨーロッパ道路だけでなく、「国境を超える交通にとって重大な意味のあるその他の道路」も挙げられていることで、そのような取締の十分に明確な制約が保たれていないとした[32]。

そして、結論として、連邦憲法裁判所は一部の規定を違憲として、連邦行政裁判所の決定を破棄した。そのうち、州警察職務法33条2項2-5文と13条1項1号については違憲宣言にとどめ、2019年12月31日までに改正するよう求め[33]、13条1項5号関係についても、ここで述べたことの関係では違憲宣言をし、同様の対応を求めた[34]。

４）小括——Nシステム

第二次Nシステム決定が、情報自己決定権に対する介入該当性の判断において判例を変更した一方で、一部の規定の特定性を問題にして違憲との判断を示したことをここでは取り上げた。その点では二つの事例には類似性もみられる一方で、第一次判決では照合の対象が不特定であるとされ、それが違憲・無効との判断を導いていたことを考えると、第二次決定では照合対象となる捜査記録の概念を憲法適合的に解釈できるとされたことも注目に値するだろう[35]。

②　その他の事例——アンチテロデータ判決、銀行口座決定

１）アンチテロデータの創設・使用

上でみたように、Nシステムについて連邦憲法裁判所は法律の特定性の問題を詳細に検討したが、特定性の要請が違憲判断を導いた事例は他にもあり、その一例として「アンチテロデータ」の使用が問題となった2013年の判決（アンチテロデータ判決）を挙げることができる[36]。連邦・州の警察当局と情報当局の共通データベースであるアンチテロデータには、当局が既に収集したデータを保存することになっており、そうした保存は、それらのデータが2条1文1号

---

[32] NJW 2019, S. 827ff.〈Rn. 149〉.
[33] NJW 2019, S. 827ff.〈Rn. 170〉.
[34] NJW 2019, S. 827ff.〈Rn. 169〉. なお、同じ日に、ヘッセン州とバーデン・ヴュルテンベルク州の規定を直接の対象とした憲法異議について、同様の違憲判断がなされている（NJW 2019, S. 827ff.）。
[35] これらの事例間の相違について検討する余裕はないが、この点は判例変更とはされていない。
[36] BVerfGE 133, 277.

◆第 2 部　情報自己決定権に対する介入と，その正当化

から 4 号で挙げられている人・物と関係していて，データを知ることがドイツと関係する国際テロの解明ないしは撲滅のために必要であると考える理由が実際にある場合に行われる。その場合の対象として同 1 号は，国際テロ団体，もしくは，そうしたグループに属している，もしくは，それらと特に近いところにいる者を挙げ，同 2 号は違法な暴力を，国際的，政治的ないしは宗教的志向をもつ利益を貫徹するために用いる，もしくは支える，準備する，もしくは，個人の行為によって違法な暴力を故意に惹起させる者を挙げている。さらに同 3 号は上記 1 号・2 号で挙げられている者に接触した者（Kontaktpersonen：接触者）も挙げ，接触者のデータの保存については，その接触が一時的ないしは偶然的なものにとどまらず，その者によって国際テロを解明もしくは撲滅するための情報提供（Hinweise）が期待できる場合に限定していた。

　こうした者に関して保存されるデータには「（単純）基本データ（Grunddaten）」と「拡張基本データ（erweiterte Grunddaten）（3 条 1 項 1 号 b）」がある。単純基本データは，2 条 1 文の 1 号から 3 号で挙げられている人のグループについての，住所，特別な身体的特徴，言語，をはじめとする一般的な個人情報で構成される。他方で，上記の者が 2 条 1 文 1 号 a で挙げられている犯罪の計画もしくは実行について，ないしは，2 条 1 文 2 号の意味での違法な暴力の実行もしくは支援・準備について知っていると考える実際の端緒（Anhaltspunkt）がある場合には拡張基本データへの保存の対象となる。この拡張基本データには，利用されている通信端末，民族，宗教的属性，テロと関係する能力，テロの容疑のある人物との待ち合わせ場所として使える場所・領域を訪れたこと，等の情報も加えられる。さらに，個別の事例において覊束的な裁量によって必要であり，国際テロを解明もしくは撲滅するために不可欠な場合には，拡張基本データに特別なメモ（Bemerkungen），補足（Hinweise），評価を，フリーワード（Freitext）として入力できる（3 条 1 項 1 号 brr）。

　これらのデータにアクセスできるのは，アンチテロデータ法の意味での「関係当局（beteiligte Behörden）」（1 条 1 項）であり，連邦刑事庁，連邦警察当局，各州の刑事局，連邦・州の憲法擁護庁，軍事諜報機関，連邦諜報機関，税関刑事庁である。また，この他にも設置要綱（Errichtungsanordnung）により，特定の条件下では他の警察執行当局も関係当局となりうる（1 条 2 項，12 条）。そ

第3章　憲法上の位置づけ

して，保存されているデータの検索は，名前の他，フリーワード欄に記載の事項も含めた個別の情報でも行えることになっていた。該当データがあった場合にはそれらの情報にアクセスできるが，拡張基本データにアクセスするためにはデータを入力した当局が個別の場合に要請（Ersuchen）に基づき，関係する転送規定を遵守している必要がある。この場合には基本データとして保存されている情報も一緒に提供される。ただ，緊急の場合には該当者の拡張基本データに直接アクセスすることが認められており（5条2項1文），それは人の生命等に対する差し迫った危険を防御するために不可欠であり，要請に基づくデータの転送がすぐには行えない場合に可能であり，その要件を満たしているかは照会を行う当局の上級機関（Dienst）の長，ないしは特別に委任を受けた職員が行い，このアクセスについてはデータを入力した当局の継続的な同意も必要となる。

　このように，アンチテロデータ法はデータベースへの入力・保存の対象となる人（ないしは物），保存される情報，データベースへのアクセス権者，拡張基本データにアクセスするための要件等について規定していたが，この法律を直接の対象とする憲法異議が申し立てられた。申立人の主張は多岐に渡っていたが，情報自己決定権と関係する申立人の主張には関係当局や「接触者」といった概念の不特定性が含まれていた。

2）関係規定の特定性

　連邦憲法裁判所はまず，こうしたデータの創設による基本権介入の重大性との関係で，アンチテロデータに関わる当局が法律によって直接に，もしくは法律に基づいて行政規則（Rechtsverordnung）によって特定されていなければならないとされた。その上でこの判決は，どの当局がそのデータをデータベースに入力しなければならず，どの当局がそれらのデータを引き出す権限を有するかの決定は，データの範囲と内容について，それと並んでデータの更なる利用の範囲について基準として行われるものであるとする。しかし，特に，それぞれの他の警察執行当局がアンチテロデータ法の情報結合に関わることは，情報サービスと警察当局の情報上の分離を突破することを強化するものであると言い，情報サービスと警察当局の間での情報交換は，アンチテロデータ法と結びついた基本権介入に最高度の重大性を付与するものであるとする。

195

◆ 第2部　情報自己決定権に対する介入と，その正当化

　そして，関係規定の特定性との関係で，まず，このデータに関与できる当局が十分に特定されているかが検討された。連邦憲法裁判所は，アンチテロデータ法1条2項が関係する当局を広く，価値評価に開かれた基準によってしか規定しておらず，この規定は他の任務配分，ならびに必要性と相当性という観点を参照するのみであることなどを指摘し，関与する当局を直接的に単独で特定できるような，十分に規範的に明確な法律上の確認は，アンチテロデータ法1条2項だけで既にあるとは言えないとした。加えて，設置要綱による明確化も予定されていたところであるが，単なる行政規定ではそのデータの本人に対しても，裁判所に対しても法的な拘束力がなく，法の形式によらずに策定 (anfertigen)・公布されることを指摘する。しかし，アンチテロデータに関与する当局を確定させておくことが特に基本権上重要であることからすれば，単なる行政規定としての設置要綱では十分ではなく，関与させられる当局を十分に明確に特定しているとは，アンチテロデータ法12条2号によって定められる設置要綱と結びつけても，アンチテロデータ法1条2項からも言えないとした[37]。

　加えて法律の規定する「接触者」も入力するとしていたアンチテロデータ法2条1文3号も特定性の原則と（も過度の侵害禁止とも）合致しないとされた。連邦憲法裁判所の述べるところによれば，どのような人が実際にデータベースに記録されるのかは，その規定によっても予見できない。立法者が短時間の，もしくは偶然の接触をもった人は除外しているとしても，この規範はその他の場合には1号・2号で挙げられている者であれば社会生活空間全般にいる人を含むものとなっているという。口頭審理においては，現在のところ実際に把握される接触者の数は少ないことが示されたが，それは保存すべきデータの特定が最終的にはそれらの当局の自由な評価に委ねられたままとなっていることを示しており，特定性の原則とも過度の侵害禁止とも合致しないとされた[38]。

　ここでは関係規定の特定性という観点での憲法上の問題にのみ着目したが，以上のようにして連邦憲法裁判所は，アンチテロデータに関与できる当局の範囲と，入力されるデータの及ぶ人的範囲の特定性を検討し，いずれについても

---

[37]　BVerfGE 133, 277〈337ff.〉.
[38]　BVerfGE 133, 277〈348〉.

問題があるとした。

  3）銀行口座決定

　同様に，銀行口座の開設者データを関係当局が引き出せるよう金融機関に義務付ける法律が問題となった事例（銀行口座決定）でも，この方法では，データの引出を請求する権限を有する当局の範囲とそのような請求が資することになる任務とが十分に明快には確認されていないとされた。そこにおいて連邦憲法裁判所は，所得税法に特有の概念と，極めて多様な規律領域からなる法律が結びつきうるのであり，例えば給付行政のほぼ全体の領域からなる規範と結びつきうるとする。それにより，租税法93条8項においては，それを限定的に解釈するとしても，口座基本データを自動的に引き出すという道具が極めて多くの法律目的のために提供されることを指摘し，また，租税法93条8項によるデータの引出が求職者基本手当の支給に際して可能なのかについては見解が分かれていることも指摘する。加えて，この事件で述べられた意見では，社会給付の濫用や社会手当の給付漏れの撲滅も目的としているとされたが，そうであるならばどのような法律を執行するためであれば口座データを引き出せるのかを租税法93条8項において列挙しておくということは難なくできたはずであるとし，また，行政によって基本的にはいつでも変更できる適用通達（Anwendungserlass）では法律の規定の特定性の不足を除去することはできないとした[39]。

  4）小括——アンチテロデータ判決と銀行口座決定

　以上のように，アンチテロデータ法の合憲性が問題となった事例では，それによる基本権介入が重大であるとされ，アンチテロデータに関与できる当局の範囲と入力されるデータの人的範囲のいずれについても特定性が十分でないとされた。また，銀行口座開設者基本データの利用が問題となった事例では，データの引出を請求する権限を有する当局の範囲とそのような請求が資することになる任務とが十分に特定されていないとされた。このようにして連邦憲法裁判所は，先に挙げたNシステムに関する判決以外においても法律の特定性を問題にし，ここで示したようにそれを法律の違憲性の理由とすることもあった。

---

[39] BVerfGE 118, 168〈189ff.〉.

◆ 第2部 情報自己決定権に対する介入と，その正当化

③ 技術的手段一般について定める規定の特殊性

他方で，特定性の有無が検討されたものの，特定性の観点では問題ないとされた事例もあり，2005年の判決ではGPSを使用した捜査が問題となった[40]。この事件では情報自己決定権に対する介入であるとされたわけではないが，技術的な手法を用いた捜査の根拠となっている法律の特定性が問われたという点で，本書の関心とも密接に関係している。それは，この事件当時の（2005年のこの判決については，以下，同じ）ドイツの刑事訴訟法100c条1項1号bが「捜査（Untersuchung）の対象が重大な犯行である場合」や「事実の調査や犯人の滞在場所の確認が他の方法では成功しがたい，もしくは困難になる場合」には，「観察目的に特化された，その他の特別な技術的手段が事実の調査や犯人の滞在場所の確認のために用いられても良い」との規定となっており，GPSの使用を明記しているわけではなかったからである。連邦憲法裁判所は，GPSの使用を明記しない刑事訴訟法の規定について，捜査の端緒を「非常に重要」な犯行に限定することで特定性の要請は満たされ，警察に認められる捜査手法について開放的な表現によって規定することも一般的には否定されるものではないことを指摘する。それでもなお，この事件で問題となった規定の特定性が問題となりうるものの，刑事訴訟法100c条1項を全体として見れば規定対象となる措置を十分に特定された形で輪郭付けることができるとし，その際にはGPSがもつ技術的な特殊性・制約にも言及している。連邦憲法裁判所は以上のような理由を挙げ，問題となっている刑事裁判所の諸判決の根底には，刑事訴訟法100c条1項1号bはGPSを使用した証拠収集とその証拠の利用の授権根拠であるという妥当な考え方があり，この規定も刑事訴訟法上の介入規範の特定性に対する憲法上の要請を満たしているとした。ドイツにおいては新しい手法を用いる捜査に対する授権規定を設ける傾向があることを考えると，この判決において連邦憲法裁判所が，GPSについて明文で規定されていなくてもGPSを用いた捜査に対する授権根拠として特定性が欠けないとしたことは注目に値するように思われる[41]。

---

[40] BVerfGE 112, 304.

[41] BVerfGE 141, 220〈290〉は，連邦刑事庁法（BKA-Gesetz）に基づいて行われる，技術的手段を用いた情報収集についても，このような規定で問題はないとしている。

第 3 章　憲法上の位置づけ

④　小括 —— 授権法律の特定性を問題にする判決について

このように，連邦憲法裁判所の先例においては，N システムについて憲法上の特定性の要請が満たされないとして，また，アンチテロデータ，銀行口座開設者基本データの利用についても同様に十分な特定性がないことを理由に違憲とされた。他方で，GPS を使った捜査に対する当時の授権規定である刑事訴訟法100c 条 1 項 b については特定性の要請を満たすとされた。こうしたことから，近年の連邦憲法裁判所の実務においては，問題となっている捜査の授権根拠とされる規定の特定性が慎重に検討され，結論を左右するものとして機能していると言えるだろう。

(2) **直接の立法はなされていない場合の「特定性」**

他方，「レーゲンスブルク決定」と呼ばれる部会決定[42]では，監視カメラを用いた公道の監視の差止請求を棄却した判決の合憲性が問われた。これについて連邦憲法裁判所は，それが情報自己決定権に対する介入であり，撮影に対する同意があったと容易に言うべきではないとした上で，その根拠規定の特定性について検討した。原手続において行政裁判所はビデオ監視の法律上の根拠として，個人データを知ることが収集を行う機関の管轄にある任務を遂行するのに必要な場合に個人データの収集を認めるバイエルン州データ保護法（以下，「州データ保護法」）16条 1 項を援用していたが，連邦憲法裁判所はそれに加えて，得られた動画資料を記録・利用するための根拠としては州データ保護法17条 1 項の問題となるとした。そして連邦憲法裁判所はこの事件におけるこれらの規定による情報自己決定権に対する介入は重大であるとした上で[43]，それらの規定の特定性について検討している。

まず，州データ保護法16条 1 項については，この規定にある「必要性」との要請では当局の実務を十分に誘導することはできず，また統制の基準を用意することはできないため，この規定はビデオ監視の合法性を判断するための十分な基準を提供していないという。また，個人の側にとっても，この根拠によるのでは，どのような場合に，どのような目的で，どのような方法で自分につい

---

(42)　BVerfGK 10, 330.

(43)　BVerfGK 10, 330〈338f.〉.

199

◆ 第2部　情報自己決定権に対する介入と，その正当化

ての情報が収集されてよいことになるのかを予見できないとする。これらの指摘をした上で連邦憲法裁判所は，州データ保護法は公的機関によるデータ収集に対する一般的規定を規範化するものであり，活動するそれぞれの当局の管轄と結びついているにすぎず，データ収集を単に必要性の要請によって限定するにとどまっており，データ収集の任務・領域に特有な形での条件を欠いているとした[44]。

この法律の17条1項についても同様に，たしかに，必要性の要請と並んで収集目的もデータの利用の限界として挙げられているとはいえ，既述のように州データ保護法16条1項は収集目的を詳しくは規定していないことを指摘する。こうなると州データ保護法17条1項はこの規範によって収集されるデータについて，同じく単に管轄を参照しているにすぎないことになり，収集されたデータの保存・変更・利用について規定する州データ保護法17条1項も把握されたデータに関係する措置の根拠と限界について十分な規定を含んでいないことになるという。そして，以上のことを考えると，企図されている基本権介入に対する授権根拠として考えられるものとはなっていないとした[45]。

このように，公道に設置された監視カメラを用いた情報収集が問題となった事例において連邦憲法裁判所は，それによる情報自己決定権に対する介入が重大であるとした上で州データ保護法16条1項と17条1項の特定性について検討した。結論として，どちらの規定も得られた動画資料の記録を伴うビデオ監視の授権根拠としては十分に特定されていないとして[46]，問題となった諸判決を破棄し，事実認定についてバイエルン州行政裁判所レーゲンスブルク支部に差し戻した。

(3)「特定性」の多義性

ここまで，連邦憲法裁判所の先例において「特定性の要請」が主要な争点となった事例を見たが，連邦憲法裁判所の先例だけでなく，学説も含めたドイツ国内の議論において，「特定性の要請」の表れ方や位置づけ方は一様ではない。

---

[44]　BVerfGK 10, 330〈339〉.
[45]　BVerfGK 10, 330〈339f.〉.
[46]　BVerfGK 10, 330〈337〉.

第3章　憲法上の位置づけ

① 授権規定の有無

　まず，特定性の要請に言及される場面として一般的なのは，情報自己決定権に対する介入となる措置を行うための授権規定があるが，その目的や対象範囲，または主体等が十分に特定されていないという場合である。先に挙げた中ではＮシステム，アンチテロデータ，銀行口座決定，さらには（情報自己決定権に対する介入とはされなかったが）GPSを用いた捜査に関する事例がそれにあたる。それらの事例においては利用目的の不明確性が指摘され，その結果，それらの規定が明確性も欠くことになり，規定の特定性も欠いていることになり違憲であるとされた。他方で，先に挙げた中ではレーゲンスブルク決定の場合，監視カメラを使用して公道を監視するための特別立法はなされておらず，州のデータ保護法が授権規定として援用される形になっていた。そして，この事件でデータ保護法の関係規定が特定性を欠くとされたのは，「得られた動画資料の記録を伴うビデオ監視の授権根拠としては」ということであった。そのため，レーゲンスブルク決定では，この規定自体というよりは，その適用のあり方が問題になったとも言えるだろう。

② 違憲とされるものの相違

　また，上で述べたこととも関連するが，違憲とされる対象も一様ではないように思われる。第一次Ｎシステム判決，アンチテロデータ判決，銀行口座決定では，これらの憲法異議が法律を直接の対象とするものであったこともあり，特定性の要請が満たされていないことが関係規定を違憲とする判断をもたらした。しかし，監視カメラの使用が問題となったレーゲンスブルク決定においては憲法異議が通常裁判所の判決を対象としていたこともあって，データ保護法の関係規定が「得られた動画資料の記録を伴うビデオ監視の授権根拠としては」特定性の要請を満たさないことで，法律・規定ではなく通常裁判所の判決が違憲であるとされた。他方で，先に挙げたGPSを用いた捜査が問題となった事例では，当時の刑事訴訟法100c条1項1号bに特定性の観点での憲法上の問題はないとされたが，この事件では当該捜査の違憲性が争点となっていた。そのため，仮に授権規定としての刑事訴訟法100c条1項1号bが特定性の要請を満たしていないとされていたならば，この規定の違憲性だけでなく，捜査の違憲性も問題となったはずである。

◆ 第2部　情報自己決定権に対する介入と，その正当化

③　特定性の要請の位置づけ

　加えて「特定性の要請」の憲法上の位置づけ方も一様ではない。特定性の要請の憲法上の位置づけに関する判示は上では取り上げておらず，学説においてもこの点には見解の相違がみられるため，ここでドイツの判例と学説において授権規定の特定性がどのように位置付けられているかを見ることにしたい。学説では，特定性の要請の憲法上の根拠として法治国家を挙げる見解と基本権を挙げる見解とに区分するものがあるが[47]，ここでは法律の留保への言及の有無にも見解の相違を見出し，検討することにしたい。

1）法治国家（基本法20条3項）説

　まず，情報自己決定権を導出した最初の判決である国勢調査判決は，特定性の要請を基本法20条3項の法治国家原理から導いている[48]。国勢調査判決自体は規範の明確性について判示していたが，それを後の判決が規範の「特定性」の憲法上の位置づけを述べたものとして援用しており[49]，情報自己決定権に対する介入の合憲性が争われる際にも，多くの判決・決定において特定性の要請が法治国家原理と関連付けて述べられている。先に挙げたものの中で該当する事例としては，GPS捜査に関する判決[50]とレーゲンスブルク決定[51]を挙げることができる。このような形で，特定性の要請を（法律の留保には言及せずに）法治国家原理と関連付ける見解は学説にもみられ，パーピア／クレンケは，比例性の原則と並んで，個別の事例次第では審査しなければならないこととして特定性の要請の遵守を挙げている。それによれば，特定性の要請は法治国家原理

---

[47]　Roberto Bartone, Gedanken zu den Grundsätzen der Normenklarheit und der Normenbestimmtheit als Ausprägungen des Rechtsstaatsprinzips, in : Hartmut Rensen/Stefan Brink (Hrsg.), Linien der Rechtsprechung des Bundesverfassungsgerichts, Band 2, 2009, S. 305ff. ; Thomas Petri/Thomas Schwabenbauer, Informationsverarbeitung im Polizei- und Strafverfahrensrecht, in : Bäcker/Denninger/Graulich (Hrsg.), Handbuch des Polizeirechts, 6. Aufl., 2018, S. 763ff.〈S. 813〉(Schwabenbauer).

[48]　BVerfGE 65, 1.

[49]　BVerfGE 100, 313〈359〉; 110, 33〈53〉.

[50]　BVerfGE 112, 304〈315〉.

[51]　BVerfGK 10, 330〈337〉.

（基本法20条3項）から導出可能であり，構成要件・法律効果において特定された文面での法律を要請し，そうしたことが要請される理由として，授権規範に特定性があることで，法状況が本人に分かりやすいものになるようにし，本人がその行為をそれに合わせて方向付けられるようにすることを挙げている[52]。

2）基本権説

それと並んで，ドイツの判例には特定性の要請の根拠を基本権に見出すものもみられる。たとえば銀行口座決定において連邦憲法裁判所は，特定性の要請は基本法1条1項と結びついた2条1項にその基盤を見出すものであるとする。その理由としては，この要請が，法律を実行する行政が，限定する行為基準を事前に見出すことができるようにすることで，行政の行為を統制し，裁判所に法的統制を行えるようにすることを確保するものとされることを挙げる。加えて規範の特定性・明確性は，当該市民が不利益的措置としてあり得るものを考慮できるようにすることも可能にするものでもあり，介入の端緒，目的，限界はその授権において原則的に領域に特有の形で明快に，規範上明確に確認されていなければならないとしている[53]。

また，戦略的監視を認めるニーダーザクセン州の法律が問題となった事例もあり，その際には情報自己決定権ではなく通信の秘密の問題とされた（戦略的監視判決）。それでも，規範の特定性・明確性という法治国家的な要請を満たしていないとしたのに続き，特定性の要請の根拠は基本法10条自体にあるとしたことが注目される[54]。

他方で学説においても，同様の見解と思われるものが見られ，例えばゲルディッツは，法律の留保原則が，国民主権原理を規定する20条2項と立法権の憲法への拘束と執行権・司法権の法律・法への拘束を規定する20条3項（法治国家原理）によって理由付けられることを指摘したうえで[55]，法律の留保から

---

[52] Hans-Jürgen Papier/Christoph Krönke, Grundkurs Öffentliches Recht 2, 2. Aufl., 2018, S. 72.

[53] BVerfGE 118, 168〈186f.〉.

[54] BVerfGE 113, 348〈375〉.

[55] Klaus F. Gärditz, Rechtsstaatsprinzip (Erg. 2011), in: Karl Heinrich Friauf/Wolfram Höfling (Hrsg.), Berlinner Kommentar Art. 20 (6. Teil), S. 85ff.

◆第2部　情報自己決定権に対する介入と，その正当化

特定性の要請が導かれるとしている。こうした法律の留保原則の名宛人には裁判官も含まれ，裁判所が行政の措置を認容したが問題となっている高権的行為は法律の留保に違反しているという場合に，これらの行為が法律の留保に違反することで裁判所は基本権を侵害し，それが憲法違反となるとしている[56]。こうしたゲルディッツの説明は，後に述べる，特定性の要請を法律の留保から導く見解を示すものにも見えるが，特定性の要請と法律の留保の導出元としての法治国家原理について，ゲルディッツはそれが基本権との関係では法治国家的な配分原理としての側面をもつと指摘し，こうした法治国家的な配分原理が基本権を補完する場合には，体系的な位置づけは20条3項の法治国家原理ではなく，憲法の基本権の部分を構成するとしている[57]。それゆえ，ゲルディッツは情報自己決定権の介入に対する法律上の根拠とその特定性の必要性であれば，基本法20条3項自体ではなく情報自己決定権（基本法1条1項と結びついた2条1項）を根拠とするものとして解するものと思われる。

このように，ドイツ国内の判例・学説においては，特定性の要請が基本権から導かれるとするものが見られ，このような見解によっていると考えられる判例としては銀行口座決定や戦略的監視判決を挙げることができる。そして，これらの先例に近い見解と思われる学説としては，法治国家原理が基本権を補完する場合にはその根拠を基本権に見出そうとするゲルディッツの見解を挙げた。

3）法律の留保説

　a．第一次Nシステム判決

このように，ドイツ国内の議論においては特定性の要請を法治国家原理や基本権に根拠をもつものとする見解が見られるが，多くは法律の留保と関連付けているように思われる。例えば先に挙げた第一次Nシステム判決は，法律上の授権の特定性・明確性を法治国家的な要請であるとしたのに続き[58]，特定性の要請は議会留保と密接な関係にあると述べる。そして，この議会留保は，そのような射程範囲の決定を，自身の理解を確立・主張（vertreten）させる機会を公衆に与え，基本権介入の必要性と範囲を公的な討議の中で明らかにするよ

---

[56] Gärditz, Fn. 55, S. 117ff.
[57] Gärditz, Fn. 55, S. 135ff.
[58] BVerfGE 120, 378〈407〉.

第3章　憲法上の位置づけ

う促すような手続からもたらすよう国民代表に確保するとされていることを挙げている[59]。

　b．アンチテロデータ判決

　同様にアンチテロデータ判決においても，たしかに，立法者が端緒・目的・範囲を自身で確定させている限りにおいて，詳しい規定については行政規則（Rechtsverordnung）を通じて確定させるよう行政に委任できる場合もあるが，特定性の要請は基本権上の様々な法律留保と密接に関係しており，それらの留保によれば，基本権は法律により，場合によっては法律に基づいてしか制約されえないとしている。連邦憲法裁判所によると，これにより，基本権介入の範囲が本質的な局面において議会の手続で野党議員も参与して公開で討議されることが確保され，その基本権介入の行政を通じたさらなる一般的・抽象的な明確化（Präzisierung）は基本法80条1項により議会によるこの決定の具体化として認識可能になり，それらの基本権介入はその限りで最終的に結局はすべての人にとって拘束的で，策定（Ausfertigung）や公布を通じて認識可能な形で告知されることになるのだとしている[60]。

　c．学　説

　他方で，学説においても特定性の要請を法律の留保と関連付けて述べる見解が有力になっているように思われる。例えばヤーラスは，法律の留保（議会留保）は法治国家原理と民主政原理に根差すものであるとした上で[61]，こうした法律の留保の射程の一つに法律上の根拠の必要性が，さらにそうした法律上の根拠の必要性を構成するものとして法律上の根拠の特定性があるとする[62]。そして，法律の留保は，ある特定の対象が法律で規律されなければならないのかという問いだけでなく，これらの規律が個々にどの程度広く及んでいなければならないのかという問いにも関係するものであり，形式的法律はこの意味で十分に特定され，はっきりとしたものでなければならないと指摘する[63]。さらに，

---

[59]　BVerfGE 120, 378〈408〉.
[60]　BVerfGE 133, 277〈336f.〉.
[61]　Hans D. Jarass/Bodo Pieroth, GG Kommentar, 14. Aufl., 2016, S. 540（Jarass）.
[62]　Jarass, Fn. 61, S. 543.
[63]　Jarass, Fn. 61, S. 545ff.

◆第2部　情報自己決定権に対する介入と，その正当化

ヤーラスの説明においては，法律の留保により要求される形式的法律の特定性は，かなりの範囲で一般的法治国家的特定性の要請と重なっていると述べており[64]，そこでは形式的法律の特定性が一般的法治国家的特定性の要請とは区別されるところの法律の留保と特に関連付けられており，先に挙げた特定性の要請を法治国家原理から導く見解との差異が見られるように思われる。

　また，ゾンマーマンは，基本法20条3項の主な規律対象の一つである法律と法への執行権の拘束を構成するものとして法律の留保を挙げる。そして，そうした法律の留保の内容には，行政は特定の活動について法律上の根拠を要するという内容（20条3項の法律拘束）と，法設定（Rechtssetzung）のうち特定の対象は行政に委託できないという内容（20条1項・2項の民主政原理）が含まれるとする。そして法律の留保に含まれる諸原理の検討に移り，その一つとして特定性の要請を挙げる。こうした20条2項と結びついた20条3項から導かれる一般的法律の留保（「民主的・法治国家的法律留保」）には特定性も含まれるとし，基本権介入を行う場合については，その場合の本質的条件を立法者自身が確定させていなければならないとしている[65]。

　さらに，シュルツェ・フィーリッツは，法設定（Rechtssetzung）への法治国家的要請の一つとして「特定性の要請」を挙げる。そして，法治国家原理の核心的な諸要素の一つとして法設定への法治国家的要請を挙げ，そうした要請の下に法律の特定性を置く[66]。ここまでにおいては特定性の要請が法律の留保と関連付けられているわけではないが，シュルツェ・フィーリッツは，法律の十分な特定性という法治国家的原則は，規範の名宛人がその行為を計算可能なように法律上の構成要件が明快な表現をすることを求めるものであるとし，特定性の原則は特に，それぞれの（おそらく基本権規定の）法律留保の実行，法律の優位の実行，民主政原理（議会留保）の実行，裁判所の統制の実行において，基本権を制約する法律に対する条件であるものであり，特定性の要請はそのう

---

[64]　Jarass, Fn. 61, S. 547.

[65]　von Mangoldt/Klein/Starck (Hrsg.), GG Kommentar Band 2, 7. Aufl., 2018, S. 112ff. (Karl-Peter Sommermann).

[66]　Horst Dreier (Hrsg.), Grundgesetz Kommentar, 3. Aufl., 2015, S. 248ff. (Helmuth Schulze-Fielitz).

ち，20条3項に位置付けられるとしている。こうしたシュルツェ・フィーリッツの見解においては特定性の要請が様々な場面で登場するとして，その基本法上の根拠として法治国家原則と議会留保（民主政原理）以外の原理にも触れられている。

以上のように，ドイツの学説においては，ヤーラスが法治国家原理と民主政原理に根差すものとして法律の留保を捉え，その法律の留保を構成するものとして法律上の根拠の特定性を挙げる。また，ゾンマーマンも20条2項と結びついた20条3項から導かれる一般的法律の留保（「民主的・法治国家的法律留保」）には特定性も含まれるとする。加えてシュルツェ・フィーリッツの見解には，様々な場面で登場する特定性の要請が基本法上の根拠を20条3項に有しているとし，そこにおいて法律の留保や法律の優位，民主政原理（議会留保）に触れているという特徴がある。以上のことから，ドイツの学説においては特定性の要請の憲法上の位置づけについて法律の留保に触れながら説明する見解が有力になっていると言えるように思われる。

　　d．小括 ── 法律の留保説

連邦憲法裁判所の先例においては特定性の要請を法律の留保と関連付けて述べる判決が見られ，その例としてここでは第一次Nシステム判決とアンチテロデータ判決を挙げた。他方で，ヤーラス，シュルツェ・フィーリッツ，ゾンマーマンの見解に見られるように，ドイツの学説でも特定性の要請の憲法上の位置づけについて法律の留保に触れながら説明されることが多くなっているように思われ，特定性の要請について法律の留保に触れながら述べるのが，近年のドイツの判例・学説においては一般的になっていると言えるだろう。

　4）小括 ── 特定性の要請の憲法上の位置づけ

そして，ここまでにおいて見たように，ドイツの判例・学説には，まず，特定性の要請を法治国家原理から導こうとする見解が見られ，情報自己決定権の問題について最初に述べた国勢調査判決以来，少なからぬ事例と学説においてそれを確認することができる。第二に，特定性の要請を基本権を根拠とするものと捉える見解もあり，これについても同様の趣旨を述べていると思われる判例・学説を挙げることができる。しかし，近年のドイツの議論では特定性の要請を法律の留保と関連付ける見解が有力になりつつある。ドイツの判例におけ

◆ 第2部　情報自己決定権に対する介入と，その正当化

る例としてはNシステム判決を挙げ，さらにはアンチテロデータ判決も挙げた。他方で，ドイツの学説でも，ヤーラス，シュルツェ・フィーリッツ，ゾンマーマンの見解のように，特定性の要請の憲法上の位置付けについて法律の留保に触れながら説明する見解が有力になっている。

④ 小括──「特定性」の多義性

以上のように，授権規定の特定性が憲法上の要請であることがドイツの判例においてしばしば指摘されており，それは学説においても同様である。しかし，そうした場合の直接的な授権規定の有無，違憲性が問題となる対象，憲法上の位置付けは一様ではない。授権規定の特定性に関するドイツの議論を見る上では，違憲審査における特定性の要請が重要性を高めてきていることだけでなく，そこで述べられていることには相違も見られることにも注目しておく必要があるように思われる。

(4) 小括──ドイツの議論

近年の連邦憲法裁判所の判例においては，Nシステムについて憲法上の特定性の要請が満たされないとして，また，アンチテロデータ，銀行口座開設者基本データの利用も同様に十分な特定性がないことを理由に違憲とされた。他方で，GPSを使った捜査に対する授権規定であるとされた刑事訴訟法100c条1項bは特定性の要請を満たすとされた。こうしたことから連邦憲法裁判所の実務においては授権規定の特定性が違憲審査の場面で重要な争点となっていると言える。

そして，レーゲンスブルク決定においても，監視カメラを用いた情報収集が問題となり，得られた動画資料の記録を伴うビデオ監視の授権根拠としては州データ保護法の16条1項と17条1項は十分に特定されていないとされた。しかし，この事例において州データ保護法の16条1項と17条1項はビデオ監視を行うために制定・改正された規定ではなく，いわば既存の法律が監視カメラを用いた情報収集に事後的に援用されていたという点で特殊性を有する事例であった。

ただ，授権規定の特定性が憲法上の要請であることがドイツの判例においてしばしば指摘されており，それは学説においても同様であるとしても，そうした場合の直接的な授権規定の有無，違憲性が問題となる対象，憲法上の位置付

第3章　憲法上の位置づけ

けは一様ではない。授権規定の特定性に関するドイツの議論を見ると，違憲審査における特定性の要請が重要性を高めてきていることだけでなく，そこで述べられていることには相違も見られることが分かる。

このように，ドイツにおいては当該措置の授権規定の特定性が違憲審査の場面で重要性を増しており，それはその措置のために制定・改正された規定の有無にかかわらず見られる傾向となっている。ただ，特定性の要請の憲法上の位置付けは様々である。以上のことを確認した上で次に問題となるのは，こうしたドイツの議論状況をふまえた場合に，情報自己決定権に対する介入を授権する規定の特定性という要請が，日本国憲法においてどのように位置付けられるかであろう。

第3節　両国の議論の比較

(1) 法律上の根拠

まず，情報自己決定権に対する介入とされる措置に対する法律上の根拠について見ると，技術的な手段を用いた捜査に対する立法がなされない傾向がある日本においても，（一応は）その法律上の根拠は示されている。そして，そうした根拠としては警察法2条1項や警察官職務執行法，場合によっては検証に関する刑事訴訟法の規定を挙げることができる。他方でドイツにおいては，技術的な手段を用いた捜査に対する具体的な授権規定があることが多い。それに対する例外として位置付けられるのがレーゲンスブルク決定であったが，その事件においても州側は州データ保護法の規定を授権根拠として援用しており，根拠規定がないとしているわけではなかった。このような意味で，情報自己決定権への介入と思われる措置に対する個別の立法の有無という点で両国には違いが見られるものの，それらの措置の根拠規定が挙げられていないわけではないという点では類似性を見ることができる。

(2) 日本の事例の整理

このように考えると，通信傍受を除き，情報自己決定権に対する介入となりうる措置を授権するための特別な立法を行わず，警察法のような既存の法律を援用する傾向のある日本のやり方は，ここで取り上げたドイツの事例の中ではレーゲンスブルク決定で問題となったやり方に近いことになるだろう。そのた

◆第2部 情報自己決定権に対する介入と，その正当化

め，具体的な立法によらない監視活動の合憲性が問題となるのはドイツにおいては例外的であるが，日本においてはむしろそれが一般的であるとも言える。次に，具体的な立法によらない情報収集という問題の憲法上の位置づけとして，日本では憲法31条の「手続の適正」，同じく31条の「手続の法定」，法律の留保，31条が規定するものとしての「法律の留保」，が挙げられてきたが，ドイツの議論と比較すると警察法や警察官職務執行法等が，例えばNシステムを使用する上でその条件を十分に特定する法律・規定であるかが問題となるはずである。その場合には，それらが「得られたデータの記録を伴う情報収集の授権根拠として」十分な特定性を有しているかを検討しなければならなくなるだろう。さらに，技術的な手法を用いた捜査を「検証許可状」に基づいて行う場合には刑事訴訟法218条1項が，Nシステムを使用した情報収集を「任意捜査」として捉え，「任意捜査も授権規範があるという理解」をするのであれば[67]，任意捜査の授権規範としての刑事訴訟法197条1項本文が，それぞれ「それによって得られたデータの記録を伴う情報収集の授権根拠として」十分な特定性を有しているか，特にその利用目的やそれらのデータを利用できる機関等が十分に特定された規定と言えるかが問われることになるだろう[68]。

(3) 憲法上の位置づけに関する両国の議論の比較

① 法治国家原理と適正手続主義

他方，日独両国におけるこれらの議論を比較すると，複雑な様相となる。先に見たことを確認すると，日本においては特別の立法によらない措置の問題を憲法31条の「手続の適正」・「手続の法定」，法律の留保を規定するものとしての憲法13条，憲法31条の「手続の法定」としての法律の留保，に位置付ける見解が見られる一方，ドイツにおいては授権規定の特定性の要請の根拠を法治国家原理，各基本権，法律の留保と解する見解がある。また，ドイツ国内では法律の留保の位置づけについても争いがあり，ライマーによるとそこで挙げられる根拠には民主政・法治国家原理，権力分立，基本権，連邦国家原理があり，民主政原理と法治国家原理を挙げる者の中でもどちらの原理に比重を置くかと

---

[67] 座談会，前掲注(20)77頁（山田）。
[68] さらに，刑事訴訟法のこれらの規定がこれほどに広範な措置を授権する規定なのであれば，これらの規定自体の違憲性も問われるだろう。

いう点で違いが見られるという[69]。ただ，それらの比較を通じた検討を進める上で，まず確認しておくべきと思われるのは，ドイツの基本法は日本国憲法ほどには刑事手続上の基本権を列挙していないということである。ドイツにおいては法治国家原理から様々な刑事手続上の基本権が導出されると解されている。シュルツェ・フィーリッツの整理によれば，法治国家的要請から導かれているものとしては弁護人の依頼・選任，国選弁護人の依頼，自己に不利益になることをする必要がないこと，適切な期間内での確定判決，裁判手続の公開がある[70]。しかし，これらは日本国憲法においては明文で保障されている権利・原則であり，ここでは両国の憲法の条文構成の違いを確認できる。それをふまえるならば，情報自己決定権に対する介入に特別な立法がなされないことについて検討する日本の議論において法治国家原理が援用されることが少ないことと，ドイツにおいて特定性の要請の基本法上の位置づけが検討される際に日本国憲法31条に対応する規定を援用する見解が見られないことの背景には，両国の憲法の規定の違いがあると言えるだろう。

② 法律の留保と憲法13条

そして，日本において京都府学連事件や通信傍受法制定前の電話盗聴との関係で「法律の留保」が語られる場合には，特別な立法が必要であるという文脈であることが多いように思われ，既述の通り，その場合の法律の留保は憲法13条の問題として言及されたり，31条の問題として論じられたりしている。情報自己決定権に対する介入を授権する規定の特定性が検討される際に，それを法律の留保の問題とする見解はドイツでも有力になりつつあるが，この文脈での法律の留保は法律の特定性という意味で用いられており，日本では憲法31条の「手続の法定」それ自体というよりは，「手続の適正」の一部に位置付けるものにやや近いものとなるだろう。また，強制処分法定主義とも関係して法律の留

---

[69] Franz Reimer, Das Parlamentsgesetz als Steuerungsmittel und Kontrollmaßstab, in：Hoffmann-Riem/Schmidt-Aßmann/Voßkuhle（Hrsg.），Grundlagen des Verwaltungsrechts Band I, 2. Aufl., 2012, § 9, S. 621ff.

[70] Helmuth Schulze-Fielitz, Artikel 20, in：Horst Dreier（Hrsg.），Grundgesetz Kommentar Band II, 3. Aufl., 2015, S. 186ff.〈S. 284ff.〉。また，高田敏『法治国家観の展開　法治主義の普遍化的近代化と現代化』（有斐閣，2013年）512頁以下。

保を憲法13条との関係で論じる見解は，特定性の要請を基本権上の問題とするドイツ国内の見解に近いものとして，さしあたり位置付けられるように思われる。法律の留保論と憲法13条の関係を明治憲法期の議論を参照して論じる場合には，国民主権原理に基づく権力分立の問題として，憲法41条と関連付けた議論が必要になると思われるが[71]，その限りにおいては日本国憲法下でも憲法13条との関係で法律の留保を援用することは否定されることではないだろう。しかし，それとは別に，具体的な権利を特別に規定する，13条以外の規定を根拠にできないかを検討する余地はあるだろう。また，日本においても写真撮影のような技術的な手段を用いた捜査に対する授権規定がないとされるわけではなく，そこで援用されている法律・規定が「当該措置との関係で」特定性を備えているのかという形で，その内容が問題とされるべき場合が多いこととの関係も問題になる。

③ 法律の留保と法治国家原理の概念の広さ

他方で，憲法31条の「手続の法定」としての法律の留保との関係で，まず指摘すべきは，ドイツの議論においては特定性の要請が常に法律の留保と関連付けられているわけではないことである。また，特定性の要請の根拠を基本権に見出さないドイツ国内の見解においては，法律の留保の他に法治国家原理が援用されるにとどまる場合もあるが，ドイツの基本法には刑事手続に関する権利が日本国憲法におけるほどには挙げられていないこともその要因であると思われる。そうであるならば，日本においては必ずしも「法律の留保」に言及する必要はなく，さらには，元々，法治国家原理や法律の留保[72]が多様な原理を導出するものであるという意味で，特定性の要請の憲法上の根拠として援用するにはこれらの概念は「大きすぎる」ようにも思われる。

例えば高田敏は，「法治主義」を「法治国の主義，法治国の思想，法治国家原理といった意味をもつ語として形成されたもの」と捉え[73]，「法治国原理（法

---

[71] 奥平康弘「明治憲法における自由権法制——その若干の考察」東京大学社会科学研究所編『基本的人権2　歴史Ⅰ』（東京大学出版会，1968年）39頁以下〈62頁〉は，明治憲法において法律の留保を伴わずに挙げられていた信教の自由は命令による制約が認められるものとされていたことを始め，明治憲法における自由権と天皇の諸権力との関係について述べる。

第 3 章　憲法上の位置づけ

治主義－高田）は，人権保障と権力分立とによって基礎づけられる原理であるがゆえに，近代的意味における憲法の原理そのものと言ってもよいであろう」としている[74]。そして，日本国憲法における法治主義原則を体系的に説明しようとする場合に挙げられるべきものとして「不可侵の基本的人権の保障，憲法の最高法規性，違憲審査制，民主的権力分立制，立法の憲法秩序への覊束，行政権および司法権の法律と憲法原則（比例・平等・適正手続等々－高田）への覊束，包括的国家補償，包括的・実効的権利救済，地方自治権の保障，国際的法治主義」を挙げている[75]。こうした高田の見解においては，法治国家原理・法治主義が「近代的意味における憲法の原理そのもの」と表現されるほどに広範な内容を含むものとなっており，人権保障と権力分立に関係するきわめて多くの内容からなると捉えられている。

　そして高田は，「法治主義の行政の場における第一次的発現原理」である「法治行政原理」は，「ドイツ，日本等においては，立憲君主制的なそれから民主制的なそれへと展開を遂げ」ており，こうした「民主的法治主義」がもたらしたものの一つとして「法律の優位から『法律と法』による覊束」を挙げる。そして，ここで挙げた「『法律と法』による覊束」への推移は，「憲法原理の転換による実質的法治主義化」の要請でもあり，このような「推移」により，「合憲的法律によった行政であっても，それが憲法原則に違反していれば，違法とな」るとし，ここでいう「憲法原則」として一定領域において既に確立したも

---

[72]　Reimer, Fn. 69, S. 612ff. は，憲法上の法律の留保に含まれるものとして，基本権上の法律の留保の他に税法上の法律留保，財政憲法上の法律留保，批准・統合法上の法律留保（条約など），組織法上の，もしくは制度に関する法律留保，自治権上の法律留保，法規制定権（rechtsetzungsrechtlich）上の法律留保，地位法上の法律留保，一般的法律留保（法律の留保の原則）を挙げる。また，三宅雄彦「法律の留保」大石眞・石川健治編『憲法の争点』（有斐閣，2008年）216頁以下，渡邊亙『法律の留保に関する比較研究』（成文堂，2019年）187頁以下参照。

[73]　高田，前掲注[70]429頁。また，平松毅「法治国家論の展開――法の支配との共通の理念を踏まえて」嶋崎健太郎編集代表『憲法の規範力と行政 講座憲法の規範力 第 5 巻』（信山社，2017年）9 頁以下参照。

[74]　高田，前掲注[70]472頁。

[75]　高田，前掲注[70]604頁。

213

のとして適正手続原則を挙げている[76]。以上のような高田の説明は,「法治主義」が「法治行政原理」として「発現」し,この「法治行政原理」が「民主制的」なものへと展開し,それによって誕生した「民主的法治行政原理」が「『法律と法』による覊束」という要請を導き,この要請がさらに憲法原則に違反する行政の違法性を導き,ここでいう「憲法原則」の一部に「適正手続原則」を位置付けるものになっていると整理できるだろう。

　先に述べたように,元々,ドイツでは特定性の要請と法治国家原理の関連性が指摘されるものの,ドイツの基本法では明記されていない刑事手続上の権利が日本国憲法には少なからず列挙されており,また,法治国家原理は「近代的意味における憲法の原理そのもの」とも言われるほどに広い射程を有するものとされている。そして,法治国家原理・法治主義の体系の一部をなすものとして「適正手続原則」が挙げられており,これは日本国憲法では31条で保護されているものである。法治国家原理・法治主義やそれらの日本国憲法への位置づけは論者によって様々に理解されているとはいえ,ここではこうした高田の議論もふまえて考えると,授権法律の特定性という要請を法律の留保や法治国家原理に位置付けるよりも,より近いところにある下位原理・具体的原理としての適正手続主義（憲法31条）に位置付けることが妥当であると考えられるように思われる。少なくとも技術的な手法を用いた捜査から得られた情報が刑事手続で利用される際に憲法上の問題が論じられることの多い日本においては,憲法31条の問題とした上で,憲法31条についてこれまで述べられてきた通り,端的に「適正手続主義」の問題として論じることが適当であるように思われる[77]。

④　小括 ── 憲法上の位置づけに関する両国の議論の比較

　以上のような日独両国の議論を比較すると,まず,日本では授権根拠の法定との関係で法治国家原理が援用されることが少なく,ドイツでは授権規定の特定性の憲法上の位置づけが論じられる際に日本国憲法31条に対応する規定を援用する見解が見られないことが分かるが,それは両国の憲法の条文構成の違い

---

[76]　高田,前掲注[70]452頁以下。
[77]　付随的違憲審査制をとる日本においても,個々人に不利益をもたらしうる法律・制度は国家賠償法上の違法性の問題として論じられることも多い。その際の個人の不利益やその合憲性の検討を憲法上,いかにして構成するかは別の機会に検討することにする。

にも起因していると考えられる。そして，介入的措置に対する立法の必要性にしても，特定性の要請にしても，それらを日本国憲法に位置付ける上で「法律の留保」との語を用いなければならない必然性はなく，情報自己決定権に対する介入を授権する規定の特定性の有無は，端的に憲法31条の「適正手続主義」の問題として論じれば十分であるように思われる。いずれにしても，基本権への介入の立法やそれらの特定性の要請の日本国憲法上の位置づけを考えていく上では，「法律の留保」や「法治国家」といった概念に言及すること自体は否定されないまでも，日本国憲法の個別の具体的な規定と照らし合わせて検討するのが得策のように思われる。

(4) 小括 —— 両国の議論の比較

情報自己決定権に対する介入と思われる措置について何らかの根拠規定が援用されているという点では日独両国の状況には類似性もあり，それらの措置に対する授権規定があるのか，それがあるとして，それらの規定が「そうした手法による情報収集の授権根拠として」十分な特定性を有しているかを検討することが必要になり，その場合には憲法上の位置づけが問題となるが，これらは端的に憲法31条の「適正手続主義」の問題として構成できると思われる。この場合，授権規定の特定性を「適正手続主義」の問題のうちの「手続の法定」の問題とするのか，「手続の適正」の問題とするのかも争点となりうるが，さしあたり「手続の適正」に授権法律・規定の特定性と実体的な妥当性等の複数の側面を見出すのが良いだろう。そして，情報自己決定権に対する介入の合憲性は「憲法13条で保護されている情報自己決定権が，憲法31条の要請する『特定性の要請』を満たさない法律・規定によって介入を受けていないか」という問題ともなると思われ，その場合，日本において行われている捜査が憲法13条と憲法31条に反するやり方で侵害されていると考えられるべき場合も多くなるかもしれない[78]。

---

[78] この私見は，大川情報通信基金・2017年度研究助成「GPSによって得られた位置情報をパソコンや携帯電話で表示させ取得する捜査手法が有する憲法上の問題」（助成番号：17-23）による研究成果の一部である。

◆ 第2部　情報自己決定権に対する介入と、その正当化

第4節　小括 ── 憲法上の位置づけについて

　これまでの日本の議論においては，技術的な手段を用いた捜査の法律上の根拠として警察法や警察官職務執行法，刑事訴訟法の「検証」規定が援用されていたのに対して，2017年に大法廷はGPSを用いた情報収集に立法的統制を求めた。そして，学説においても技術的な手法を用いた捜査に対する法律上の根拠の要否について検討がなされてきたが，その憲法上の根拠としては憲法31条の要請する「手続の適正」，憲法31条の要請する「手続の法定」，客観法的な保護の対象としての「基本権」上の法律の留保，憲法31条で特別に規定されているものとしての法律の留保，が考えられる。このように，情報自己決定権に対する介入に具体的な立法を求める日本国憲法上の根拠については複数の見方が可能である。

　そこでドイツ国内の議論状況を見ると，ドイツにおいては当該措置の授権規定の特定性が違憲審査の場面で重要性を増している。そして，それはその措置のために制定・改正された規定の有無にかかわらず見られる傾向となっている。ただ，特定性の要請の憲法上の位置づけ方は様々である。以上のことを確認した上で次に情報自己決定権に対する介入を授権する規定の特定性という要請の日本国憲法における位置づけが問題となる。

　それらをふまえて両国の議論を比較すると，情報自己決定権に対する介入と思われる措置について何らかの根拠規定が援用されているという点では類似性もある。そのため，どちらの国においてもそれらの規定が「そうした手法による情報収集の授権根拠として」十分な特定性を有しているかを検討することが必要になる。その場合には憲法上の位置づけが問題となるが，日本国憲法の下では端的に憲法31条の「適正手続主義」の問題として論じることができる。この場合には「適正手続主義」の要請の一部を構成する「手続の適正」に「手続を授権する法律・規定の特定性」という法理を追加し，情報自己決定権に対する介入の合憲性を「憲法13条で保護されている情報自己決定権が，憲法31条の要請する『特定性の要請』を満たす法律・規定によって制約されているか」という観点でも検討することになり，こうした判断枠組みによると，これまで日本で行われてきた捜査の多くについて憲法学的な観点での再検討が求められる

だろう。

　以上の通り，情報自己決定権に対する介入に具体的な立法を求める日本国憲法上の根拠については複数の見方が可能であり，ドイツの議論状況を見ると，当該措置の授権規定の特定性が違憲審査の場面で重要性を増している一方で，その憲法上の位置づけ方は様々である。それを確認した上で両国の議論を比較して検討すると，情報自己決定権に対する介入の合憲性は「憲法13条で保護されている情報自己決定権が，憲法31条の要請する『特定性の要請』を満たす法律・規定によって制約されているか」という問題ともなると思われる。そして，こうした判断枠組みによることは，第三者所有物没収事件・最高裁判決が「憲法31条，29条に違反する」と述べたことから考えても十分に可能であると思われ[79]，特別な立法によらずにNシステムやGPSといった手段を用いて行われる捜査も，「憲法31条と13条」の問題として位置付けられると考えられる。

---

[79] 最大判1962年11月28日（刑集16巻11号1593頁）。

第4章　第2部の総括

　第1部において述べたように，基本権の保護領域の広さは問題となっている基本権の重要性を基準に考えればよく，情報自己決定権の重要性に鑑みれば，情報自己決定権の保護領域を広く捉えることは必ずしも否定されるわけではない。第2部での検討は，情報自己決定権の保護領域を広く捉えた場合に，様々な利益と対立する可能性がある行為や利益まで情報自己決定権の保護領域に含まれるという課題に取り組むものであった。ここでは，第2部での検討を通じて明らかにできたと思われることを挙げておきたい。ドイツにおいてNシステムを使用した措置が情報自己決定権に対する介入であるとされ，その介入の根拠となっている法律で規定されている目的等が特定性の要請を満たしていないとされて，州法の一部が違憲とされた。連邦憲法裁判所のこのような判断を日本の判例と比較すると，Nシステムの問題を扱った日本の判決は，技術的な手段を用いた措置に具体的な立法を求めることに対して消極的であるように映る。次にNシステムについて論じるドイツ国内の学説を見ると，2008年の判決が不適合事例においては介入とはならないとした点には異論も見られ，また，Nシステムを用いた措置を通じた介入に関しては，その重大性をめぐる見解が分かれているが，重大な介入に該当するという意見が多く見られ，そうした措置の根拠となる法律の特定性や明確性が比較的強く求められている。そして，情報自己決定権に対する介入該当性に関しては判例変更があった。他方で日本では実力行使を伴わない措置の問題も指摘されているが，機械による情報収集に固有の危険性を見出さない見解も見られる。日本国内の判決においてもNシステムを用いた措置に対する具体的な法律上の根拠は必ずしも強くは求められていないが，基本権に対する介入に具体的な立法が求められているのは，立法には民主主義的意義があるためであることを考えると，ドイツの判例・学説の方が妥当である。立法がもつ民主的重要性との観点で，技術的な手段を用いた措置には具体的な法律上の根拠が必要であると考えるべきであるとの見解は，

◆第2部 情報自己決定権に対する介入と,その正当化

警察等によるインターネット上での情報収集にもあてはまる。インターネットを通じた情報収集を認める州法が問題となったドイツの事例では,そうした措置が情報自己決定権への介入となる可能性を認めた上で,当該事例においては情報自己決定権に対する介入はないとされたが,問題となった州法で想定されていた情報収集に限って考えれば,連邦憲法裁判所の判断は妥当であった。サイバーパトロールの法的性質をめぐるドイツ国内の議論は,情報自己決定権に対する介入該当性について具体的な検討をしようとしている点で参考になる。以上のことから,Nシステムとサイバーパトロールに関するドイツ国内の議論状況は,情報自己決定権に対する介入の有無や,そうした介入の根拠となる具体的な法律の要否という点で日本においても参照に値するものである。ただ,そうしたことがNシステムやサイバーパトロールの問題にとどまらず,様々な措置について一般的に妥当するかはさらなる検討を要する。

そこで,強制処分の概念に関する日本国内の議論を見ると,日本の通説と判例は,「強制処分」の概念を定義する上で制約される権利・利益に高い重要性を求めている。それに伴って増える「任意処分」についても,その相当性を審査しようとしており,これらの点で判例・学説の議論傾向は共通している。次にドイツ国内の議論を見ると,ドイツにおいては公権力による行為の多くが基本権への「介入」とされており,これが連邦憲法裁判所の判例において憲法違反との判断が少なくない要因の一つとなっている。このような,具体的な法律の根拠が必要となる行為によって制約される権利としてどのような権利・利益を重要なものと考えるかという点での日独両国の議論は一致していないが,それは議論の枠組みの違いにすぎないとも考えられ,制約される権利の重要性を任意処分の許容性の問題として検討すれば十分なのかが問われる。この場合には「強制処分法定主義」に,どのような意義があるかが重要になるが,強制処分法定主義には民主主義的意義があるとされているのであり,任意処分として統制すれば法律上の根拠の要否を厳格に考えなくてよいということには必ずしもならない。そのような意味で,技術的手段を用いた公権力の行為に対する法律上の根拠の要否に関する日独両国の違いは単なる論理構造の違いではなく,法律上の根拠を厳格に求める,ドイツの判例・通説の方が妥当である。日本では,国家による情報収集に具体的な法律の授権がない場合も多いのだとしても,

第4章　第2部の総括

法律に基づかない行為は端的に違法，もしくは違憲と理解すべきである。

　その点，2017年に大法廷はGPSを用いた情報収集に立法的統制を求めた。学説においても技術的な手法を用いた捜査に対する法律上の根拠の要否について検討がなされてきたが，その憲法上の根拠としては憲法31条の要請する「手続の適正」，憲法31条の要請する「手続の法定」，基本権上の法律の留保，憲法31条で特別に規定されているものとしての法律の留保，が考えられる。このように，情報自己決定権に対する介入に具体的な立法を求める日本国憲法上の根拠については複数の見方が可能である。そこでドイツ国内の議論状況を見ると，ドイツにおいては当該措置を授権する規定の特定性の有無が違憲審査の場面で重要性を増しており，それはその措置のために制定・改正された規定の有無にかかわらず見られる傾向となっている。ただ，特定性の要請の憲法上の位置づけはドイツにおいても様々であり，また，情報自己決定権に対する介入を授権する規定の特定性という要請を日本国憲法においてどのように位置付けるかも問題となる。両国の議論を比較すると，情報自己決定権に対する介入と思われる措置について何らかの根拠規定が援用されているという点では状況に類似性もあり，この場合にはそれらの規定が「そうした手法による情報収集の授権根拠として」十分な特定性を有しているかを検討することが必要になり，さらにその憲法上の位置づけが問題となるが，端的に憲法31条の「適正手続主義」の問題とし，そのうちの「手続の法定」に含まれる「手続を授権する法律・規定の特定性の問題」と捉え，情報自己決定権に対する介入の合憲性は「憲法13条で保護されている情報自己決定権が，憲法31条の要請する『特定性の要請』を満たさない法律・規定によって制約されていないか」という問題としても検討されることになる。こうした判断枠組みによることは，最高裁の先例から考えても十分に可能である。

　このように，Nシステムとサイバーパトロールに関するドイツ国内の議論状況は，情報自己決定権に対する介入の有無や，そうした介入の根拠となる具体的な法律の要否という点で日本においても参照に値する。また，情報自己決定権に対する介入に具体的な立法を求める日本国憲法上の根拠について検討する上では比較法的な検討が有意義である。両国の議論を比較すると，「憲法13条で保護されている情報自己決定権が，憲法31条の要請する『特定性の要請』を

◆ 第2部　情報自己決定権に対する介入と，その正当化

満たさない法律・規定によって制約されていないか」を検討する必要があり，こうした判断枠組みによることは最高裁の先例をふまえても可能である。そのため，NシステムやGPS等を用いた捜査も，現状では，援用されている法律・規定の特定性が「憲法31条と13条の問題」として検討の対象とされるべきであり，このような観点で（も）違憲・違法とされる余地がある。

情報自己決定権と他者の利益の衝突
―― 情報自己決定権と，子の出自を知る父親の権利

　第1部と第2部においては，情報自己決定権の保護と制約について論じた。そこでの検討は主に，情報自己決定権（やそれに関連する基本権）の保護領域を広く解する見解が日独両国において見られる一方で，情報自己決定権に対する介入に具体的な立法を求めるドイツの議論は日本においても参照に値するとの見解を示した。そこでは主に，公的機関による情報収集とそれに対する情報自己決定権の保護という問題を想定し，情報自己決定権に対して十分な保護を与えるための方策について検討した。しかし，基本権の強い保護は他者に対して不利益を生じさせる可能性もある。そこで，第3部においては，情報自己決定権が憲法上保護され，その保護領域が広く解され，それに対する介入に具体的で，なおかつ十分な特定性を有する立法を求めるとしても，情報自己決定権の行使が他者私人の利益に影響をもたらしうる場面に基本権の保護がどこまで及ぶのか，またどのように制限されるのかを検討する。近年においては生命科学技術の進展もあって，DNA検査を行う権利と，その権利の行使によって影響を受ける可能性のある他者私人の利益との調整も課題になっている。ドイツにおいては，DNA検査を行って自分の子が自分の遺伝上の子であるかを知る，父親の権利があると考えられているが，その権利の行使は子やその母親といった，具体的な他者の利益に影響を与える可能性があるためである。そこで以下では，遺伝子技術の進展を背景に，DNA検査によって親子関係を確認することが可能になったという比較的新しい状況において提唱された権利が，それを望まない子やその母親との間でどのように扱われるべきかを検討し，その議論を日本の議論状況と比較した上で第3部での検討から導かれる結論を示す。

第1章　連邦憲法裁判所の2007年2月判決[1]

　今日では生命科学技術の進歩，特にDNA鑑定技術の向上により，人格権をめぐる新たな問題も生じている。そこでこの章においては，自身の法律上の子との遺伝上の親子関係を知る父親の権利と，子の情報自己決定権やその母親の側の利益との関係について検討する。以下では，このような権利・利益の対立について扱った連邦憲法裁判所の判例を取り上げ，事件の概要を述べた後に裁判所の判断を紹介する。そして，判決後の状況に触れた上で，子の出自を知る父親の権利という形での人格権の保護が，子やその母親の利益との関係でどこまで及び，どのような制限を受けるかを検討する。

第1節　前提となる事実

　この事件の異議申立人は，1994年に子を認知（承認）していた。そして，その子の当時の親権者であった母親と共に，1997年の初めまで未婚の生活共同体（Lebensgemeinschaft）の形で暮らしていた。2001年に，彼は父性（Vaterschaft）の否認を申し立てた。その際，彼の生殖能力が10%にまで低下していることを証明する鑑定を示していたが，父性の否認は認められなかった。その後，申立人は2002年に，子の母親に知られることなく民間の研究所においてDNA鑑定を行った。その際に研究所へ検査試料として提出されたのは，申立人の唾液と，申立人の指示によって子が噛んだガムであった。二人の試料提供者が父子関係にある可能性がまったくないという鑑定結果を確認し，彼はこの結果を根拠にして改めて父性の否認を申し立てたが，2003年3月4日の家庭裁判所による決定，2003年10月29日の上級地方裁判所による判決，2005年1月12日の連邦最高裁判所による判決のいずれにおいても，申立ては退けられた。これらに対して

---

[1] BVerfGE 117, 202（玉蟲由樹「子の出自を知る父親の権利」ドイツ憲法判例研究会編『ドイツの憲法判例Ⅳ』（信山社，2018年）55頁以下）.

憲法異議が申し立てられた。

第2節　連邦憲法裁判所の判断

(1) 関係する基本権[2]

　連邦憲法裁判所はまず，先例をひきながら関係する基本権について述べ，基本法1条1項と結びついた2条1項が個々人に保護しているプライベートな生活形成の自律的な領域では，個々人はその個性を展開・保持することができ，個性を理解し発展させることと密接に結びついているものとして出自も挙げられるとした。そうした血縁関係との関連で連邦憲法裁判所が挙げるのが，ある男性が法的には彼の子ではない子の生みの親である可能性があると思うことと，その子の父親とみなされているがその子が彼と血縁を有していないのではないかと疑うことである。それらの事柄が重要な理由としては，子や母親に対する感情や，子や母親に対する態度に対して子の出自が影響することが挙げられている。

　それに続いて連邦憲法裁判所は，子が彼と血縁を有するかを知るという男性の権利には，手続において子が彼と血縁を有することを明らかにできるようにするという権利も含まれるとする。そして，人格権は得ることのできる情報が秘匿されるということ（Vorenthaltung）から保護するものであるという。しかし，それを保障するのは子が彼と血縁関係にあることを知るのに必要な情報へのアクセスを可能にする手続がある場合だけであると指摘する。さらに連邦憲法裁判所は，そうした血縁関係を調べるためには子の遺伝情報が重要であると述べる。

　連邦憲法裁判所はこのようにして出自を知ることの重要性と，そのための遺伝情報の重要性を指摘するが，こうした出自を知り，それと関係して血縁があることを解明・確認する権利は無制約に保障されるものではないともする。この基本権は立法者による内容形成（Ausgestaltung）に服し，そうした内容形成は立法者が比例原則を遵守していないような場合にはじめて違憲となるのだとしている。

---

(2)　BVerfGE 117, 202〈224ff.〉.

以上の説明をしたのちに，この判決は，出自を知る基本権をそれにふさわしい手続において可能にすることを立法者が怠っている場合にも人格を自由に発展させる基本権に対する違反となるのだとする。基本権が行っている価値決定は防御権を含んでいるだけでなく，同時に憲法の価値決定を行うものでもあり，このような価値決定からは国家の機関に対する保護義務が導かれる一方で，そうした保護義務の充足に際しては管轄となる国家機関に広い形成裁量があるとはいえ，対立する法利益を考慮した適切な保護が必要であって，その保護は効果的なものでもある必要があると述べている。

(2) 保護義務違反[3]

　次に判決は，この事件において立法者は基本法1条1項と結びついた2条1項から導かれる保護義務に反して，出自を知る権利を適切な方法で主張・貫徹しうる手続を用意するのを怠っているとした。現状では母親や子の同意を得ることで鑑定することも法的には可能であるが，問題は子や母親が同意をしないという場合であるとする。こうした鑑定は基本法1条1項と結びついた2条1項から導かれる，情報自己決定権としての形での子の人格権と基本法6条2項によって保護されている母親の監護権に反する，違憲のものだからであるとしている。たしかに，情報自己決定権も無制約に保護されるわけではないが，情報自己決定権は国家の諸機関に対して，第三者が知ることなく，そして第三者の同意なくその者の個性を特徴付けるデータへのアクセスをすることから個人を保護するよう義務付けるものであり，遺伝上のデータ物質を使ってひそかに得られた父性テストは，当該子の情報自己決定権の正当化できない形での侵害に依拠するものであり，そうした侵害に対して国家の機関は保護を与えなければならないとしている。

　そして同様のことは母親についてもあてはまると述べ，子の遺伝上のデータ物質への意図されないままのアクセスからは，その監護権を有する母親も保護されるという。基本法6条2項は両親にその子を監護する権利と責任を与えているが，連邦憲法裁判所はそうした権利と責任に何が含まれるかについても検討しており，それによれば親による監護には，子の利益において誰かが子の遺

---

[3] BVerfGE 117, 202〈227ff.〉.

◆ 第3部　情報自己決定権と他者の利益の衝突

伝上のデータを収集・利用してよいかを決定することも含まれるとしている。それゆえ，監護権を有する者に，この場合に憲法上必要な保護を与えるために，法秩序によって，ひそかに得られた父性テストが子の出自についての情報を得るのに役に立つようなことが許されるなどということはあり得ないとしている。

　しかし，国家には子や母親の権利を保護する義務があると認めたとしても，法秩序は，手続を用意して父性を確認できるようにしなければならず，そのような手続がないことは，子や母親の基本権上の地位からだけでは正当化されないとする。まず子の権利との関係では，子が自己の出自を知らないでいるという権利が出自を知る権利の消極的な反対の側面として，基本法1条1項と結びついた2条1項から導かれる人格を発展させる権利に含まれるのかが明らかではないとし，その理由として，自己の出自を知らないということは，情報を有している個人に対して具体的な人と関係をもったり個人的な家族的なつながりを感じたりすることを可能にするわけではないことを挙げる。また，仮にそうした権利があったとしても，そのような権利の重要性は出自を知る権利の重要性と比べると低いとする。さらに，子の情報自己決定権はその法的な父親に長期にわたって子の出自を知ることを認めないということを正当化できるわけではないという。その理由については子の遺伝データを法的な父親に対して無制約に保護するということは，同時に，自己のデータを知ることを妨害（Vorenthaltung）することになることを指摘している。そして，こうした妨害をすることになる可能性は，母親についても指摘されている。

　以上のような検討を経て連邦憲法裁判所は，本件における立法者の保護義務違反を認めている。それによれば，血縁の検査を個々の事例で行う必要はなく，特に婚姻状態にあることから子の出自を推定し，この推定に基づいて法的な父性を割り当てることにしてもよいが，ドイツ民法1592条1号・2号にあるような上述の推定ルールは，実際の父性について疑いを生じさせることがありうると指摘する。仮に出自を解明・確認するためのそのような手続を認めることになれば子の情報自己決定権を制約することにはなるが，この場合には子の法的な父親である男性のデータと関係しうるデータが問題となるのであるから，これらのデータを提供しないという子の権利は，父親に対しては保護すべき価値が低いものとなるという。他方，母親の基本権との関係では，一方では，子が

その法的な父親となっている男性と血縁を有しているかの解明は，どのような形式で，また誰に彼女の内密領域や性生活をのぞき込むようなことを認めるかを自分で考える母親の権利[4]に関わるものであるが，そうした権利への介入は子が法的な父親と彼女との関係で生まれたのかを解明するという優先される目的に役立つものであり，血縁を有しているのかを知るという憲法上保護されている父親の権利が存在するのだとする[5]。さらにそれに加えて，母親は男性に，彼女の内密領域へのアクセスを認めていることも指摘する。家庭の平穏は法的な父親がその子と彼の血縁に疑いを示したことで既に害されうるのであり，それは疑われている出自を解明する手続によって害されるわけではないことも指摘した。

(3) ドイツ民法1600条以下の過剰性[6]

ただ，法的な父子の間の遺伝上の血縁の有無は，父性の否認手続においても確認されることがあるため，子の出自を知る父親の権利はその手続において既に実現できるとみる余地もある。そこで連邦憲法裁判所は，その手続を規定するドイツ民法1600条以下の規定が存在していることで，基本法1条1項と結びついた2条1項から導かれる立法者の義務が満たされていると言えないかを検討する。連邦憲法裁判所は，父性の否認手続を，その子がその法的な父親と血縁を有していないことが分かった場合に法的な父性を終結させるというものであるとし，父性否認手続における父性の解明をこの目的のための一つの手段にすぎないと位置づける。そして，この場合に対立する利益は，子の生物学上の父親でないことが分かった場合に父性を解消したいという，基本法6条2項1文によって保護されている法的な父親の利益と，基本法6条1項によって保護されている，法的・社会的に家族に属しているという状態を維持するという子の利益であるとする[7]。しかし，こうした対立状況は子の出自を単に知るという場合とは異なっており，このことは母親との関係でも妥当するという。

こうした子や母親の利益は，重要なものであり，それは否認は2年以内に行

---

(4) BVerfGE 96, 56 〈61〉.
(5) BVerfGE 86, 56 〈61〉.
(6) BVerfGE 117, 202 〈234ff.〉.
(7) BVerfGE 38, 241 〈251〉; 108, 82 〈107f.〉.

い，法的な父親が彼が父親であることと相反するような事情を父親が知った時から起算すると規定されていることや（ドイツ民法1600b条），血縁の推定を覆すための立証責任が法的な父親に課されている（ドイツ民法1600c条）ことで考慮されているとする。他方で，この規定の解釈という点でいえば，法的な父親がその父性について疑いをもっている，もしくは子の生物学上の父親ではないと主張するだけで十分であるとするのではなく，その父性に疑いが生じた客観的な事情の説明を求めているという点で憲法上の問題はなく，その際の立証負担も過剰なものとはなっていないとする。

とはいえ，父性の否認手続は基本法1条1項と結びついた2条1項で保護されている，子が彼と血縁を有しているかを単に知るという男性の権利にかなうものではないという。法的な父親の望みは子が実際に彼と血縁を有しているかを知ることだけに向いており，同時に法的な父性を破棄するつもりはないということはありえるのであり，子の出自について明らかにしようと思ってはいるが，その子と人間的につながっていると感じていて，彼が子の生みの親ではないという場合であってもその子の法的な父親であり続けたいと思っているということもある。法的な父親がまずは一度，子の出自についての疑いを解消したいと思っていて，それに対応する鑑定結果を得て，その結果が遺伝上の父性を確認できないというときにはそこからどのような法的な帰結を得るかを話し合い，それを明らかにするということも考えられるのではないかと述べる。その意味で，法的には彼の子である者の出自を知るだけにしたい，もしくはそれをまず知りたいという，基本法1条1項と結びついた2条1項によって保護される要望にとって，父性の否認手続は法的な父性を終わらせることを目的とするものであるために過剰であり，相当（angemessen）なものではないとする。当該子の利益に資するものでもなく，子や母親に父親との法的・社会的な家族的つながりの存続を危機にさらすものであるともしている。そして，これらのことはこの事件の申立人についてもあてはまるとした。

以上のように，この判決は父性の否認手続においては子の出自を単に知るという場合とは異なる形の利益対立があり，否認手続の趣旨やその解釈には問題はないとする。他方で，こうした否認手続は子の出自を知るだけにしたい，もしくはそれをまず知りたいという要望との関係では過剰であり，相当(angemes-

第 1 章　連邦憲法裁判所の2007年 2 月判決

sen）ではないとするのである。こうして本件では立法者による保護義務違反が認定されたが，連邦最高裁判所が本件の申立人がひそかに得た鑑定結果を裁判では利用できないとした点については 6 対 2 をもって問題ないとしている[8]。

(4) **新たな法律を制定する必要性**[9]

　立法者によるこうした保護義務違反を認めたのに続き，連邦憲法裁判所は立法者が以降においてとるべき対応を示している。ありうる方策の一つとしては，子やその監護権者である母親が私的な方法で遺伝上の血縁鑑定を得ることを拒否している場合に，そうした拒否についての裁判所での審査を経て母親が有している子の代理権限をはく奪，ないしは移転させることでそのような鑑定をする道を開くことを裁判所に認めると規定することを挙げ，これはバイエルン州政府の法案で予定されているやり方であるとしている。このような方法で得られるに至った鑑定であれば裁判において利用しても憲法上非難されるべきものとはならないとしている。それと同時に立法者には，父性否認手続において基本法 6 条 1 項によって保護されている利益，特に子の利益，つまり場合によっては法的・社会的な家族的帰属を維持するという利益が引き続き考慮されるよう配慮することが求められるとしている。連邦憲法裁判所はこうした対応を2008年 3 月31日までに行うよう求め，その規定が施行されるまでは，父性否認手続の枠内で引き続き処理するよう求めた。

第 3 節　法改正までの状況

　この判決はドイツ国内のメディアで大きく取り上げられ，承認・認知によって推定される親子関係と，遺伝上の血縁関係が異なる場合の対応が問題となった。申立人は結果的に敗訴しているが，連邦憲法裁判所はドイツ国家に対して費用の弁済を命じている[10]。以下では，憲法上の論点について，連邦憲法裁判所の過去の判例を参照しながら検討し[11]，この判決が立法者に対して行った具体的な要請と，それに対する各機関の対応を概観する。

---

(8)　BVerfGE 117, 202〈239ff.〉.
(9)　BVerfGE 117, 202〈242ff.〉.
(10)　BVerfGE 117, 202〈203〉.

231

◆ 第3部　情報自己決定権と他者の利益の衝突

(1) **憲法上の論点①　—— 対立利益**

　この判決の一つの特徴は，関係する基本権の整理にある。連邦憲法裁判所は一方で，一般的人格権との関係で個々人による個性の発展・保持が出自と密接にかかわり，子が自分と血縁を有するかを知るという男性の権利には，手続においてそれを明らかにさせられるようにするという権利も含まれるとした。他方で，子の側には情報自己決定権から，第三者が知ることなく，そして第三者の同意なくその者の個性を特徴づけるデータへのアクセスをすることから個人を保護するよう国家の諸機関は義務づけられており，そうしたデータの一つが遺伝上のデータ物質であるとした。先例における「出自を知る権利」については後述するが[11]，1989年と1994年の事例において，連邦憲法裁判所は子に「基本法1条1項と結びついた2条1項は，自己の出自の認識を入手する権利を与えるものではない」としていた[13]。まずこのことは，自己の遺伝データを無断で取得されないという意味での子の情報自己決定権の意義を認めた2007年判決の趣旨と合致するものであろう。その点，1989年の判決において連邦憲法裁判所は，誰が自分の遺伝上の親であるかを知る，子の権利を認めたことがあるが，ここで紹介した2007年判決は自分の法律上の子が遺伝上の子でもあるかを知る，父親の権利を認めることで，以前の事例で問題となったのとは逆の内容を有する父親の権利も認めた形になる[14]。また，自らの遺伝データを無断でDNA鑑定に使用されないという権利は，父親が子との血縁関係を調べられたくないと

---

[11]　この判決やその後の状況等について詳細に描写しているものとして，豊田博昭「秘密に収集されたDNA鑑定の訴訟上の利用（一）～（五・完）」修道法学30巻1号（2007年）77頁以下，30巻2号（2008年）247頁以下，33巻1号（2010年）1頁以下，34巻1号（2011年）83頁以下，35巻2号（2013年）602頁以下。

[12]　先例においても詳しく検討されている。押久保倫夫「婚外子の父を知る権利と母の人格権」自治研究74巻4号（1998年）118頁以下，光田督良「自己の出自を知る権利と子による嫡出の否認」ドイツ憲法判例研究会編『ドイツの憲法判例Ⅱ（第2版）』（信山社，2006年）36頁以下など。

[13]　BVerfGE 79, 256〈268f.〉；90, 263〈271f.〉.

[14]　2003年の判決においても，父親が子の出自を知る権利が憲法上保障されているとされた（BVerfGE 108, 82〈105〉）。また，松倉耕作「ドイツの新しい（嫡出）否認権法（2004年4月30日施行法）」名城ロースクール・レビュー3号（2006年）93頁以下。

第1章　連邦憲法裁判所の2007年2月判決

いう場合にも保護されることになりそうである。そうした意味で2007年判決についても父親の情報自己決定権について論じる余地はあるが，本書におけるここでの検討は2007年判決の背景にある事実関係を念頭に置くにとどめ，また，連邦憲法裁判所の用法に従ったものとしたい。つまり，子が自らの遺伝データを勝手に入手・利用されない権利としての情報自己決定権（子の情報自己決定権）と，子が自分と血縁を有しているかを知る，父親の権利（父親の一般的人格権）が対立する場合を念頭に置き，子の情報自己決定権が父親の一般的人格権との関係でどのような制約を受け，さらにはどのような保護がなされているかを見ることを次の課題としたい。

(2) **憲法上の論点②——対立利益間での衡量**

そうした枠組みで検討すると，子の情報自己決定権と父親の一般的人格権の間での比較衡量が必要となる。メディアを中心として，この判決が好意的に扱われる場合に多く取り上げられたのが，両者の利益の衡量に関する判断である[15]。以下ではこの点に関する連邦憲法裁判所の判断について検討するが，その際には日本の嫡出推定制度との比較を行うことが必要であろう。日本では，嫡出推定制度には，嫡出の子であることをできるだけ早く法的に確定させることで子の地位を安定させるという意義があるとされる[16]。この意義は認知制度にもあてはまると考えられ，認知の制度も父親と子の（法律上の）関係を早期に確定・安定させ，子の保護を図るためのものと言えるだろう。法律上の親子関係を確定させる際には血縁上のつながりだけでなく，子が出生した時点で，その子と最も密接に関係にある者が家族を構成し，社会的な意味での家族を保護することも重要であると言える。連邦憲法裁判所の以前の判例では，推定された親子関係に対抗したのは子であったが，ここで取り上げた事件において遺伝上の親子関係の否認を求めているのは，子ではなく父親である。そのため，子やその監護者である母親の同意を得ることなくDNA鑑定が行われることによって，子の利益が害されないかが問題になる。この点につき連邦憲法裁判所

---

[15] 同様の立場として Frauke Brosius-Gersdorf, Das Kuckucksei im Familientest - Erforderlichkeit einer Neuregelung der Vaterschaftsuntersuchung, NJW 2007, S. 806ff.

[16] 副田・浜村・棚村・武田『ライフステージと法（第6版）』（有斐閣，2012年）194頁（棚村政行），利谷信義『家族の法（第3版）』（有斐閣，2010年）119頁。

は，鑑定の結果を裁判で利用できないとすることで子の利益を優先する一方，
「出自を知る権利」を保護する義務を満たす上での手続の要請という点では父
親の権利を優先した。ただ，親子関係を法的に確定させることに先に述べたよ
うな意義があるとすれば，慎重な検討も必要だろう。立法者に鑑定を可能にす
ることに特化した手続を設けるよう求めることで父親の権利が優先されるとの
判断を連邦憲法裁判所が示した根拠の一つには，出自を「知らずにいる」権利
よりも，出自を「知る」権利を重視したことがある。また，他の根拠として，
この事件で保護の可否が検討されたのは父親の権利であったことも挙げること
ができる。1989年判決において連邦憲法裁判所は，出自の解明を行うかの決定
は未成年者の決定権限の枠には収まらないが，成人に対してはそのような決定
権限を認める趣旨のことを述べている[17]。この事件で父性テストの対象となっ
た子は未成年者であり，そのことを考慮して男性の権利を優先させたのだとす
れば，1989年判決の趣旨から外れているとまでは言えないだろう。また，証拠
として利用できないとすることで，子の利益は十分保護できると考えたのかも
しれない。

(3) **立法者に対する提案と，それへの対応**

　この判決において立法者は，2008年3月31日までに法律を改正するよう命じ
られた。命じられた内容が具体的であることも，この判決の大きな特徴であろ
う。立法上の対応を求めた判決としては，自己の出自を知る，子の権利を認め
た1989年判決があるが，その後の1994年判決は，裁判所が親族関係に影響を与
えずに親子関係を確認する手続の創設に言及していた[18]。しかし，それらの判
決において提案された手続は創設されていなかった。海老原明夫は，このよう
な手続の問題点として，法律上の父親や遺伝上の父親の参加権[19]，相続や近親
婚の禁止などとの関係で「法律効果をまったくもたない」と言い切れるか，単
に遺伝上の親子関係を確認するためだけに血液検査や調査を行うことを正当化
できるか，などを挙げていた。そして，海老原自身も，「『法的効果をもたない
父性確認』の構想は，いささか常識外れの感を否めない」との見解を示してい

---

(17) BVerfGE 79, 265 〈272〉.
(18) BVerfGE 90, 263 〈274〉.
(19) 遺伝上の父親と思われる男性の参加権が問題となった判決として BVerfGE 108, 82.

第 1 章　連邦憲法裁判所の2007年 2 月判決

た[20]。

　その後，2005年に連邦最高裁判所の判決が出た後に，まず同年 1 月にFDPが，遺伝上の親子関係を裁判所が確認するための手続を創設するよう，連邦議会に提案していた[21]。当時の連邦政府によれば，これが「法的効果をもたない父性確認」である[22]。その後，同年 4 月にはバーデン・ヴュルテンベルク州が，続いて 5 月にはバイエルン州が，連邦参議院に法案を提出した。バーデン・ヴュルテンベルク州の案はDNA鑑定をひそかに行うことを端的に認めるものであり，その際には関係者の同意も必要ないとしていた[23]。これに対してバイエルン州の案では，子やその母親の意思を全く無視して父性検査をひそかに行うことまでは認められていなかった。そこで提案されている内容について，提案者の説明も総合して見ると，父性否認権者は子に対して，遺伝子出自鑑定への同意と，そのために必要な遺伝子試料の入手を請求できる。それへの同意は家族内での検討となり，両親が共同で監護権を有している場合にはこの請求についても共同で決定しなければならないが，両親が鑑定の実施について合意できない場合には，どちらかの親の請求に基づいて，家庭裁判所がこれらの請求に対する決定を他方の親に委ねる。他方で，一人の親が単独監権者となっている場合には一部の事項に対する代理権のはく奪に関する規定が準用され，上記の請求に対する決定について補充保佐人（Ergänzungspfleger）が選任されることになる。そして，そのような手続を経た上で入手した鑑定結果であれば後の父性否認手続でも利用できるとされていた[24]。もちろん，入手した鑑定結果を利用しないことも可能であった。三つの案は，遺伝上の親子関係がないと確認されても自動的に法律上の親子関係が解消するわけではないという点で共通していた。そして二つの州の案を比較すると，バイエルン州案はDNA鑑定を行うことについて裁判所の関与を要求しており，その点でバーデン・ヴュルテンベル

---

[20]　海老原明夫「自己の出自を知る権利と嫡出否認 ── 連邦憲法裁判所の判決と親子法の改正」法学協会雑誌115巻 3 号（1998年）349頁以下〈403頁〉。
[21]　BT-Drs. 15/4727.
[22]　後の連邦政府案（判決当時）による（BT-Drs. 16/6561, Entwurf C）。
[23]　BR-Drs. 280/05.
[24]　BR-Drs. 369/05.

ク州案と異なっていた。これらの案のうち，2007年判決が推奨したのはバイエルン州案であった[25]。この制度においては，裁判所が遺伝上の親子関係を確定させるわけではなく，連邦憲法裁判所のそれ以前の判決や政府が提案していたのとは異なる制度が提案されたと言えるだろう。

　2007年10月4日には，当時の連邦政府が，連邦憲法裁判所が推奨した通りバイエルン州案を基本とする改正案を連邦議会に提出した[26]。代理権のはく奪はせずに裁判所が鑑定に同意するにとどめるなど，若干の変更点はあったが，基本的にはバイエルン州案に沿った法案となった[27]。改正法によって，DNA鑑定への同意を求める権利，また，そのために必要な遺伝試料の採取を受忍するよう求める権利が保障され，その権利は（法律上の）父，子の母，子に保障されることが予定されていた。

　このように1989年判決以降，「法的効果をもたない父性確認」手続が連邦憲法裁判所によって推奨されてきたにもかかわらず，結局実現には至っていなかった。そして，2007年判決においては，再び立法者に対する提案がなされたが，提案されたのは遺伝上の親子関係を裁判所が認定する手続ではなく，裁判所がDNA鑑定に同意するにとどまる手続であり，今度の手続は実現される公算が高くなっていた，という経過をここでは見ることができる。

(4) **小括 —— 法改正前の状況**

　自己の出自を知る，子の権利を認めた1989年判決を受けた1994年判決では，裁判所が親族関係に影響を与えずに親子関係を確認する手続の創設に言及していたが，そこで提案された手続は創設されず，その中身についても問題点が指摘されていた。その後，2005年に連邦最高裁判所の判決が出た後に各方面から提案がなされたが，2007年判決で連邦憲法裁判所が提案したのは，裁判所が遺伝上の親子関係を確定させるわけではない，以前の判決や政府が提案していたのとは異なるものであった。そして2007年判決以降の動きも総合すると，1989年判決以降，「法的効果をもたない父性確認」手続が連邦憲法裁判所によって推奨されてきたにもかかわらず，結局実現には至らず，2007年の判決では再び

---

[25]　なお，本判決はFDPからの提案には触れていない。
[26]　BT-Drs. 16/6561, Entwurf C.
[27]　BR-Drs. 193/07.

立法者に対する提案がなされたが，提案されたのはDNA鑑定に裁判所が同意するにとどまる手続であり，今度の手続は実現される公算が高くなっていた，という経過を見ることができる。かつての案には批判があったことは既に見た通りであるが，その批判の一部は予定されていた新手続に対してもなされていた[28]。また，当時の連邦政府による法案については，2007年判決当時の規定に従えば，2年以上前に父性に反する明らかな事実を知っていた場合には父性否認を直接出訴しても却下されたのに対して，提案されていた手続においては期間の制限がないため，新手続を利用するという「回り道」をすれば，父性に反する明らかな事実を最初に知ってから2年以上が経過していても受理される可能性があるという問題があった。他にも，提案された手続においては「最初の疑い」を示す必要がないとされていたことと，連邦憲法裁判所が父性否認の申請に「最初の疑い」を要求していたこととの整合性も問われていた[29]。

第4節　小括 ── 2007年判決について

　この事件において異議申立人は，子の母親に知られることなく，民間の研究所においてDNA鑑定を行った。それにより，申立人が法律上の子と遺伝上の父子関係にある可能性がまったくないという鑑定結果を確認した。そこで，彼はこの結果を根拠にして改めて父性の否認を申し立てたが，いずれの裁判においても申立ては退けられたため，これらの判決に対して憲法異議を申し立てた。連邦憲法裁判所は，子の出自を知る，父親の権利に対する保護義務違反を認めたのに続き，立法者が以降においてとるべき対応を示した。その中で推奨されたのはバイエルン州政府の案によるものであり，このような方法で得られるに至った鑑定であれば裁判において利用できるとした。改正規定として提案された内容をそれ以前にも提案されていたものと比較すると，1989年判決以降,「法的効果をもたない父性確認」手続が連邦憲法裁判所によって推奨されてきたにもかかわらず，実現には至らなかったのに対して，2007年の判決を受けてDNA

---

[28]　新手続について改めて疑問を示すものとしてRainer Frank/Tobias Helms, Kritische Bemerkungen zum Regierungsentwurf eines Gesetz zur Klärung der Vaterschaft unabhähgig vom Anfechtungsverfahren, FamRZ 2007, S. 1277ff.

[29]　Frank/Helms, Fn. 28, S. 1279ff.

◆ 第3部　情報自己決定権と他者の利益の衝突

鑑定に同意するにとどまる手続が提案され，今度の手続は実現される公算が高くなった。ただ，以前の法案に対してと同様に，新たに提案された手続についても様々な批判があった。こうして，子や母親に無断で入手した遺伝試料を使った鑑定結果を裁判で利用できないことに対して申し立てられた憲法異議について，連邦憲法裁判所は子の情報自己決定権や母親の監護権の重要性を認めつつも，子の出自を知るという父親の一般的人格権との関係で立法者の保護義務違反を認めた上で，立法者に対して法改正を求めた。そして，DNA鑑定に同意するにとどまる手続の導入については一部には懐疑的な見解もあるものの，こうした手続が設けられる公算が高くなっていた。以下ではその後の制度変更や裁判実務の動きを追うことにしたい。

第2章　法改正後の状況

　連邦憲法裁判所の判決においてドイツ民法（BGB）の改正が求められていたことは既に見た通りであるが，その後，ドイツ民法は正式に改正され，それに関連する法律として遺伝子診断法も制定された。さらに，2007年判決の影響を間接的に受けた形で「子の出自を知る，父親の権利」をめぐる状況に変化が見られたが，それでもなお，「出自を知る権利」を保護するための制度に関して様々な点で不備が指摘されていた。

第1節　ドイツ民法の改正と遺伝子診断法の制定

　まず，2008年3月にドイツ民法が改正され，1598a条が追加された。既に述べたように，連邦政府案はそれ以前のバイエルン州の案を一部変更したものであったが，最終的な規定においては連邦政府案からも変更があった。父性の否認には遺伝上の父子関係を疑わせる事情を知ってから2年という期間が定められているが，父性解明手続を完了させた後に新たに期間の計算が開始されるのではなく，この場合には期間の進行が停止するとの修正がなされた。しかし，その他は基本的に政府案に沿ったものであった。以下においてはその具体的な内容について述べる[1]。

(1) ドイツ民法の改正

　まず，遺伝子出自鑑定に同意し，検査に必要な遺伝試料を提供することを受忍するよう求めることができるようになった。これらを申し立てることができる者としては，子の法律上の父親，子の母親，子本人が挙げられている。これらの者から申立てがあった場合には家庭裁判所が管轄の裁判所として審判を行い，申立てが適切であると認めた場合には関係者に代わってDNA鑑定に同意

---

[1] Marina Wellenhofer, Familienrecht, 2. Aufl., 2011, S. 256ff.; Dieter Schwab, Familienrecht, 20. Aufl., 2012, S. 274ff.; Wilfried Schlüter, BGB - Familienrecht, 14. Aufl., 2012, S. 223ff. usw.

◆第3部　情報自己決定権と他者の利益の衝突

し，試料の提出を受忍するよう命じる。しかし，未成年である子の利益を著しく害することになりそうな場合には手続は停止される。この手続はしばしば「父性解明手続」と呼ばれるが，この手続を経ることで，子やその母親の自発的な同意なくして行われたDNA鑑定の結果であっても，後の父性の否認手続で利用できるようになった。

(2) ドイツ民法の改正後も残されていた課題

DNA鑑定の実施に関しては，その後，遺伝子診断法が制定された。遺伝子診断法において規定されている内容についてもこの後に述べるが，ここではドイツ民法が2008年に改正されたのに加えて，遺伝子診断法も制定された背景についても述べることが必要だろう。既述の通り，2008年のドイツ民法改正によって，父性解明請求という形で，法律上の父子関係に影響を与えずに遺伝上の父子関係を調べることについて家庭裁判所が関与する手続が導入されたが，この手続が導入されたからといって，裁判外で，当事者に無断でDNA鑑定を行うという事例が即座になくなることにはならないだろうとの指摘があった。

一つは父性解明手続が家庭の平穏を乱す可能性が問題とされていたためである。父性解明手続を経て行われた鑑定の結果は，後の父性否認手続においても証拠として利用できることになったため，DNA鑑定への同意を求めて申し立てることは，法律上の父親が父性の否認を検討しているのではないかとの推測を招くことになる。また，遺伝上の父子関係を疑っていることが明らかになることも，家族生活の平穏を害するおそれがある。そうした事情から，2008年のドイツ民法改正によっても，事を荒立てずに父子関係を確認したいという要望には応えられない可能性があった[2]。さらに，関係者に無断で鑑定を行ってもその結果を裁判で利用できないだけであり，無断で鑑定をしたことを理由とする罰則が設けられているわけでもなかった。

2008年のドイツ民法改正によっても無断でのDNA鑑定がなくなるとは限らないと考えられた第二の理由は，「父性解明手続」の申立権者に，子の法律上の父親ではないが，自分が遺伝上の父親ではないかと考えている者が含まれて

---

[2] Stefan Braun, Die Regelungen des Gendiagnostikgesetzes zur "heimlichen Vaterschaftstests", MDR 2010, S. 482ff. 〈S. 484〉.

第2章　法改正後の状況

いないことであった。当時の規定において，自分がその子の遺伝上の父親であると考えている者が，法律上は他人の子である者との遺伝上のつながりを裁判において解明できるのは，法律上の父親となるための手続においてのみであった。現在の法律上の父親に代わって他の男性を新たに法律上の父親とするための手続は二段階で行われるが，遺伝上のつながりがあることを知りたいだけである男性にとっては，それぞれの段階で問題が生じる。まず，法律上の父親になることを求めるためには，その子の法律上の父親の父性を取り消しておく必要があるが[3]，法律上の父親の父性を消滅させるためには，現在の法律上の父子の社会的家族関係が消滅していなければならない。そのため，法律上の父親となっている者の父性を取り消すことが実際上は難しい場合も多い。仮に，元々の法律上の父親の父性を消滅させることができた場合には，自身を法律上の父親として認めるよう求める請求を第二段階として行い，その手続において，自分がその子の遺伝上の父親であることを主張できるようになる。しかし，この手続はあくまでも法律上の父親として承認されるための手続であり，この手続において遺伝上の父子であることの認定を受けるということは，法律上の父親になるという法的効果を伴うのである。

　このように，遺伝上の父親が，他の男性の法律上の子との遺伝上のつながりを，法律上の父子関係を発生させずに確認したいと思っても，現在の法律上の父親の父性を消滅させておかなければならないという問題と，遺伝上の父子関係が明らかになると法律上の父親になるという問題があった。そういった事情において，法律上は他人の子である者と遺伝上のつながりがあることを知りたいという男性にとって現実的なのは，裁判外で，当事者に無断で鑑定を行うという手段だけとなり，無断で鑑定を行ったとしても罰則を科されるわけではなかった[4]。このような事情も，法律上の父親でない，遺伝上の父親であると考えている者によって無断で行われる裁判外での鑑定に対して，ここで取り上げた民法改正では歯止めにならないとの指摘を招いていた。

---

(3) 三宅利昌「血縁上の父による法律上の父子関係の否定について──ドイツにおける血縁上の父の父性否認権を中心として」創価法学34巻2号（2004年）99頁以下参照。

(4) Stephanie Ostermann, Das Klärungsverfahren gemäß § 1598a BGB, 2009, S. 151 f.

◆ 第 3 部　情報自己決定権と他者の利益の衝突

(3) 遺伝子診断法の制定

　ここで述べたのは，当事者に無断で裁判外で DNA 鑑定を行っても罰則を受けないことに伴う問題でもあり，この問題については，遺伝子診断法（Gendiagnostiksgesetz）が制定されることで対応が図られた。遺伝子診断法は2010年2月に施行され，17条において，子やその母の同意を得ることなく DNA 鑑定を行うことを禁止した。さらに，26条1項6号と7号には，17条に違反した場合には過料を科すとの規定が設けられた[5]。

(4) 小括 ── ドイツ民法の改正と遺伝子診断法の制定

　ドイツ民法の改正や遺伝子診断法の制定によって，関係者に無断で私的に父子鑑定を行うことが罰則つきで禁止される一方で，関係者が同意しなくても，裁判所が代わりに同意を与えることで，法的地位には影響のない形で父子の遺伝上のつながりがないことを確認できるようになった。しかし，これらの制度変更においても，依然としていくつかの課題が残されており[6]，ここでは遺伝上の父親（であると考えている者）の権利についても触れた。

　法改正によって導入されたのは，法律上の父親とされている者が，その子の遺伝上の父親ではないことを確認するための手続であった。その一方で，それは子の遺伝上の父親が法律上の父親以外の誰であるかを確定させるための手続ではなかったため，遺伝上の父親（であると考えている者）の権利が十分に保護されていないとの批判があった[7]。法改正によって，遺伝上の父子関係の確認を求めることができるようになったのは，子とその母親，子の法律上の父親だけである。しかし，法律上の父子が本当に遺伝上の父子であるかは，自分が遺伝上の父親ではないかと考えている他の男性にとっても関心のある事柄であろう。ところが2008年改正によっても，単に遺伝上の父親にすぎない者には，

---

[5] BGB の改正と遺伝子診断法の制定について触れるものとして，豊田博昭「秘密に収集された DNA 鑑定の訴訟上の利用（五・完）」修道法学35巻2号（2013年）604頁以下。

[6] 改正法に対する評価について紹介する邦語文献として，野沢紀雅「ドイツ実親子法の新たな展開 ──『出自解明請求権』をめぐって」日本比較法研究所編『Future of Comparative Study in Law : The 60th Anniversary of The Institute of Comparative Law in Japan, Chuo University』（中央大学出版，2011年）764頁以下。

[7] Angie Genenger, Erleichterte Abstammungsklärung ohne Berücksichtigung der biologischen Väter, JZ 2008, S. 1031ff., usw.

第2章 法改正後の状況

法律上の父子が遺伝上の父子でもあるかを確認するための手続が設けられていなかったのである。

既述の通り，仮に，法律上の父親ではない男性が，その遺伝上の子であると思われる者との父子関係を裁判において明らかにしようと思っても，現在の法律上の父親の父性を否認させる手続に入ること自体が現実的には難しく，仮にそのような手続に至ったとしても，その手続において遺伝上の父子関係を裁判所が証明すれば，新たに法律上の父親となるという法的効果を伴うのである。残る選択肢は裁判外で，当事者に無断でDNA鑑定を行うことであるが，それは遺伝子診断法の制定によって罰則の対象となった。

このように，遺伝上の父親と思われる者の権利との関係では，2008年改正によっても法律上の父子が遺伝上の父子でもあるかを確認するための手続が認められておらず，裁判外で，無断でDNA鑑定を行えば遺伝子診断法によって罰則を科せられることになっていた。その意味では，ドイツ民法改正後は自分が遺伝上の父親であることを裁判所の関与の下で明らかにすることだけを望む男性にとって，一層不利な仕組みになっていたとも言える。

第2節 遺伝上の父子関係が「存在する」ことの確認──「付随的」な父性の解明

各種法改正・制定によっても上で述べた課題が残っていたが，特に，法律上は他人の子である者との間に，遺伝上の関係が「ある」ことを確認したい者の保護に関わる問題があった。そして，遺伝上の関係が存在することを明らかにしたいという要望が，その後，法律上の父親や，法律上の父親ではないが，自分が遺伝上の父親ではないかと疑っている男性の権利として，一部において保護されることになった。

(1) 養育費返還請求に関係する変化

2008年の改正を受けたドイツ民法においても，誰が遺伝上の父親であるかまで明らかにするための手続がなかったことは，法律上の父親にとっても不都合な側面があった。ドイツ民法の下で，遺伝上の父親ではないことが判明した者は，遺伝上の父親に対して，法律上の子のためにそれまでに支出した養育費を返還するよう求めることができるが，返還を求めるためにはその返還を申し立

てられる者の父性が法的に確定されていなければならなかった（権利実行障壁―Rechtsausübungssperre）。

父性の否認手続を通じて法律上の父子関係を否認しておけば、他の者を法律上の父親とするよう請求できるが、他の者を法律上の父親とするためには、その男性が遺伝上の父親であることが明らかになっている必要があった。ところが、子やその母親による協力が得られなければそれを明らかにできないため、返還を受けられないことも多いと言われていた[8]。

そのような状況において連邦最高裁判所の2008年4月16日判決は[9]、このような場合には返還請求手続において、付随的確認という形で、請求の相手方の男性が遺伝上の父親であることを明らかにできるとした（権利実行障壁の突破―Durchbrechung der Rechtsausübungssperre）。これによって、養育費の返還請求という限定的な場面においてではあるが、子の遺伝上の父親を裁判において確定できるようになった。

この判決はそれまでの判例を変更したものであったが、判例変更を行うに至った一つの要因として連邦最高裁判所が挙げたのが、2008年に遺伝上の父子関係を法的な地位に影響させない形で確認できる手続が導入されたことである[10]。たしかに、付随的父性確認によって遺伝上の父親であることが判明しても遺伝上の父子が直ちに法律上の父子になるわけではないという点には、発想としては2008年に導入された父性解明手続と共通する部分があるだろう。そして、この判決については肯定的な見解が多かった[11]。

(2) 遺伝上の父親の面接交渉権

また、法律上の父親ではないが自分が遺伝上の父親ではないかと考えている男性の権利に関しては、遺伝上の子と面会する権利が与えられたことも、ここ

---

(8) Anmerkung von Martina Wellenhofer, FamRZ 2008, S. 1424ff. 〈S. 1427〉は、「弁護士はこれまで、クライアントに対して、『確かに請求はできるのですが、貫徹できないのです』と確認するのに、かなり苦労していた」ことを紹介する。

(9) BGHZ 176, 327.

(10) BGHZ 176, 327 〈333f.〉.

(11) Anmerkung von Martin Löhnig, JA 2009, S. 66ff. 〈S. 67〉. 他方で、否定的な意見として Lore Maria Peschel-Gutzeit, Durchbrechung der Rechtsausübungssperre des § 1600d Abs. 4 BGB allein aus finanziellen Gründen ?, JR 2009, S. 133ff.

で触れるべき変更点として挙げられる。2013年改正によってドイツ民法に1686a条1項1号が追加され，法律上は父親ではないが遺伝上は父親である者に，子との面接交渉権が厳格な条件の下においてではあるが認められた[12]。しかし，その権利を主張するためには，その子が自分の遺伝上の子であることが必要なため，面接交渉権を主張するなかで，遺伝上の父子関係を付随的に確認するための規定も設けられた（FamFG 167a条2項）。

(3) **2013年改正に対する学説の反応**

養育費の返還請求に関する判例変更が多くの支持を得たのとは異なり，この2013年改正には批判的な見解も多く，「多くの点でシステム上の問題があり，問題を解決するというよりは，大きくするもの」との評価もあった[13]。特に，この改正によって，遺伝上の父親に子と面接交渉する権利が与えられたことで，法律上の父親であれば負うべき責任が求められないままに，いわば父親であることの「光の面」だけが保障されること（Vaterschaft light）に対する批判が強かった[14]。2013年に設けられた規定に基づいた手続において遺伝上の父子関係が明らかになったとしても，遺伝上の父親が法律上の父親になるわけではないためであり，そのような事情から，ドイツ弁護士連合会は，遺伝上の父親であることが判明した者に義務も課すために父性の認知を行えるようにすべきと提案していたとのことである[15]。遺伝子診断法が制定された時点では遺伝上の父親に対する権利の保護が不十分であるとの批判がなされていたことを考えると，2013年の改正に対して批判があることには意外な感もある。しかし，批判の対象になっているのは面接交渉を行う権利が保障されることになったという点で

---

[12] 解説として Birgit Hoffmann, Das Gesetz zur Stärkung der Rechte des leiblichen, nicht rechtlichen Vaters, FamRZ 2013, S. 1077ff.

[13] Lore Maria Peschel-Gutzeit, Der doppelte Vater - Kritische Überlegungen zum Gesetz zur Stärkung der Rechte des leiblichen, nicht rechtlichen Vaters, NJW 2013, S. 2465ff.

[14] Christian A. Lang, Entwurf eines Gesetzes zur Stärkung der Rechte des leiblichen, nicht rechtlichen Vaters, FRP 2013, S. 233ff.

[15] Lore Maria Peschel-Gutzeit, Der doppelte Vater - Kritische Überlegungen zum Gesetz zur Stärkung der Rechte des leiblichen, nicht rechtlichen Vaters, NJW 2013, S. 2465ff.〈S. 2469〉による。

あり，遺伝上の父子関係が明らかになること自体ではない。

(4) 小括 —— 遺伝上の父子関係が「存在する」ことの確認

　連邦憲法裁判所の2007年判決を受けてドイツ民法が改正され，父子鑑定を行うことに対する同意を裁判所が与える制度が設けられた。また，遺伝子診断法の制定により，当事者に無断で，しかも裁判外で父子鑑定を行うことは罰則つきで禁じられた。このようにして法律上の父親である者が父子鑑定を行うための制度が整備された一方で，現在は法律上の父親ではない男性は，他の男性の法律上の子となっている者との血縁の有無を調べる上で依然として不利な立場にあった。その後，連邦最高裁判所における解釈変更も経て，具体的な請求に付随する形でそうした鑑定を得ることが複数の場面において可能になった。先に挙げた連邦憲法裁判所の2007年判決はその後のドイツ民法の改正と遺伝子診断法の制定，付随的父性確認手続の導入のきっかけと足がかりになっており，その判決の意義は決して小さくはなく，男性が父子鑑定を行うことをより容易にしていく上での出発点となったと言えるだろう。

第3節　女性の内密領域の保護

　子の出自を知りたいという父親の権利は2015年にも，子の母親に対して子の生物学上の父親と思われる者を明かすように求める権利の問題として論じられている[16]。子の出自を知るための権利であるという点で，この章において検討の対象としてきた権利と共通しているが，連邦憲法裁判所は遺伝上の父親と思われる者を答えるよう母親に求めることにはまた別の問題を見出している。この事件では父親の一般的人格権が子の情報自己決定権と直接対立しているわけではないが，一般的人格権が他の私人との利益との関係でいかなる強さにおいて保護・制約され得るかを考える手がかりを見出せるように思われるため，以下ではこの事件の概要を紹介し，裁判所がどのように判断したのか，そして関係する判例や学説はどのような状況であるかを述べる。

---

[16]　BVerfGE 138, 377（拙稿「女性の内密領域の保護と裁判所による法の継続形成の限界」自治研究92巻6号（2016年）142頁以下）．

(1) 事件の概要

　当時20歳だったこの事件の異議申立人（「申立人」）は，原手続の原告（「原告」）と関係をもっていた間に妊娠した。それを機に申立人と原告が結婚したのちに，その子が1991年10月の初めに嫡出の子として生まれ，原告はドイツ民法1592条1号によって子の法律上の父親となった。申立人は，他の人も子の遺伝上の父親と考えられるとも，原告が遺伝上の父親であるとも，原告には述べていなかったが，1994年に，原告は遺伝上の父親でないかもしれない，と手紙で告白した。1995年に両者は離婚し，原告は子に対する単独監護権（Sorgerecht）を申請した。

　それを受けて子は，とりあえず原告の下で生活することになった。そして，原告も申立人も暫定的に子の養育費を支払っていた。しかし，その後，2010年に原告は父性の否認を完了させ，ドイツ民法の規定によって原告の父性と原告に対する子の養育費請求権が遡及的に消滅した。

　この場合，遺伝上の父親に対して子が有する養育費請求権がこの事件の原告のような「法的な外観においてのみ父親であった者（Scheinvater－「外観上の父親」）」に移り（ドイツ民法1607条3項1文・2文），外観上の父親はそれまでに子に支払った養育費を返還するよう，子の遺伝上の父親に請求できる。この請求は子と遺伝上の父親との間に法律上の父子関係が成立した場合（ドイツ民法1600d条4項）だけでなく，上述の養育費返還手続における「付随的認知の訴え」[17]を用いることができる場合であれば両者に法律上の父子関係が成立していなくても行えるが，遺伝上の父親と思われる者が不明であれば訴えるべき相手を特定できないという問題があり，遺伝上の父親であると思われる者を回答するよう母親に請求できないかが検討されてきた。このような回答請求権を認める規定はなかったが，信義則（ドイツ民法242条）を根拠に認めた連邦最高裁判所の判決はあった[18]。

　原告は2012年10月に，養育費返還請求権を行使するために誰が子の遺伝上の父親と考えられるのかを知らせるよう申立人に求めた。区裁判所と上級地方裁

---

[17]　BGHZ 176, 327.

[18]　BGHZ 191, 259. その後の関係判例として BGHZ 196, 207. Vgl., Dieter Schwab, Familienrecht, 24. Aufl., 2016, S. 268ff.

◆第3部　情報自己決定権と他者の利益の衝突

判所は，子の父親と思われる人を原告に回答するよう，申立人に義務づけた。これに対して申立人は一般的人格権の侵害を主張して憲法異議を申し立て，連邦憲法裁判所第一法廷は憲法異議には理由があるとした。

(2) 連邦憲法裁判所の判断

　連邦憲法裁判所は，どちらの裁判所も，申立人の一般的人格権に認められる意義を適切に評価していないとした。それによれば，申立人は回答が義務づけられたことで，一般的人格権に対する重大な介入を受けている。ある特定の男性，もしくは複数の男性との性的な関係を打ち明けるよう強いられ，私生活の最も内密の行為を公表しなければならなくなるためである。基本法1条1項と結びついた2条1項から導かれる一般的人格権は個人の私的・内密領域とともに，性生活の観点や，それを公表しなくてもよいという利益も保護していると述べ，それはそうした事柄を公に述べたり見せたりすることが適切ではないからであり，また，それを知られることは恥ずかしい（peinlich）と感じられるからであり，さらにまた，周囲から不利益な反応を受けるからであるとした。原手続を担当した裁判所はこの点では出発点（im Ansatz）としては適切に，この権利を，ドイツ民法1607条3項1文・2文から導かれる一般法上の養育費返還請求を実行するという，外観上の父親の利益と対置したとの理解を連邦憲法裁判所は示した。母親の秘匿利益は，外観上の父親の金銭的な返還利益に対して保護に値する程度が弱まることもあるだろうと述べる。そのような場合として連邦憲法裁判所が挙げたのは，外観上の父親が母親に認知を求められていたという場合や，母親が外観上の父親に，法律上の子であった者に要した養育費をドイツ民法826条によって自分の行為ゆえに賠償する義務がある場合である。しかしこの事件の原手続を担当した裁判所は申立人の上述の権利の重要性を適切に評価していないという。上級地方裁判所は申立人の一般的人格権に対する介入は存在していないとし，それは父性の否認が完了したことで，親子関係が推定される時期に申立人が他の男性と性的な関係をもっていたことが確定したからであると考えたが，性的な接触をもった相手を公表したりその名前を挙げたりすることは，当該の女性の私的領域の保護との関係で，一般的に子が婚姻とは別に誕生したという事実よりも一層の大きな衝撃力があるとした。そして問題となっている原手続の両決定は一般的人格権の意義を理解しておらず，

その結果，この事件において当事者の保護の必要性に有利・不利な具体的な状況を詳しく評価せず，決定に取り込まなかったと批判する。そのため，両裁判所がこれらの観点を適切に評価していれば他の結論に至ったということが排除できないと結論づけた。

連邦憲法裁判所は他にも，外観上の父親が養育費返還請求権を実行するために，子の父親であると思われる者について回答するよう母親に裁判で義務づけたことは裁判官による法の継続形成の憲法上の限界を超えており，申立人は憲法に反して基本権を侵害されているとした（基本法20条3項と結びついた2条1項）。連邦憲法裁判所が挙げるのは，この事件で主張されている回答請求権が明文では規定されていないという問題である。法律はドイツ民法1605条によって養育法上の請求権を実行するための回答規定を含んでいるが，ここで問題となっているような外観上の父親への回答が母親に義務付けられるとは規定していない。特別な結びつきがある場合に裁判所がドイツ民法242条の一般条項によって回答請求権を認めることは，憲法上は，原則的には批判されることではなく，裁判所による法解釈や法の継続形成を通じた創造的な法発見は実務上は不可欠であり，連邦憲法裁判所によって以前から認められているとする。しかし，裁判所による法の継続形成には憲法上の限界があり，そのような限界は基本権からも生じると指摘する。法の継続形成というやり方で裁判所によって選択された解決が，憲法，特に個人の憲法上の権利を実現（Durchbruch）させることに役立つのであれば裁判官による法の継続形成の限界は広いが，反対に，裁判官による法の継続形成の限界はそれに対応する形で，個人の法的地位を悪化させる場合には狭いものとなるという。その点，回答義務に伴う申立人の基本権への介入は，重大であるとした。加えて，回答をするよう申立人に義務づけることは，名前が挙げられる男性の一般的人格権や家族生活に対して間接的に介入することを指摘する。これと対立するのは，この事件では，外観上の父親の一般法上の養育費返還請求権の実効性の強化という利益だけであるという。養育費返還請求権を側面で支援する回答義務を立法者が規定しなかったことが外観上の父親に不利な形で基本権上の最低基準よりも下回らせていることが明らかとは言えないと述べ，また連邦憲法裁判所は比較法的にも養育費返還請求権を無制約に保障するということは自明とはなっていないことも挙げる。この

◆第3部　情報自己決定権と他者の利益の衝突

事件で判断すべき回答請求権の場合には，憲法上必要な範囲を超えるような裁判官による法の継続形成にとっての裁量は，母親の対立する基本権ゆえにより狭いものと考えられるとした。

　こうしたことから連邦憲法裁判所は，原手続を担当した裁判所は，ドイツ民法1607条3項2文から導かれる養育費返還請求権を実行するために以前の性交渉の相手について回答するよう母親に義務付けることを，ドイツ民法242条の一般条項だけを根拠にすることはできないとの判断を示した。回答の義務づけには義務があることを読み取れる（ablesen）ような具体的な法律上の糸口を必要とするが，そのような糸口は本件では見いだせないとした。養育法の分野でドイツ民法1605条でなされている規定は，反対に，養育費返還請求権を実行するための回答義務は存在しない方がよいことを示しているという。ドイツ民法1607条3項も実体的な法的地位を認めているにすぎず，それを実現できるとは規定していないことも挙げる。また，その権利の実現は回答義務を課せられる者に私的領域にある内密なデータを打ち明けるよう裁判で義務付けることによってしか達成しえないという。加えて，回答を義務付けられる者は，この事件では，貫徹される実体的な本案請求の相手方ですらないことも問題点として挙げている。さらに，外観上の父親の法律上の養育費返還請求は，それを側面から強化する回答請求権がなくても実際に空洞化することはないとの見解を示す。それは外観上の父親が，どのみち実際の父親が誰であるかを知っていた，もしくは，実際の父親を子の母親が任意に情報提供してくれることで知るというような場合であるという。最後に，ドイツ民法1353条1項という婚姻法上の一般条項も母親の回答義務に対する十分に具体的な根拠とはならないとした。結局，連邦憲法裁判所の判断によれば，具体的な法律上の糸口がないため，原手続を担当した両裁判所は養育費の返還を貫徹するための母親に対する外観上の父親の回答請求権をドイツ民法242条から一般的に導くことはできず，外観上の父親の養育費返還請求が強化された方がよいというのであれば，立法者が動かなければならない。立法者が，裁判所が現行の一般条項を適用して保障し得る以上の強い保護を規定することも可能であるが，それを行うのであれば，それと対立する母親の人格権を考慮しなければならず，この人格権が本件では重大であるとした。

第2章　法改正後の状況

　以上のような見解に基づき連邦憲法裁判所は，憲法異議の対象となった区裁判所と上級地方裁判所の決定は，申立人の基本法1条1項と結びついた2条1項から導かれる一般的人格権と，法治国家原理（基本法20条3項）と結びついた2条1項から導かれる基本権を侵害しており違憲であるとした。上級地方裁判所の決定は破棄され，事件は上級地方裁判所に差し戻された。

(3) **判例や学説の状況**[19]

　原手続の両決定の合憲性を判断するにあたって，この決定は外観上の父親の利益よりも母親の利益を優先した。この点について学説では肯定的な見解も見られるが[20]，連邦最高裁判所の判例に好意的な見解も見られる[21]。この事件においては父性が既に否認されており，申立人に他の男性と性的な関係があったことは明らかであったことや，近年の連邦憲法裁判所には父子の遺伝上の関係を解明する権利を認める傾向があったことなども[22]，後者の見解に有利なようにも見える。しかし，この事件で原告の請求が認められると，父子関係が存在しないことや申立人に他の男性と性的な関係があったことだけでなく，具体的にどの男性（たち）と性的な関係をもったのかを自ら告白するよう，申立人は強いられるという事情があった。他方で，母親の利益に対抗するものとしての原告の利益は金銭的利益だけであるとされ，一般的人格権と関係するとはされなかった。この事件では子の遺伝上の事柄を知る利益が問題となっていることとの整合性も問題となりうるが，この事件での請求は具体的な法的効果とは無関係に父子関係の有無を知りたいとするものではなく，養育費の返還請求を行うための一連の手続の中に位置付けられるものであったことを指摘できる。既述の通り，連邦最高裁判所はこの事件で問題となったような回答請求権を認めてきたが，それらの事件においては，出生前に母親が認知を求めていた，また，婚姻後，しばらくしてから出生していたなどの事情があった。それに対してこ

---

[19]　本書では日本の制度との比較は省略した。
[20]　Anmerkung von Julia Caroline Scherpe, FamRZ 2015, S. 729ff.〈S. 733〉.
[21]　Anmerkung von Thomas Rauscher, JZ 2015, S. 620ff.〈S. 625f.〉; Martin Löhnig, Auskunftsansprüche im Familienrecht im Spiegel der aktuellen höstrichterkichen Rechtsprechung, JA 2015, S. 641ff.〈S. 643〉.
[22]　BVerfGE 117, 202.

◆第3部　情報自己決定権と他者の利益の衝突

の事件では母親（申立人）が認知を求めたわけではなく，また，婚姻前という，父子関係の推定が及ばない時期に妊娠していたという違いがあった。連邦憲法裁判所が事件を上級地方裁判所に差し戻したのは，連邦最高裁判所で過去に扱われた事件と共通する事情がこの事件においてもあったのかを確認するためであったとも理解できる。

　2015年決定の判断は裁判所（裁判官）による法の継続形成の限界の問題にも及んでいる。ドイツにおいて法の継続形成と呼ばれるのは，現行法に欠缺があるような場合に類推や目的論的縮減をすることで対処することである。他方で，法の継続形成には立法者との関係で限界もあるとされている[23]。この決定においては，以前の「上訴理由縮減事件」[24]で第二法廷の反対意見が示した，法の継続形成の余地は事件ごとに広がったり狭まったりするとの見解を援用し，原手続における法の継続形成の余地は本件においては狭いとし，母親に回答義務を課すための法律上の具体的な根拠を要求した。既に過去の事件の評釈においても連邦憲法裁判所の審査密度が高まっているのではないかとの指摘はあったが，実際にそのような変化が生じたとまで言えるかについては争いがあり[25]，また，それらの判決や決定においては上訴理由縮減事件の反対意見が参照されていたわけではなかった。これに対してこの決定は明示的に上訴理由縮減事件判決の反対意見を参照することで，通常裁判所が行った法の継続形成の合憲性を厳格に審査すべき場合があることを明確にしたと言えるだろう。

　そしてこの2015年決定は，申立人の基本権介入の重大性，名前が挙げられることになる男性の一般的人格権への間接的な介入と，外観上の父親の養育費返還請求権の実効性の強化という金銭的な利益を比較し，本件における裁判官に

---

[23]　Vgl., Hans Dieter Jarass/Bodo Pieroth, GG Kommentar, 16. Aufl., 2016, S. 538f. (Jarass), usw. 初期の事例として BVerfGE 34, 269（渡辺康行「裁判官による法形成とその限界——ソラヤ決定」ドイツ憲法判例研究会編『ドイツの憲法判例』（信山社，1996年）303頁以下）。

[24]　BVerfGE 122, 248（玉蟲由樹「責問制限禁止原則の放棄と裁判官による法発見の限界」ドイツ憲法判例研究会編『ドイツの憲法判例Ⅳ』（信山社，2018年）246頁以下）。

[25]　Herbert Wiedemann, Richterliche Rechtsfortbildung, NJW 2014, S. 2407 ff. 〈S. 2408〉．川又伸彦「憲法異議と憲法の規範力」戸波江二・畑尻剛編集代表『憲法の規範力と憲法裁判　講座 憲法の規範力　第2巻』（信山社，2012年）285頁以下も参照。

252

第 2 章　法改正後の状況

よる法の継続形成の余地は狭いと解した。その上で，外観上の父親の請求を認めるためのはっきりとした法的根拠がないとして，原判決は裁判官による法の継続形成の限界を超えている，とした。しかし，法の継続形成の限界に関する判断に対してもこの決定には多くの批判がある。第一に，原手続の両決定の合憲性の審査に際しては母親の秘匿利益は常に優先するわけではないとしている一方で，裁判官による法の継続形成の限界を確定させるための衡量の際には母親の利益が一律（pauschal）に優位となっているとする批判がある[26]。第二に，法の継続形成の限界を確定させる際の衡量における両者の利益の重要性の判断に対する批判がある。一方では，母親の権利に高い価値が認められていることや，遺伝上の父親の家族生活の保護が，母親側の利益に入っていることが批判されている[27]。また，外観上の父親の利益が低く評価されているとの批判もある[28]。特にこの決定が，回答請求権によらなくとも遺伝上の父親を知ることができる場合には外観上の父親の養育費返還請求権は空洞化しないとした点については，好意的な見解も見られる一方で[29]，その場合には回答請求権の議論が必要なくなるとの指摘がある[30]。これらの批判について検討すると，まず，法の継続形成の限界を確定させるための衡量は，問題となっている措置・判決（決定）の合憲性を判断するための衡量とは別の作業であることを指摘すべきであろう。そして，裁判官による法の継続形成の余地の広さを検討する際に母親の利益を「一律」に優先したり外観上の父親の請求権が空洞化しない場合もあることを考慮したりすることは，不適切とまでは言えないように思われる。また，既に述べたように，この決定は上訴理由縮減事件の反対意見を参照した上で，通常裁判所が行った法の継続形成の合憲性を厳格に審査した。法の継続形成の

---

[26] Anmerkung von Philipp M. Reuß, NJW 2015, S. 1506ff.〈S. 1510〉.
[27] Rauscher, Fn. 21, S. 626 ; Michael Sachs, Staatsorganisationsrecht : Verfassungsrechtliche Grenzen richterlicher Rechtsfortbildung, JuS 2015, S. 859ff.〈S. 861〉.
[28] Sachs, Fn. 27, S. 861.
[29] Scherpe, Fn. 20, S. 734 ; Tobias Fröschle, Der Auskunftsanspruch des Scheinvaters nach dem Beschluss des BVerfG v. 24. 2. 2015, FamRZ 2015, S. 1858ff. は子に回答を求める余地があるとする。
[30] Reuß, Fn. 26, S. 1510. また Rauscher, Fn. 21, S. 627は隣人に聞いて回ったり，子を道具化したりするなどの好ましくないやり方が用いられるおそれがあるとする。

◆第3部　情報自己決定権と他者の利益の衝突

余地を確定させるために行われた衡量に対する学説の批判に従えば，原手続で行われた法の継続形成の合憲性は本件においては緩やかに審査されることになるだろう。しかし，これらの学説においても審査の厳格さは衡量を通じて決定され，また，別の事件では厳格な審査が必要な場合も出てくるだろう。

　この決定は，申立人に対する回答請求権を認めるためには立法によることが必要であるとした。そのため，仮に差戻審での審理の結果，この事件において連邦最高裁判所の過去の関係する事件と共通する部分があったことが判明したとしても，現行法下では回答は義務付けられ得ないということになるだろう。連邦憲法裁判所は連邦最高裁判所の過去の判決の姿勢自体を誤りとはしていないため，本件のような回答請求の立法化に際しては，過去に問題となったような事例では回答請求を認める一方で，男性の利益の重要性が低い場合や母親の一般的人格権への介入の度合いが大きい場合には回答請求を認めないという形で，回答請求の可否を明確な基準によって細かく規定する必要があるだろう[31]。

(4) **小括　—— 女性の内密領域の保護について**

　遺伝上の父親であると思われる者を子の母親に回答させようとしたことを認めた判決に対する憲法異議において，連邦憲法裁判所は性的な接触をもった相手を公表したりその名前を挙げたりすることは，子が婚姻とは別に誕生したという事実とは違う重みがあるとし，またそうした回答を命じることは裁判官の法の継続形成の限界を超えるとして憲法異議を認容した。それに対して，学説では男性と母親の利益の衡量を中心に批判もあるが，連邦憲法裁判所の決定を見る限り，そうした批判には反論も可能なように思われる。

第4節　小括 —— 法改正後の状況

　子や母親に無断で入手した遺伝試料を使った鑑定結果を裁判で利用できないとされたことに対して申し立てられた憲法異議について，連邦憲法裁判所は子との血縁の有無を知るだけにしたいという父親の要望に適した手続が設けられ

---

[31]　Rauscher, Fn. 21, S. 626 はそのような立法は実現不可能だとする。また Christopher Schmidt, Regress des Scheinvaters gegen die Mutter ?, NJW 2015, S. 2693ff. は母親に対する扶助費の返還請求の可否を検討する。

ていないことを理由に立法者の保護義務違反を認め，立法者に法改正を求めた。そしてこの判決を受けてドイツ民法が改正され，父子鑑定を行うことに対する同意を裁判所が与える制度が設けられ，遺伝子診断法では，当事者に無断で，しかも裁判外で父子鑑定を行うことが罰則付きで禁じられた。加えて，現在は法律上の父親ではない男性が，他の男性の法律上の子となっている者が具体的な請求に付随する形でそうした父子関係の有無を確認することが，複数の場面において可能になった。先に挙げた連邦憲法裁判所の2007年判決はその後の法改正・制定を通じて男性が父子鑑定を行うことをより容易にしていく上での出発点となったと言えるが，遺伝上の父親であると思われる者を子の母親に回答させようとしたことを認めた判決に対する憲法異議では，性的な接触をもった相手を父親に公表するよう母親に求めることはできないとされた。こうした一連の過程においては，2007年判決とそれ以降，生物学上の父子関係を知る，男性の権利が拡充される傾向が見られながらも，2015年決定においては母親側の利益が優先されたことからも，男性の権利の拡充には一定の限界があることが示されたと言える。このようなドイツの状況は，2007年の判決においても父親との関係で子の情報自己決定権の保護が語られながらも，父親の一般的人格権の保護が図られ，その後の男性の権利の拡充につれて，自己の同意なく自己の出自を知られたくないという意味での子の情報自己決定権の保護は弱められていたことを意味する。他方，父子関係があると確認することだけを目的とする裁判上の請求は具体的な請求に付随するものにとどまっており，その限りでは子の情報自己決定権に一定の配慮をしているとも言える。また，2015年の決定では母親の利益が優先されており，子の出自を知る父親の権利としての一般的人格権は，母親の利益との関係でも譲歩を求められた。こうして出自を知る・知られない権利との関係で，ドイツでは子・父親・母親の利益の調整が図られ続けていると言えるだろう。

第3章　日本の議論との比較

　第3部の第1章・第2章では，憲法（基本法）で保障されていると考えられている人格権的権利が他の利益とどのように衝突し，それらの利益との関係でどの程度の保護・制約がなされるかを検討してきた。そこでは主にドイツの議論状況を参照してきたため，以下ではそれらの議論を日本の議論と比較し，出自を知る権利をめぐる対立に関する日独両国の議論の類似点と相違点とを確認した上で，若干の検討を行うことにしたい。

第1節　出自を知る権利と関係する制度の比較

(1) 両国における議論の関連性

　先に紹介したドイツの判例・学説・立法の状況は，親子の関係，特に，父子関係において血縁上のつながりというものがもつ重要性についての検討を迫るものであった。そして，日本でも，「推定の及ばない子」をめぐって，血縁説，外観説，家庭破綻説などの間での論争がみられる。ここでの一つの論点は，推定が及ばないと考える際に血縁以外の要件をどの程度重視すべきかということであるとされており[1]，この論争にはドイツの状況との関連性があると言えるだろう。制度上も，ドイツの父性解明手続と日本の親子関係存否確認の訴えには，申立期限の定めがなく子の利益を不安定なものにするという懸念がありうるという共通点がある。しかし，両国の議論の前提となっている状況を比較した場合，置かれている法状況が異なっていることが分かる。特に目立つのは，

---

[1]　梶村太市『家族法学と家庭裁判所』（日本加除式出版，2008年）289頁以下，木村敦子「法律上の親子関係の構成原理——ドイツにおける親子関係法の展開を手がかりとして」私法74号（2012年）190頁以下。なお，水野紀子「生殖補助医療規制と民法の親子関係」日本学術会議『生殖補助医療と法』（日本学術協力財団，2012年）193頁以下〈202頁〉は，「血縁上の親子関係と異なる法律上の親子関係という民法の法理念が，日本ではあまり共有されていなかった」と指摘する。

◆第3部　情報自己決定権と他者の利益の衝突

両国の制度の違い，付随的父性確認に関連する違い，そして「出自を知る権利」に関する議論の違いである。

(2) 両国の制度の違い

日本においては，ドイツのような「父性解明手続」が設けられていない。鑑定を拒絶した場合についての規定もない[2]。それゆえ，父性解明手続に関する議論は，日本において，そのような手続が設けられた場合に起こりうる問題として，仮説的に参照しうるにとどまるだろう。そして，さらに重要な違いとして，婚姻による子と婚姻によらない子の区別に関する，日独両国の制度の違いがある。

日本においては嫡出子と嫡出でない子（非嫡出子）の区別が残っており，嫡出を否認するための手続と親子関係の存否を確認する手続とが設けられている。まず，嫡出推定が事実に反する場合には，嫡出否認の訴えを利用することになる。嫡出否認の訴えには出生を知った時から1年という期限が設けられており，訴えを提起できるのは法律上の父親だけである。しかし，それに加えて，夫婦間に性交渉がありえなかった場合のように推定自体が働かない場合には，親子関係存否の確認の訴えが可能である。親子関係存否の確認の訴えは期限がなく認められ，法律上の父親だけでなく利害関係人であれば提起できるとされている。

他方，現在のドイツ民法においては，婚姻による子と婚姻によらない子の区別は廃止されている。両親が婚姻していることは，父子関係を推定させる要因の一つにすぎなくなっている[3]。そして，父子関係については父性の否認手続

---

(2) 日本の強制鑑定をめぐる状況について言及する，比較的最近のものとして，佐藤優希「ドイツ父子関係存否訴訟における秘密に行われたDNA鑑定の利用可能性」志學館法学9号（2008年）35頁以下〈55頁〉，大村敦志『家族法（第3版）』（有斐閣，2010年）92頁。また，日本における具体的事例として，佐藤優希「親子関係事件におけるDNA鑑定について（一）」東北学院法学73号（2012年）49頁以下〈58頁以下〉。

(3) ドイツにおける親子法について触れるものとして，水野，前掲注(1)201頁。また，ドイツ民法の改正の経緯について詳細に紹介するものとして，木村敦子「法律上の親子関係の構成原理（一）〜（未完）」法学論叢167巻1号（2010年）2頁以下，167巻2号（2011年）23頁以下，168巻6号（2012年）1頁以下，170巻3号（2011年）1頁以下，174巻6号（2014年）29頁以下，176巻4号（2015年）1頁以下，178巻6号（2016年）1頁以下。

が置かれているのみであり，遺伝上の父子関係を疑わせる事実を知ってから2年以内に申し立てられる必要がある。

このように，両国の制度を比較すると，日本においては婚姻による子かどうかの区別が残っており，それが嫡出否認や親子関係の存否の訴えといった手続にも表れている。その一方で，ドイツにおいては婚姻による子かどうかの区別は撤廃されており，両親の婚姻は父子関係を推定させる要因の一つにとどまり，父子関係について父性の否認手続のみが置かれていることもそのようなことから理解できる。それゆえ日本とドイツの制度の違いとしては，まずは婚姻による子かどうかの区別の有無と法律上の父子関係を争う法的手続を挙げることができる。

(3) ドイツの議論を参照する上での注意点

これらのことから，「推定の及ばない子」に関する日本の議論に，ドイツの議論をそのまま持ち込むことは，いくつかの点で困難なように思われる。その要因の一つは，日本においては親子関係存否の確認の訴えと並んで嫡出否認の訴えが設けられており，ドイツの議論には日本の現行制度になじまないところがあるという，先に述べた問題である[4]。

他にも，日本の血縁説などの立場は，法律上の親子関係が存在しないと考えるための要件について検討する文脈のものであることにも注意が必要であろう。本書で取り上げたドイツの議論においては，法律上の父子関係には影響がないとしても，遺伝上の父子関係を裁判所の一定の関与の下に明らかにすることの弊害等が論じられている。その意味で，「自己の出自を知る権利は，法的親子関係の構成要素としては異質なもの」であり，ドイツにおいては「原則として法的親子関係の構成枠組みの外に位置づけられるべきだと考えられた」[5]との

---

[4] 大村敦志「親子（その1）──DNA鑑定」法学教室278号（2003年）51頁以下〈55頁〉は，「DNA鑑定を広く認めて，親子関係の存否の決定において血縁を重視する立場を徹底するならば」，「嫡出推定＋否認や認知はもはや必要不可欠ではなくなる」と指摘する。他にも，窪田充見「父子関係の成立」内田貴・大村敦志編『民法の争点』（有斐閣，2007年）328頁以下〈329頁〉。他方で，既に嫡出推定制度は空洞化しているとの指摘もある（水野紀子「嫡出推定・否認制度の将来」ジュリスト1059号（1995年）115頁以下）。

[5] 木村，前掲注(1)196頁。

◆第3部　情報自己決定権と他者の利益の衝突

評価は妥当なものと言える。

　既に述べた通り，ドイツにおいては，他の男性が遺伝上の父親であることや，法律上の子ではない者が自身の遺伝上の子であることを，養育費の返還請求や遺伝上の子との面接交渉請求の手続において裁判の場で確認することが一定の条件下で可能になっている。ドイツ民法の下で，養育費の返還請求において遺伝上の父子関係を付随的に確定できるようになったのは，遺伝上の父親ではなかった者が支出した養育費を遺伝上の父親に請求するための根拠規定があるという前提があってのことであった。たしかに，日本においても遺伝上の父親ではなかった者が養育費の返還を求めた事例があるが，管見によるところでは，離婚時に妻に対して請求したものが知られている[6]。また面接交渉権についても，日本において知られるのは離婚後に両親が子と面接交渉する権利として争われた事例である[7]。これらの手続のなかで遺伝上の父子関係を裁判において確認することは可能であろうが，ドイツでの手続とは請求相手や請求する時点などの点に違いがある。

　以上のように，ドイツの議論を日本で参照する上では，日本には親子関係存否の確認の訴えと並んで嫡出否認の訴えが設けられていることが問題となる。また，ここで紹介しているドイツの議論は，法律上の父子関係には影響がないとしても，遺伝上の父子関係を裁判所がある程度関与する形で明らかにすることの弊害を語るものとなっている。加えて，遺伝上の父子関係を「付随的」に明らかにするための手続も日本にはなく，この制度はドイツに特有のものとなっている。そのためドイツの議論を日本でも参照するにあたっては，以上のような議論の対象と法的制度の整備状況の違いを踏まえておく必要があると思われる。

---

(6)　権利の濫用とされた事例として，最二小判2011年3月18日（最高裁判所裁判集（民事）236号213頁）。解説として，梅澤彩「法律上の父に対する監護費用の分担請求と権利の濫用」法律時報85巻2号（2013年）126頁以下。また，不当利得として返還が求められた事例として，東京高判2009年12月21日（判時2100号43頁以下）。

(7)　子と面接交渉を行う，親の権利の有無について検討するものとして，梶村，前掲注(1) 199頁以下。

(4) 小括 ── 出自を知る権利と関係する制度の比較

このように，出自を知る権利と関係する日独両国の制度においては，まず父性解明手続の有無という点で違いがある。その他にも嫡出の有無によって子の法的な地位を区別するかどうかという点で違いがみられ，この違いが親子関係を争う手続の面での違いをもたらしている。こうした事情は先に取り上げたドイツの議論を，「推定の及ばない子」に関する日本の議論に持ち込むことを容易ではないものにするように思われる。加えて，日独両国において養育費の返還請求や遺伝上の子との面接交渉が可能になっているが，それをいつ・誰が請求するかという点には相違もある。以上のことから，出自を知る権利に関係する制度という点では日独両国で状況が異なっていると言え，ドイツの議論を参照して論じる場合には各国の制度を把握しておくことが必要になることをまずは確認しておきたい。

第2節　厚生労働省の報告書

他方，出自を知る権利に関係する議論を見てみると，日本において「出自を知る権利」という場合には，生殖補助医療などを経て誕生した子が，自分の親を知る権利として議論されることが多い[8]。そして自己の出自を知る，子の権利が無制約には保護できないことが，多くの場合に指摘されている。自己の出自を知る，子の権利が制約される場合の根拠としては，いくつかのものが挙げられており，ここでは厚生労働省が以前に公表した二つの報告書を手がかりに[9]，権利の制約に関する学説も参照することで「出自を知る権利」に関する日本とドイツの議論を比較する。

(1) 2000年の報告書

2000年に公表された，「精子・卵子・胚の提供等による生殖補助医療のあり

---

[8] ドイツでも同様の議論はなされている（Brigitte Zypries/Monika Zeeb, Samenspende und das Recht auf Kenntnis der eigenen Abstammung, ZRP 2014, S. 54ff.）。

[9] 日本学術会議も2008年に報告書として，「代理懐胎を中心とする生殖補助医療の課題 ── 社会的合意に向けて」を公表しているが，「出自を知る権利」についての提言は行われなかった。座談会「生殖補助医療を考える ── 日本学術会議報告書を契機に」ジュリスト1359号（2008年）4頁以下が，この報告書について検討している。

◆ 第3部　情報自己決定権と他者の利益の衝突

方についての報告書」[10]では，自己の出自を知る，子の権利を保障する場合に懸念される不利益として，当該精子・卵子・胚を提供した人のプライバシー侵害，その子や精子等を提供した人の家族関係等への悪影響，それらを知ることにより，その子と精子等を提供した人に取り返しがつかない事態が生じるおそれが挙げられている。他にも，子と精子等の提供者がいったん面会してしまうと，その後の交流を拒否することが実際上は難しくなるとの指摘や，精子等の提供者が減少するおそれについての指摘がなされている。そして，自分が生殖補助医療を用いて誕生したことを知ることは子が成年に達した後に認めるよう提言し，提供者を知ることについても，それを「知ることによる影響を十分に判断できる年齢であることが必要」としている。

(2) **2003年の報告書**

また，2003年には，「精子・卵子・胚の提供等による生殖補助医療制度の整備に関する報告書」が公表されている[11]。そこでは，精子等の提供者に関する情報の一部の開示を求めることができる者を15歳以上の者とするよう勧めている。開示請求に際しては，公的管理運営機関に，開示に関する相談に応ずることや，開示に関する相談があった場合には，開示されることで生じうる影響についての説明を行うこと，開示に関するカウンセリングの機会が保障されていることを相談者に知らせることを求め，このような権利の運用に関する法整備を求めている[12]。

(3) **報告書に対する学説の反応**

この二つの報告書については，それらの内容の相違が指摘されている[13]。2000

---

(10) 「『精子・卵子・胚の提供等による生殖補助医療のあり方についての報告書』及び各委員のコメント」ジュリスト1204号（2001年）113頁以下。

(11) 石井美智子「非配偶者間生殖補助医療のあり方　厚生科学審議会生殖補助医療部会の審議状況」ジュリスト1243号（2003年）19頁以下は，公表直前の「たたき台」を紹介・解説している。

(12) 生殖補助医療を利用して出産された子に関する法整備が，様々な観点で検討されたことがある。棚村政行「生殖補助医療と親子関係（2）」法学教室276号（2003年）32頁以下，大村敦志「親子（その2）――生殖補助医療」法学教室279号（2003年）49頁以下，大村敦志「生殖補助医療と家族法　立法準備作業の現状をふまえて」ジュリスト1243号（2003年）12頁以下等を参照。

年に公表された報告書においては，どちらかというと「提供者のプライバシーや家族関係を守ることによって，生殖補助医療の実施を確保することにウェイト」が置かれていたとの指摘がある[14]。それに対して2003年の報告書においては，「精子・卵子・胚の提供数が減少するとの意見もあるが，減少するとしても子の福祉の観点からやむを得ない」とされている。そこで，2003年の報告書は「一転して子の出自を知る権利を積極的に認める方向を打ち出した」ものとも言われる[15]。

(4) 小括 —— 厚生労働省の報告書

厚生労働省が2000年に公表した報告書においては自己の出自を知る権利を子に保障した場合に生じうる問題が挙げられていた一方で，2003年の報告書においては精子等の提供者に関する情報を一部開示する場合に必要な手続が検討されており，2003年の報告書には方向性の変化がみられるとも指摘された。ここでは二つの報告書の内容の異同には立ち入らず，どちらの報告書においても，子が自己の出自を知ろうとする場合の年齢に下限を設けるよう提案されていることに注目したい[16]。「出自を知る権利」を認める方向を打ち出したとされる2003年報告書においても，相談者に対するカウンセリングの必要性に言及していることからも，権利を行使する子，本人に生じうる不利益への懸念を読み取ることができる。

第3節 「自己の出自を知る，子の権利」に関する日本国内の議論状況

先に紹介した厚生労働省の報告書においては，「自己の出自を知る，子の権利」について，その子自身の利益を保護するために権利を制限する必要性への

---

[13] 徳永幸子「生殖技術によって生まれた子どもの親子関係と出自を知る権利の課題」活水論文集54集（2011年）103頁以下〈118頁〉。

[14] 二宮周平「子どもの知る権利について」学術の動向2010年5月号40頁以下〈41頁〉。

[15] 二宮周平「子の出自を知る権利」日本学術会議『生殖補助医療と法』（日本学術協力財団，2012年）211頁以下〈217頁〉。

[16] 二宮，前掲注[14]42頁は，諸外国において，権利を行使できる年齢に下限を設けている場合があることを紹介している。

◆ 第3部　情報自己決定権と他者の利益の衝突

言及があったが，学説においては，子が自己の出自を知る権利に対する子自身の利益を理由とした制約がどの程度必要であるかについて争いがある。一方では，出自を知ることによる子の負担への配慮を求める意見がある。例えば，「出自を知る権利を無条件に認めるだけではなく，子がその苦悩を抱え込まずにすむ配慮，すなわち，出自を知らされないでいる権利，子の有するアイデンティティの保護も考えなくてはならない」[17]とされている。

その点，子の負担への配慮が求められる場合，それは単に子の利益を保護しようとしているだけではなく，実は親を保護するものでもあるとの指摘がある。「『出自を知る権利があるのなら，出自を知らされない権利もある』という民法学者の一部にある議論は，遺伝上の親を知ることは子ども本人にとって良くないというパターナリズムに基づく議論と『家族の平和』論との混成物」[18]であるとの見解が正しいのであれば，自己の出自を知る子の権利については子自身の利益だけでなく，親の利益という観点からも限定が求められることになるだろう。

他方で，子の負担を理由にして出自を知らせないことを否定的に評価し，出自を知る権利の保護に積極的な立場もある。そのような要請がなされる背景には，「AIDで生まれたと伝えることが子を傷つけることだと親が捉えていること自体が，子を傷つけている」ということがある[19]。この立場においては，「子の知らされない権利」の重要性を求める見解は「子の出自を知る権利を否定したり，制限的な内容にしてしまうおそれがある」と批判される[20]。

---

[17]　水野，前掲注(1)207頁。

[18]　小泉良幸「『子どもの出自を知る権利』について──コメント」学術の動向2010年5月号53頁以下〈54頁〉。

[19]　二宮，前掲注(14)40頁。意識調査の結果については，二宮周平「子の出自を知る権利(1)〜議論の到達点と意識調査」戸籍時報632号（2008年）2頁以下〈5頁以下〉において，詳細に述べられている。また，才村眞理『生殖補助医療で生まれた子どもの出自を知る権利』（福村出版，2008年）においては，非配偶者間人工授精技術を利用して出生した者に対して行ったインタビューに対する当事者のコメントが詳細に記載されている（172頁以下）。

[20]　二宮周平「子の出自を知る権利（3・完）〜法的構成とその内容」戸籍時報643号（2009年）37頁以下〈48頁〉。

第3章　日本の議論との比較

　このように，子，本人の利益を理由とした「自己の出自を知る，子の権利」の制約については意見の相違が見られるものの，子が未成年であったり低年齢であったりする場合には本人に対する一定の配慮が必要であるという点では共通の認識があり，「出自を知らされない権利」という考え方に懐疑的な立場においても，子が成年に達しない場合に一定の配慮が求められうること自体は否定されていないように思われる[21]。憲法上の権利を行使する際にも，成熟した判断能力が必要であることも広く認められてきている[22]。判断能力という点で成熟した者の権利については争いがあるものの，本人の利益を保護するために「出自を知る権利」を制限する必要があるかが議論されていることに，ここでは注目しておきたい。

第4節　小括 —— 日本の議論との比較

　出自を知る権利と関係する日独両国の制度を比較すると，父性解明手続の有無や嫡出の有無と法律上の父子関係の関連性の強さといった点で違いがみられる。加えて，日独両国において養育費の返還請求や遺伝上の子との面接交渉が可能になっているが，それをいつ・誰が請求するかという点でも違いがある。他方で，日本国内の議論状況を見ると，厚生労働省が出自を知る権利に関する二つの報告書を公表しており，どちらの報告書でも子が自己の出自を知ろうとする場合の年齢に下限を設けるよう提案されており，そこから権利を行使する子，本人に生じうる不利益への懸念を読み取れる。日本国内の学説では子，本人の利益を理由とした「自己の出自を知る，子の権利」の制約については意見の相違が見られるものの，子が未成年であったり低年齢であったりする場合には本人に対する一定の配慮が必要であるという共通の認識がみられる。情報自己決定権について検討しようとする本書において，情報自己決定権の主体としてここで中心的な検討対象となるのは子の利益であるが，ドイツにおいて2007年決定やその後の法改正・諸判決で中心的に扱われたのは「子の出自を知る，

---

[21]　二宮，前掲注(20)49頁は，出自を知る権利に関する具体的な提案を行っているが，子が成年に達しない場合について，特別の規定を設けるよう提案している。

[22]　小泉，前掲注(18)53頁以下は，「出自を知る権利」を行使できるようになるのは，AID子が成人してから」という条件を付すことが正当化されるとしている。

◆第3部 情報自己決定権と他者の利益の衝突

『父親』の権利」であった。このような父親の権利は子の母親の利益と並んで，子の情報自己決定権の制約根拠となりうる，他者の利益として位置付けられることになる。「出自を知る権利」に関する以上のような日独両国の議論を見ることで，「出自を知る権利」としての子の情報自己決定権・一般的人格権や父親の一般的人格権について検討する際には，母親も含めた関係者の利益のそれぞれに慎重な配慮が必要であることがわかる。

第4章　第3部の総括

　第1部と第2部においては，対国家という関係では基本権の保護領域を広く理解し，それらの制限については具体的な法律上の根拠とその特定性が必要であることを示した。それに対して第3部では，一方の個人による権利の行使が他者である具体的な個人に不利益を与える可能性がある場合の権利の保護や制限を検討した。その際に取り上げたのは，遺伝子関連技術の向上という時代背景において，遺伝上の父子関係を明らかにする父親の権利が問題となっているドイツの状況である。2007年の決定における異議申立人は，子の母親に知られることなく民間の研究所において行ったDNA鑑定により，法律上の子と遺伝上も父子関係にある可能性はまったくないという結果を確認し，この結果を根拠にして改めて父性の否認を申し立てた。それについて連邦憲法裁判所は子の情報自己決定権や母親の権利の重要性を認めつつも，子の出自を知るという父親の一般的人格権との関係で，子との血縁の有無を知るだけにしたいという父親の要望に適した手続が設けられていないことを理由に立法者の保護義務違反を認めた上で，立法者に法改正を求めた。

　その後のドイツ国内での制度変更や裁判実務の動きを確認すると，2007年の判決においても子の情報自己決定権の保護が語られながらも，父親の一般的人格権の保護が図られ，それと同時に父子関係を確認することだけを目的とする裁判上の請求は具体的な請求に付随するものにとどまっている。2015年の決定では母親の利益が優先されたことから考えても，子の情報自己決定権も含めた，出自を知る・知られない権利には少なくとも子・父親・母親の三者の利益が関わり，ドイツにおいてはそれらの間での調整が図られ続けている。

　出自を知る権利と関係する日独両国の制度を比較すると，父性解明手続の有無や嫡出制度の有無と法律上の父子関係の関連性の強さといった点で違いが見られる。加えて，日独両国において養育費の返還請求や遺伝上の子との面接交渉が可能になっているが，それをいつ・誰が請求するかという点では異なって

◆第 3 部　情報自己決定権と他者の利益の衝突

いる。他方で，日本国内の議論状況を見ると，厚生労働省が公表した報告書では権利を行使する子，本人に生じうる不利益への懸念を読み取れる部分があり，学説でも子が未成年であったり低年齢であったりする場合には本人に対する一定の配慮が必要であるとの共通の認識がみられる。「出自を知る権利」としての子の情報自己決定権・一般的人格権や父親の一般的人格権については，母親も含めた関係者の利益のそれぞれに慎重な配慮が必要であることが，両国の議論をふまえることで一層明らかになる。

　本書の第 1 部と第 2 部では，ドイツにおいて技術的な手段を用いた警察等による情報収集活動に対して情報自己決定権の保護が及ぶとされ，授権法律の特定性を求めるなどして比較的強くされる傾向があることを示したが，第 3 部での検討を通じて子の情報自己決定権が父親の一般的人格権との関係での制約を受けると同時に，「子の出自を知る権利」としての父親の一般的人格権にも一定程度の拡充は見られるものの，その保護が限定的なものにとどまっていることが分かった。こうした，他者私人との関係における基本権の保護については特別な検討を求める見解は日本の憲法学においても示されており，例えば玉蟲由樹は私人相互の関係における情報自己決定権の保護について検討するなかで，この問題については国家による個人情報の取得・処理についての問題とは異なり「判例上もほとんど蓄積が」ないが，「第三者関係については，対国家関係とは異なる情報自己決定権ないしデータ保護の理解が必要」であるとしている。その上で玉蟲はガルヴァスの見解を詳しく参照した上で，「第三者関係における情報自己決定権は，公権力との関係で主張されるそれよりも限定的に扱われる必要」がありうるとしている[1]。こうした指摘も基にして考えるならば，日本においても技術的な手法を用いた公権力による情報収集活動に対する授権法律の制定とその内容の特定性をこれまで以上に求めることで情報自己決定権（自己情報コントロール権）の保護を強めるよう主張することが必要であると思われると同時に，子の情報自己決定権だけでなく父親・母親の一般的人格権も含めて，「出自を知る権利」については関係者の利益それぞれに対する慎重な

---

(1)　玉蟲由樹『人間の尊厳保障の法理 —— 人間の尊厳条項の規範的意義と動態』（尚学社，2013年）315頁以下。

配慮が必要となり，それらの権利は警察等による情報収集活動に対する場合ほどには強いものではありえないこともあることにも留意する必要がある。

おわりに ── 本書の到達点と展望

　最後に本書で述べたことを総括し，本書を作成するために行った日独比較研究から得られた成果全体の整理と体系化を試みる。以下では本書の背景や意図を確認した後に，第1部から第3部を通して明確になったことを確認する。主に，自己情報コントロール権・情報自己決定権に関する日独両国における解釈の違いの有無，違いがあるのであれば，いずれの議論が妥当であると考えるべきか，もしくは，ドイツの議論と比較した場合に日本において検討が不十分な事柄はないか，さらに，それらの検討が不十分なものにとどまっている原因は何であり，それを解消するために何が求められるか，といった観点から整理することにしたい。他方，残されている課題についても検討することで，今後どのような問題へのどのような取組み・議論が必要であるか，展望を示すことにしたい。

第1章　本書の背景・意図・手法

　憲法が制定されたのちに新たに注目された問題に対して，憲法の人権規定の解釈を通じて対応するということが見られる。その場合，具体的な権利を挙げる個別の規定の解釈が争点となることがあるが，個別の規定では保護されているとは言い難い権利を憲法上の権利として構成できるかが検討されることもある。そのうち本書は後者の，非列挙的な権利に関心をもち，中でも情報自己決定権について検討を進めた。そうした研究や考察に際してどのような手法によるかが問題となるが，本書では以下で述べるような理由から，日本とドイツの議論を比較するという手法を用いた。

　憲法（基本法）で保護されている基本権に対する制約の合憲性は，ドイツにおいては基本権の保護領域該当性，基本権に対する介入の有無，介入の正当化

おわりに――本書の到達点と展望

の可否，という順番で検討されることもあり，まずは情報自己決定権の保護領域について検討する必要があった。そしてその議論を基本権一般に関する議論との関係で見ておく必要もあると考えた。その点で参考になると思われたのが，憲法に具体的に列挙されていない権利の保護一般に関する議論であった。日本では憲法13条の「幸福追求権」をめぐって議論があり，その議論においては保護される行為・利益の範囲について争われてきた。日本における通説的見解は「人格的利益説」であり，憲法13条が保護する権利・利益を人の人格的生存にとって不可欠ないしは必要なものに限定することで，その保護範囲を比較的狭く捉える。他方，憲法13条によって保護される権利・利益をそのように限定せず，より広く捉えようとする見解は「一般的（行為）自由説」と呼ばれる。この学説は日本においては少数説にとどまっているが，ドイツにおいては通説的地位を占めている。そうした事情もあり，日本において「一般的行為自由説」を支持する少なからぬ論者がドイツの議論を参照している。そこで，日本の議論だけでなくドイツの議論も参照することで「一般的行為自由説」の主張をより詳しく知り，それを基に憲法13条をめぐる議論の特徴や課題を明らかにした上で基本権一般の保護領域についてドイツ国内の議論を参照しながら検討することで，情報自己決定権の保護領域について十分な考察ができると考えた。

また，情報自己決定権の保護について考えていく上では，このような「保護範囲」の問題だけでなく，憲法で保障されている権利の制約はいかなるものであるべきかも検討する必要がある。例えば，写真撮影や「Ｎシステム」などを用いた捜査は憲法13条によって保障される個々人の権利に影響を与える可能性がある。このような捜査の法的問題を検討する上で関係する規定としては刑事訴訟法197条１項但書き（強制処分法定主義）や憲法31条（適正手続主義）があるため，これらの捜査を行うための立法の要否が検討される必要がある。新しい手法を用いた捜査に具体的な法律上の根拠が必要な一つの理由は，そのような捜査の根拠となる立法が「有権者の代表による承認」をも意味することであるが，日本の裁判所はこれらの手法を用いた捜査を行うことに法律上の根拠を厳格には求めない傾向を見せている。また，それは刑事訴訟法学においても同様であった。もちろん，そうした場合にも一定の統制が図られており，刑事捜査の実務が単に追認されてきたというわけではないが，本書でも述べたような

「立法」がもつそのような重要性が十分に反映されていないように思われた。この点に関するドイツの議論を見ると，ドイツにおいては基本権の保護領域に含まれる権利に対する介入には法律の定めが必要とされ，この「介入」概念が広く理解されることで多くの捜査に立法が必要であると考えられている。権利制約の正当性の審査はこれにとどまるものではないが，こうした両国の議論の違いは技術的な手法を用いた捜査に対する授権立法の特定性という点にも見ることもできるため，これらの争点を取り上げて日独両国の議論を比較することが有用であると考えた。

このようにドイツの議論には，情報自己決定権の保護領域を広く捉え，多くの捜査手法を基本権に対する介入であるとして特定性を備えた法律上の根拠を要するものと解している点に特徴がある。ドイツのこうした議論は情報自己決定権を十分に保護することにつながるように思われ，ドイツの議論と比較することで，日本においても情報自己決定権ないしは自己情報コントロール権として保護されるべき権利の範囲を検討する上で一定の方向性を示せるように思われる。しかし，憲法13条を根拠とする権利の保護が過度に強まることにも問題があろう。本書ではドイツにおいて活発な議論が見られる「出自を知る権利」に注目し，子の情報自己決定権，父親の一般的人格権等の利益をどのように調整すべきかも論じる必要があると考え，これについてもドイツの議論を参照しながら検討を進めた。

以上のように，情報自己決定権を主たる検討対象とする本書においては，ドイツにおいて情報自己決定権によって保護される権利利益の範囲とその制約に関する議論が活発であり，また，それと同時に他者私人の利益との関係での情報自己決定権の保護が論じられているために，ドイツの判例・学説を中心とした議論を参照するという手法を用いた。

第2章　本書の到達点と展望

本書では，情報自己決定権の保護領域と，その保護領域に含まれる権利に対する介入の有無とその正当化に特に注目し，介入の正当化との関係では介入を授権する法律・規定の特定性を取り上げた。これらに注目したのは，基本権の保護領域該当性の審査から始まる，一般的にドイツにおいて用いられている枠

おわりに──本書の到達点と展望

組みをふまえて考えると，両国の議論の違いとして特に印象的なものだからである。それに加えて，公権力による措置に対する合憲性審査の枠組みでの検討にとどまらず，子・父・妻（母親）といった，私人との関係での情報自己決定権の保護・制約についても検討した。それらの検討の結果，日独両国における情報自己決定権の保護領域をめぐる議論の類似性と，情報自己決定権に対する介入の有無やそれを授権する規定の特定性に対する要請といった点での違い，そして，「子の出自を知る，『父親の』権利」に関するドイツの議論の独自性が明らかになった。以下ではそうした日独両国の議論の類似性・相違やドイツの議論の独自性がどのようなものであったかを振り返りながら本書の到達点を明らかにし，日独両国の議論の比較という観点で示した本書の認識を基に，今後求められる議論や議論の展開についての展望を述べる。

第1節　情報自己決定権の保護領域について

(1) 本書の到達点

本書ではまず初めに，情報自己決定権の保護領域について日独両国の議論を比較したのに続き，基本権一般の保護領域に関する両国の議論を取り上げた。そこでは主に有力な見解に依拠した説明をしたが，それらの見解には批判もある。そこでそれらの批判の中から，基本権の保護領域が拡張することで裁判所の権限も拡張するおそれを指摘するものを取り上げて検討した。

① 情報自己決定権の保護領域に関係する議論状況

1983年の国勢調査に対してその匿名性との関係で基本法1条1項と結びついた2条1項の観点での問題が指摘された憲法異議において，連邦憲法裁判所は，情報技術の発展を背景として，「自己の個人データの提供・利用について原則的に自分で決定するという個人の権限」を一般的人格権の具体化の一場面として捉えた。申立人自身は国勢調査を「匿名性」との関係で問題としていたにとどまるが，連邦憲法裁判所はこのような権利を「情報自己決定権」と呼んだ。その後は技術的手段を用いた公安・警察分野での情報処理も情報自己決定権の問題として扱われるようになり，連邦憲法裁判所の判例実務において情報自己決定権の保護範囲は拡大していった。

ただ，連邦憲法裁判所は，監視を目的とした措置に対して常に情報自己決

権を援用して対処してきたわけではなく，通信の秘密や住居の不可侵といった，基本法に明記されている基本権を適用できる事例ではそれらを基準としている。さらにそれだけでなく，個々の情報収集ではなく情報技術システム全体に対してアクセスがなされる場合には情報自己決定権による保護では十分ではないとし，「コンピュータ基本権」とも呼ばれる基本権も一般的人格権から導出した。

その一方で，日本では佐藤が「情報プライヴァシー権」・「自己に関する情報をコントロールする権利（自己情報コントロール権）」を提唱し，「プライバシー固有情報」に含まれない情報の悪用・集積に対しても憲法上の権利の保護を及ぼそうとしていた。判例でも，必ずしも秘匿性の高くない情報が「みだりに開示」される危険性がしばしば指摘されている一方で，GPS捜査の法的問題について検討した2017年の大法廷判決は，GPS捜査を憲法35条の「私的領域への侵入に対する保護」との関係で問題となるものとして違法とした。しかし，この整理には学説の一部から批判もあり，その問題は憲法13条の問題として検討する余地があった。

以上のようにドイツでは様々な問題が情報自己決定権の問題として捉えられてきており，その意味で情報自己決定権の保護領域が広く理解されている。他方，日本においても「情報プライバシー権」や「自己情報コントロール権」の射程が判例・学説，双方において広がりを見せているが，ドイツにおいては情報自己決定権で保護されていると考えられているものの一部が，最高裁の判例においては憲法35条によって保護されるとされており，その分だけ日本において「自己情報コントロール権」として保護されるものの範囲は狭くなっている。とはいえ，日独両国の議論においては技術的な手段を用いた捜査に対して憲法上保護される（複数の）権利の保護領域に多くの利益が含まれると解されるに至っているという点では類似している。

② 基本権の保護領域をめぐる議論 —— 基本権の構成要件と保障内容

情報自己決定権に限らず，基本権の保護領域の広さは基本権一般についても論じられている。そのうちそれを広く捉える広い構成要件論に対しては国家を個人の敵とする見方に固執しているのではないかとの批判があり，また，「構成要件」や「保護領域該当性」という用語の理解，「三段階」で審査を行うか，「介入」の有無を判断する基準，個別の基本権規定で保障されている自由権と

おわりに――本書の到達点と展望

基本法2条1項の関係といった，様々な争点がある。他にも，いったん保護領域に含まれたものの多くが最終的に保護されないことについて「(不)誠実性」，基本法2条1項の空洞化，基本権衝突の増加と連邦憲法裁判所の権限の不当な拡張，「グロテスク」な基本権，基本権の「陳腐化」なども指摘されている。他方で，狭い構成要件論に対する批判としては，利益間の衡量の基本権の保護領域審査の時点への前倒し，制約条項へ保護領域審査の取込み，国家の措置の法治国家的な統制可能性の低下などがある。

その後，ベッケンフェルデやホフマン・リームが基本権の「保障内容」という語を使用し，その範囲を限定的に理解する必要性を主張した。しかし，それはそれまでの議論の延長線上に位置づけられるものにとどまっていた。一見するとこれらの議論を通じて基本権の保護領域に関する議論状況が一変したかのようにも思われたが，実際にはそのような変化は生じていなかった。

それでも，基本権の「保障内容」について論じられていることは，既に「構成要件（保護領域・介入）」について論じられてきたことと大きく異なっているわけではなかったとしても，それまでの議論を蒸し返しただけのものではなかった。保障内容に関する議論には従来の議論では必ずしも明らかではなかった事柄に光を当てている側面もあり，少なからぬ重要性も見出せる。

このように，基本権の保護領域をめぐる議論は「保障内容」という用語も用いて行われるようになった。そこでの議論では新しい視点がまったく提供されなかったとまでは言えないにしても，争点自体にさほど大きな変化は見られなかった。基本権には法律の留保を伴うものと伴わないものがあり，それぞれについて個別に検討する必要はあるが，基本権の保護領域を広く理解する傾向は現在に至るまで一貫してドイツにおいて一般的であると言える。

③ 保護領域を広く解する立場への批判

しかし，このような形で基本権の保護領域を広く理解することについては様々な疑問も示されている。基本権に対する介入の合憲性を審査する枠組みがドイツと日本との間でまったく違っているとまでは言い難い一方で，基本権の保護領域を広く理解しようとするドイツの通説的見解には日本の有力説と異なる部分がある。それでも，基本権の保護領域を広く理解した場合に裁判所の権限が拡張するとの指摘は日独両国で見られ，日本において情報自己決定権の保

護領域を広く解する場合にも，裁判所の権限が拡張するおそれが検討課題となる。

　「三段階審査」と呼ぶかどうかは別にしても，ドイツと日本との間で基本権に対する介入の合憲性審査の枠組みがまったく違っているまでは言い難く，両国で異なっているのはその行われ方である。基本権の保護領域を広く理解しようとするドイツの通説的見解は日本の有力説とは異なっているものの，基本権の保護領域を広く理解した場合に裁判所の権限が拡張するとの問題は日独両国で検討課題となっている。

　そして，それを正当化する試みは幸福追求権や一般的行為自由権として保護領域を広く解する見解にも見ることができる。市場の重要性や基本権の歴史的展開・基本法制定者の意思の重要性を前提とした説明がその例であり，それらは裁判所の権限が拡張することを理論的に正当化しようとする試みであるように思われる。たしかに両者の議論には循環論法と見る余地もあり，また基本権の保護領域に限定をつけない場合にどのように考えるべきかという課題は残ると思われる。また，一般的行為自由説として分類される論者の議論は必ずしも一様ではなく，本書で挙げた中でも阪本，ベッケンフェルデ，戸波の議論は単純に同一視されるべきものではないだろう。それでも，そのことが阪本やベッケンフェルデの議論を参照することの意義自体を失わせるわけではないと思われる。

　以上のように，情報自己決定権の保護領域を広く解する場合には裁判所の権限が拡張するおそれが検討課題となり，幸福追求権等について一般的行為自由説を支持する議論においては自身の依拠する理論に基づいて裁判所の権限が拡張することを理論的に正当化しようとしている。これは，基本権の保護領域を広く理解した場合の不利益や欠点については，それを指摘するだけでは不十分であり，それを正当化できるかが重要であることを示していると思われる。基本権の保護領域をめぐっては，それを狭く解することが「主観的・恣意的」だとする批判や，衡量が前倒しされることになるなどの批判も見られるが，そこで行われている「主観的」・「恣意的」などといった指摘もやはり主観的なものである。また，最終的には保護されないことが明らかなものまでも対立利益と比較衡量することで「空洞化」が生じるのか，合理性や法的安定性がもたらさ

れるのかも一概には言えない。それゆえ，裁判所の権限の拡張だけでなく，定義による自由の制限や衡量の前倒しといった「問題」を取り上げる際には，そうした帰結のみを問題として挙げるだけでは必ずしも十分ではなく，それは他の論点，例えば人権のインフレ化，権利の不明確性，権利の空洞化といった論点についても同様に当てはまる可能性がある。それらを正当化する理論の有無やその内容，さらにはそれらの指摘が一定の行為・利益を重要（ではない）とする結論を先行させていないかを検討することも必要であろう。

④ 小括——情報自己決定権の保護領域

情報自己決定権の保護領域はドイツにおいて広く理解されている。日本においては，GPS捜査に関する大法廷判決を受けて，それが憲法13条の問題なのか，35条の問題なのかが論じられているという状況ではあるが，監視活動に対する憲法上の権利の保護の必要性自体は認識されていると言え，その点では日本とドイツの議論状況には類似性が見られる。そして情報自己決定権だけでなく基本権一般についても，その保護領域を広く理解する見解はドイツにおいては有力になっている。基本権の保護領域との関係では「保障内容」との語を用いた議論も展開されたが，争点については大きな変化はなく，情報自己決定権の保護領域についてもこれまでの議論の延長線上で論じられることになる。基本権の保護領域を広く理解する場合に裁判所の権限が拡張するとの批判もなされてきたが，その正当化の可否が問題なのであり，それを正当化するための根拠や「理論」，そしてそれらの有無が重要になる。その場合に最終的には制約されてもよいものも含めて情報自己決定権の保護領域に含まれることにもなりうるが，情報自己決定権をどのように制約すべきかの検討は避けられず，情報自己決定権に対する介入の有無とその正当化の可否の検討が必要になる。

(2) 残された課題

以上の通り，本書ではまず情報自己決定権の保護領域について検討したのに続いて，憲法13条や基本法2条1項が保障する「一般的（行為）自由」も取り上げたが，この権利との関係で検討すべき事項は他にも残されている。その一部を以下で挙げておきたい。

① 刑事手続上の捜査と行政調査

本書においては情報自己決定権と強く関係する措置としてＮシステムや住

基ネットには言及したが，刑事手続上の情報収集と行政調査との関係も重要な問題である。例えば川崎民商事件[1]においては税務調査における質問検査への抵抗を理由に有罪とされ，令状主義や黙秘権が行政調査の場面で憲法上いかに位置付けられるかが問題となった。また，2004年の判決[2]では行政調査の過程で得られた情報が刑事手続の場面に「流用」されたことの問題が検討された。しかし，本書は情報自己決定権の保護について刑事手続上の情報収集に関心をもっていたこともあり，これらの点については十分な検討をするに至らなかった。

② 「マイナンバー制度」についての検討

さらに「住基ネット」は既に番号制度（マイナンバー制度）へと移行している。本書でも挙げた「住基ネット」の合憲性が争われた判決において[3]，最高裁は情報漏洩の危険性等について慎重な審査を行ったとも言われる[4]。こうした最高裁の姿勢は「マイナンバー制度」についても重要になると思われるが，マイナンバー制度においては所得や支出といった，より私生活の実体を反映する情報が大量に扱われる。そのため，行政目的での情報収集の中でも，特にマイナンバー制度については情報自己決定権との関係で検討が必要であったと思われるが，言及できなかった。

③ 憲法13条で保護されている，情報自己決定権以外の人格権的権利

本書においては情報自己決定権を憲法13条で保護されるものとして位置付けたが，本書で扱ったのは13条によって保護される権利のごく一部にすぎない。例えば，夫婦同姓制度を合憲と判断した2015年の大法廷判決[5]には言及できなかったが，この事件で扱われた人格権も憲法13条で保障されているとされている権利である。この判決において大法廷は，憲法13条が保障する人格権，憲法14条が保障する平等権，憲法24条が保障する婚姻の自由の観点からそれぞれ検

---

[1] 最大判1972年11月22日（刑集26巻9号554頁）。
[2] 最二小判2004年1月20日（刑集58巻1号26頁）。
[3] 最一小判2008年3月6日（民集62巻3号665頁）。
[4] 山本龍彦「住基ネットの合憲性」長谷部・石川・宍戸編『憲法判例百選（第6版）』（有斐閣，2013年）46頁以下。
[5] 最大判2015年12月16日（民集69巻8号2586頁）。

おわりに —— 本書の到達点と展望

討を進めた。そのうち人格権との関係では氏が人格権の一部を構成することを指摘しながらも、氏に関する人格権の内容は憲法の趣旨をふまえつつ定められる法制度をまって初めて具体的に捉えられ、具体的な法制度を離れて氏の変更が直ちに人格権侵害・違憲かどうかを論じるべきではなく、「現行の法制度の下における氏の性質等に鑑みると、婚姻の際に『氏の変更を強制されない自由』が憲法上の権利として保障される人格権の一内容であるとはいえない」と結論付けた。この見解は、現行の法制度が夫婦別姓を認めていないことを指摘した上で、その制度内において夫婦に同姓を強制することを合憲とするものであろう。

しかし、「氏名に関する人格権」ないし「氏名の変更を強制されない権利」は人格的利益に関わる重要な権利であり、「一般的自由説をとくに主張する実益はない」ほどに重要であるとの指摘がある[6]。この判決に「権利（人権－戸波）制限の否定ないし軽視」との評価を下す戸波江二は「制度形成に関する法律について、立法者の制度形成にあたっての裁量が広く認められるにしても、およそ違憲問題が生じないということでは」なく、「本件の核心は人権・権利の制限の問題にあり」、「結婚後も従前の氏を維持したいと考える配偶者（多くは女性－戸波）が、自己のアイデンティティと人格の象徴である従前の（生まれながらの－戸波）氏を改めさせられることによって人格権を傷つけられ」るという問題であると指摘する[7]。「結婚後も従前の氏を維持したい」という権利は法制度内で保護されるにすぎないとする大法廷の理解については、「法制度への依存は、法制度への従属を意味するものではない」[8]との批判もある。夫婦に同姓を強制することは一般的に女性に対して差別的にはたらく問題として論じられており、実際に日本においては婚姻の多くの場合に女性が改姓しているが、夫婦同姓制度の問題を、男女を問わず、夫婦になろうとする者のどち

---

[6] 戸波江二「夫婦同氏を要求する民法750条の違憲性（1）」早稲田法学90巻4号（2015年）25頁以下〈66頁〉。

[7] 戸波江二「夫婦同氏を要求する民法750条の違憲性（2・完）」早稲田法学91巻2号（2016年）1頁以下〈25頁以下〉。

[8] 小山剛「夫婦同氏制を定める民法750条の合憲性」『平成28年度重要判例解説』（有斐閣、2017年）21頁以下〈22頁〉。

らかに姓を変更するよう強いる点にも見出すならば，憲法13条による保護も重要になると思われる。

その点，ドイツでも，夫婦別姓についてではないが，「ダブル・ネーム（Doppelname）」の制約が問題となった事例がある[(9)]。連邦憲法裁判所は，氏が人の所属を表すものであるためにルールを必要とするなどとしてダブル・ネームの制約を合憲としたものの，夫婦の氏名権を形成する際に立法者は婚姻するまでに名乗られていた氏名の保護を尊重しなければならないとし，その氏名の保護は氏名保有者の基本法１条１項と結びついた２条１項から導かれる人格権に含まれるとしている。その理由としては，人の氏名はその者のアイデンティティと個性の表れであり，その氏名保有者の人生史に添えられるものであり，そうした人生史はその氏名の下でまとまりのあるものとして認識されるようになることが挙げられている。そして，連邦憲法裁判所は以前に名乗っていた氏名を維持するという無制約の権利を個人は有するわけではないとしながらも，自己の氏名への権利に対する介入は比例原則の遵守の下でしか行われてはならないとしている。このような判示は「氏の変更を強制されない自由」を法制度内の保障にとどめようとする日本の最高裁の姿勢とは大きく異なるものであり，それは日本の最高裁が「氏の変更を強制されない自由」の憲法上の重要性を十分に考慮していない結果と言えるだろう。

そのため，ドイツの議論を参照しながら「氏の変更を強制されない自由」として憲法13条が保障する人格権に関する研究を行うことが必要である。その検討は本書では行えなかったが，このような形での人格権が裁判において保障されるべきであることを明らかにする際には，既存の判例を基にするだけでなく，既存の法制度や判例を離れた「理論」も示しながら，学際的，比較法的な見地から論証することが求められるだろう。

④ 小括：展望

以上のように，情報自己決定権の保護領域との関係では行政調査の扱いや「マイナンバー制度」と情報自己決定権との関係も問題となる。加えて憲法13条で

---

(9) BVerfGE 123, 90〈101f.〉（根森健「婚姻の際の多重氏阻止規定の合憲性 —— 多重氏判決」ドイツ憲法判例研究会編『ドイツの憲法判例Ⅳ』（信山社，2018年）77頁以下）．

おわりに――本書の到達点と展望

保障されている情報自己決定権以外の権利についての言及も必要であり，特に日本においては自己の姓に対する権利も憲法13条と関係するものと解する余地がある。本書ではこれらの論点への言及には至らなかったが，本書で行った検討を基に，これらの争点についての議論を展開することを今後の検討課題としたい。

第2節　情報自己決定権に対する介入と，その正当化について

(1) 本書の到達点

第1部においては，基本権の保護領域の広さは問題となっている基本権の重要性を基準に考えればよいとした上で，情報自己決定権の保護領域を広く捉えることは必ずしも否定されるわけではないとの私見を示した。第2部での検討は，情報自己決定権の保護領域を広く捉えた場合に，様々な利益と対立する可能性がある行為や利益まで含まれるという課題に取り組むものであった。ここでは，第1部で検討したことを前提にした第2部での検討を通じて明らかにできたと思われることを挙げておきたい。

① 具体的事例との関係：Nシステムとサイバーパトロール

ドイツにおける先例では，Nシステムを使用した措置が情報自己決定権に対する介入であるとされた。そして，その介入の根拠となっていた規定が特定性の要請を満たしていないとされて州法の一部が違憲とされた。これを日本の判例と比較すると，Nシステムの問題を扱った日本の判決は，技術的な手段を用いた措置に対して具体的な立法を求めることに消極的であるように映る。

Nシステムについて論じるドイツ国内の学説では介入該当性と介入の根拠となる法律・規定の明確性・特定性，さらには措置の比例性が主要な争点となっている。Nシステムについて判断したドイツの判決が，当初は不適合事例においては介入とはならないとした点には異論もあったところであり，Nシステムを用いた措置を通じた介入に関しては，その重大性について見解が分かれているものの，重大な介入に該当するという意見が多く見られ，そうした措置の根拠となる法律の特定性や明確性が比較的強く求められている。他方で日本では，機械による情報収集に固有の危険性を見出さない見解も見られる。日本国内の裁判所の判決においてもNシステムを用いた措置に対する具体的な法律上の

根拠は必ずしも強くは求められていないが，Nシステムを使用した措置に対して具体的な立法が求められるのが立法には民主主義的意義があるためであることを考えると，ドイツの判例・学説の方が妥当である。
　立法がもつ民主的重要性との観点で，技術的な手段を用いた措置には具体的な法律上の根拠が必要な場合があることは，警察等によるインターネット上での情報収集にもあてはまる。インターネットを通じた情報収集を認める州法が問題となったドイツの事例では，そうした措置が情報自己決定権の介入に該当する可能性を認めながらも，当該事例においては情報自己決定権に対する介入はないとされた。その判断について学説には批判があり，別途の検討を要する場合もありうるが，問題となった州法で想定されていた情報収集に限って考えれば，連邦憲法裁判所の判断は妥当であった。
　以上のことから，Nシステムやサイバーパトロールに関するドイツ国内の議論状況は，情報自己決定権に対する介入の有無や，そうした介入の根拠となる具体的な法律の要否という点で日本でも参照されるべきものである。ただ，このことが他の措置について一般的に妥当するかはまた別の問題となり，さらなる検討を要する。
　② 技術的な手段を用いた公権力による情報収集の法律的根拠
　そこで強制処分の概念に関する日本国内の議論を見ると，「強制処分」の概念を定義する上で制約される権利・制約に高い重要性を求め，「任意処分」の相当性も審査しようとする点で，判例・学説の議論傾向は類似している。次にドイツ国内の議論を見ると，ドイツにおいては，国家による行為の多くが基本権への「介入」とされている。このように，具体的な法律の根拠を要する公権力の行為や，それによって制約される権利・利益の重要性という点で日独両国の議論は一致していないが，この点に関する日独両国の違いは議論の枠組みの違いにすぎない可能性もある。しかし，強制処分法定主義には民主主義的意義があるとされており，任意処分として統制すれば法律上の根拠の要否を厳格に考えなくてよいというわけではない。そのような意味で，技術的手段を用いた国家の行為に対する法律上の根拠の要否に関する日独両国の違いは単なる論理構造の違いではなく，法律上の根拠を厳格に求める，ドイツの判例・通説の方が妥当である。いかに重要な情報収集手段であろうと，具体的な授権を行う法

おわりに —— 本書の到達点と展望

律に基づかない行為は端的に違法，もしくは憲法違反とされるべきである。

③ 憲法上の位置づけ

ただ，最高裁の先例においても技術的な手段を用いた措置の法律上の根拠が全く示されないわけではない。これまでの日本の議論においては，警察法や警察官職務執行法，「検証」規定が援用されていた。しかし，2017年に大法廷はGPSを用いた情報収集に立法的統制を求めた。学説においても技術的な手法を用いた捜査に対する法律上の根拠の要否について検討がなされてきたが，その憲法上の根拠としては様々なものが考えられる。このように，情報自己決定権に対する介入に具体的な立法を求める日本国憲法上の根拠については複数の見方が可能であり，この点を検討するためには比較法的な検討が有用である。

そこでドイツ国内の議論状況をみると，ドイツにおいては当該措置の授権規定の特定性が違憲審査の場面で重要性を増しており，それはその措置のために制定・改正された規定の有無にかかわらず確認できる。特定性の要請の憲法上の位置づけは様々であるが，ドイツの議論状況をふまえた場合に，情報自己決定権に対する介入を授権する規定の特定性という要請が日本国憲法においてどのように位置付けられるかが検討課題となる。

両国の議論を比較すると，どちらの国においても情報自己決定権に対する介入と思われる措置について何らかの根拠規定が援用されており，それらの規定が「そうした手法による情報収集の授権根拠として」十分な特定性を有しているかを検討する必要がある。そして，それは日本国憲法の下では，端的に憲法31条の「適正手続主義」の問題として論じればよく，「日本国憲法13条で保護されている情報自己決定権が，31条の要請する『特定性の要請』を満たさない法律・規定によって制約されていないか」が問題となる。

以上の通り，情報自己決定権に対する介入に具体的な立法を求める日本国憲法上の根拠については複数の見方が可能であり，ドイツの議論状況を見ると，当該措置の授権規定の特定性が違憲審査の場面で重要性を増している一方で，その憲法上の位置づけ方は様々であることが分かる。「日本国憲法13条で保護されている情報自己決定権が，31条の要請する『特定性の要請』を満たさない法律・規定によって制約されていないか」が重要であり，こうした判断枠組みによることは，第三者所有物没収事件・最高裁判決が「憲法31条，29条に違反

おわりに――本書の到達点と展望

④ 小括 ―― 情報自己決定権に対する介入と，その正当化

このように，Nシステムとサイバーパトロールに関するドイツ国内の議論状況は，情報自己決定権に対する介入の有無や，そうした介入の根拠となる具体的な法律の要否という点で日本においても参照されるべきものである。また，情報自己決定権に対する介入に具体的な立法を求める日本国憲法上の根拠については複数の見方が可能であるため両国の議論を比較すると，情報自己決定権に対する介入の合憲性は「日本国憲法13条で保護されている情報自己決定権が，31条の要請する『特定性の要請』を満たさない法律・規定によって制約されていないか」を一つの基準として判断すべきであることが分かり，こうした判断枠組みによることは最高裁の先例における判示をふまえても十分に可能である。

(2) 残された課題

基本権の保護領域該当性に続き，基本権に対する介入該当性，特に介入の形式的・実質的正当化の可否が問題となる。Nシステムやサイバーパトロールをはじめとする技術的手段を用いた捜査手法について，ドイツの判例・通説は立法の要否を詳しく検討する傾向があるのに対して，日本の判例・通説にはそうした立法をあまり求めない傾向がある。本書ではこのような日独両国の議論の違いを確認した上で，立法が有する有権者の代表による授権としての重要性を考えるとドイツの議論が適切であるとの見解を示した。その一方で，依然として検討すべき課題は残されており，それを以下において確認しておきたい。

① 情報自己決定権への介入の実質的正当化：比例原則適合性

本書においては情報自己決定権に対する介入の正当化の可否という論点について，具体的な法律の根拠の存在と，情報自己決定権への介入を授権する法律の特定性の観点から検討した。本書がこれらの論点に注目したのは，この点に関する議論が日本とドイツにおいてとりわけ大きく異なっているためであり，しかもその相違は日本国内の昨今の状況をふまえると特に重要であると考えたからである。しかし，ドイツにおいては，情報自己決定権への介入の正当化との関係では授権法律の特定性だけでなく，その法律やそれに基づく措置の比例性も検討されなければならず，本書は措置の比例性の検討を課題として残すことになった。

おわりに —— 本書の到達点と展望

② 私的領域の核心領域の保護

さらに介入の実質的正当化との関係では，ドイツに特有の議論として「私生活の核心領域の絶対的保護」もある。これについては様々な指摘があるが，連邦憲法裁判所はそうした絶対的な保護を放棄していないように思われる。しかし，本書ではこの点の検討は行えなかった。日本国内でもこのような「絶対的保護」の存在を認める必要性，また，絶対的な保護を受けるとまでは言えない場合に，介入の重大性に応じて厳格な違憲審査を行う必要性とその具体的方法の検討が課題として残された。

③ 閉鎖的な空間での情報収集

また，本書では「サイバーパトロール」の法的性質について検討し，そこでは不特定多数に開かれた空間での情報収集を想定していた。しかし，インターネット上での情報収集という点でソーシャル・ネットワークサービス（SNS）をはじめとする，一定程度の閉鎖性を有する空間での情報収集も考えられる。先にも述べた通り，ドイツには開かれた「空間」で行われる情報収集については先例があるが，その判断は一定程度の厳格性を備えた登録制度をもつサイト内での情報収集の問題には及んでいない。また，本書でも述べた通り，学説においてもSNS等での捜査については別の問題が生じることが指摘されている。その場合には，情報収集が行われる空間と収集される情報，情報収集の方法や時などを基準とした類型化が必要であると思われ，そうした類型化を行った上で，ドイツの議論を参照しながら，それぞれの場面での立法の必要性を検討することが必要である。

④ 小括 —— 展望

以上のように，本書での検討は情報自己決定権に対する介入の実質的正当化の検討には至っておらず，特に手段の比例性や基本権の絶対的な保護といった争点に言及することはできなかった。加えて，技術的な手段を用いた公権力による情報収集という問題についても一部の範囲について論じるにとどまり，特にSNSに代表されるような閉鎖的な空間での情報収集の問題については検討できなかった。これらについても本書で述べたことを展開させながら，今後の研究において課題としたい。

第3節　情報自己決定権と他者の利益の衝突：情報自己決定権と，子の出自を知る父親の権利について

(1) 本書の到達点

　第1部と第2部では，対国家という関係においては基本権の保護領域を広く理解し，それらの制限については具体的な法律上の根拠とその特定性を審査し，それによって情報自己決定権を適切に保護できるとの私見を示した。それに対して第3部では，一方の個人による権利の行使が，他者である具体的な個人に不利益を与える可能性がある場合に，権利の保護や制限についてどのように考えるべきかを，遺伝上の父子関係を明らかにする父親の権利を取り上げることで検討し，それが自己の出自を知られない権利としての子の情報自己決定権などとの関係でどのように調整されているかを概観した。

①　連邦憲法裁判所の2007年2月判決

　この事件において異議申立人は，子の母親に知られることなく，民間の研究所においてDNA鑑定を行い，法律上の子とは遺伝上の父子関係にないとする鑑定結果を確認した。この結果を根拠にした父性否認の申立てはいずれの裁判所においても退けられたため，これらの判決に対して憲法異議を申し立てた。連邦憲法裁判所は，子の出自を知る，父親の権利に対する保護義務違反を認めた上で，バイエルン州政府の法案で予定されているような方法で得られるに至った鑑定であれば父性否認手続において利用しても憲法上非難されないとした。1989年判決以降に連邦憲法裁判所によって推奨されてきた「法的効果をもたない父性確認」手続は実現に至っていなかったものの，2007年の判決は子の情報自己決定権や母親の監護権の重要性を認めつつも，子の出自を知るという父親の一般的人格権との関係で，子との血縁の有無を知るだけにしたいという父親の要望に適した手続が設けられていないことを理由に立法者の保護義務違反を認めて法改正を求めた。

②　法改正後の状況

　この判決を受けてドイツ民法が改正され，父子鑑定を行うことに裁判所が同意を与える制度が設けられ，遺伝子診断法では，当事者に無断で，裁判外で父子鑑定を行うことは罰則付きで禁じられた。加えて，法律上の父親ではない男

おわりに ―― 本書の到達点と展望

性が，他の男性の法律上の子となっている者との間に父子関係があることを具体的な請求に付随する形で確認することが，一部において可能になっている。こうして，先に挙げた2007年判決はその後の法改正・制定を通じて男性が父子鑑定を行うことがより容易になっていく上での出発点となった。他方で，遺伝上の父親であると思われる者を子の母親に回答させることを認めた判決に対する憲法異議では，性的な接触をもった相手を父親に公表するよう母親に求めることはできないとされた。ドイツにおいては，2007年の判決において父親との関係で子の情報自己決定権の保護が語られながらも，父親の一般的人格権の保護も図られ，その後の男性の権利の拡充につれて，自己の同意なく自己の出自を勝手に知られたくないという意味での子の情報自己決定権の保護は弱いものにとどまっていることになるが，父子関係を確認することだけを目的とする裁判上の請求は具体的な請求に付随するものにとどまっており，その限りでは子の情報自己決定権に一定の配慮がなされているとも言える。また，2015年の決定では母親の利益が優先されており，ドイツにおいては出自を知る・知られない権利との関係では，子・父親・母親をはじめとする利害関係者相互の利益間の調整が模索され続けている。

③ 日本の議論との比較

出自を知る権利と関係する日独両国の制度を比較すると，父性解明手続の有無や嫡出の有無と法律上の父子関係の関連性の強さといった点に違いがみられる。加えて，養育費の返還請求や遺伝上の子との面接交渉を求める際に，それをいつ・誰が請求するかという点でも異なっている。他方で，日本国内の議論状況を見ると，厚生労働省が出自を知る権利に関して公表した報告書では，本人に生じうる不利益への懸念を読み取れる部分がある。日本国内の学説においても，子が未成年であったり低年齢であったりする場合には本人に対する一定の配慮が必要であるという共通の認識が見られる。「出自を知る権利」に関する日独両国の議論を見ることで，「出自を知る権利」としての子の権利や父親の一般的人格権については，母親も含めた関係者の利益のそれぞれに慎重な配慮が必要であることが分かる。

④ 小括 ―― 日本の議論との比較

本書の第1部と第2部では，ドイツでは技術的な手段を用いた警察等による

情報収集活動に対して情報自己決定権の保護が及ぶとされ，授権法律の特定性を求めるなどして，情報自己決定権が比較的強く保護される傾向があることを示した。しかし，第3部での検討を通じて，子の情報自己決定権が父親の一般的人格権によって制限され，そうした「子の出自を知る権利」としての父親の一般的人格権の保護には一定程度の拡充は見られるものの，その保護も限定的なものにとどまっている。日本においても技術的な手法を用いた公権力による情報収集活動に対する授権法律の制定とその内容の特定性をこれまで以上に求めることで情報自己決定権（自己情報コントロール権）の保護を強めるよう主張する必要がある一方で，「出自を知る権利」は利害関係者それぞれに対する慎重な配慮を求めるものであるために，警察等による情報収集活動に対する場合ほどには強いものではありえないことも考えられる。

(2) 残された課題

ドイツの判例・通説は基本権の保護領域を広く捉え，基本権に対する介入概念とその形式的・実質的正当化が必要な場面を広く捉えることで基本権を保護しようとしてきた。そして本書においては，そうした議論を参照することの重要性を指摘したが，子の情報自己決定権・一般的人格権は「父親」の一般的人格権や子や母親の利益に影響するため，これらの権利がどのように保護されるべきかを，別途検討する必要があった。そして，「出自を知る権利」に関する関係者の利益はドイツにおいて慎重に調整されていることを示したが，以下では本書・第3部で明らかにしたこれらのことを基に，残された検討課題と，今後の議論の展望を示すことにしたい。

① 「忘れられる権利」

人格権的権利が他者私人・私企業との関係で問題となる事例として，「忘れられる権利」をめぐるものもある。日本において「忘れられる権利」と関係する事件として挙げられることが多いのは2017年の最高裁の決定であり[10]，この事件では原告の過去の逮捕歴が書き込まれたウェブサイトのアドレスが検索結果で表示されることが問題となった。この申立ては結局認められなかったが，インターネット上に残されている過去の出来事に検索サービスを通じて容易に

---

[10] 最三小決2017年1月31日（民集71巻1号63頁）。

おわりに——本書の到達点と展望

たどり着くことができることはしばしば問題となっている。既に別稿においてドイツの状況には言及したことがあるものの[11]，ここで挙げた2017年判決との関係や個人データの削除請求権について規定するEUデータ保護規則17条との関係については本書も含めて扱えておらず，検討課題として残されることになった。

② その他の人格権的権利の調整

他者私人との関係で問題となる人格権的権利としては，名誉権の問題も古くから論じられている。ドイツでは表現の自由を強く保護するとの考えはないとされることがあり，もしそうなのだとすれば，ドイツにおいては名誉を強く保護すべきであるとされているようにも推測されるであろうが，このような見解がドイツでも有力なわけではなく，その点では日本の学説と同様である。しかし，この論点に本書で言及することはできなかった。ドイツにおける名誉の保護に関する議論に加えて，表現の自由の保護に関する議論も詳しく扱う必要があるが，本書で述べたことや別の場所で述べたことを基に[12]，アメリカの議論とも比較しながら検討することが課題として残された。加えて先に述べた「夫婦同姓制度」の問題も，情報自己決定権の問題ではないとはいえ，既存の姓を維持できる者と既存の姓を変更せざるを得ない者の利益の対立と見ることもできるが，夫婦同姓強制制度の問題については既存の姓の維持という利益の憲法上の位置づけという問題も含めて，全体として検討課題として残されることになった。

③ 「内密（秘密）出産」と出自を知る権利

また，日本では「内密（秘密）出産」にも注目が集まっている。ドイツにおいては「vertrauliche Geburt」の制度として法制化されている制度であり[13]，

---

(11) 拙稿「ドイツの『忘れられる権利』」奥田喜道編著『ネット社会と忘れられる権利　個人データの削除の裁判例とその法理』（現代人文社，2015年）154頁以下。

(12) Takashi Jitsuhara, Guarantee of the Right to Freedom of Speech in Japan－A Comparison with Doctrines in Germany, in: Yumiko Nakanishi (Ed.), Contemporary Issues in Human Rights Law, Springer International Publishing, 2017, pp. 169 –, 拙稿「表現の自由——特に日本とドイツの学説の比較を中心に」中西優美子編『人権法の現代的課題——ヨーロッパとアジア』（法律文化社，2019年）195頁以下。

おわりに ── 本書の到達点と展望

日本においても出産を行う女性にその本人の個人情報を公にしないまま出産することを認める制度の導入が検討されている。そして，この場合に誕生した子には一定年齢に達したのちに出自を知ることが認められる方針であると伝えられている[14]。

そこで伝えられていた内容をみると，秘密出産の実施に至る手続等の点でドイツの制度とは異なっているところもあるように思われるが，秘密出産によって誕生した子が一定期間経過後に自己の出自を知ることができるようにしようとする点では，ドイツと類似する制度になる予定である様子である。これについては一定期間が経過するまで，本人である子に出自を知らせないことの妥当性に加えて，本書との関係では，こうした制度の下でも，自分が匿名で出産された子の父親であると考えている男性が，その子と自身の遺伝上の親子関係の有無を明らかにしたいと望む場合がありえることも考えておく必要がある。特に，それを裁判において求め，そのために子から同意を得ることなく遺伝試料を採取したいという男性の要望は，自己の出自を勝手に知られない権利としての子の情報自己決定権と対立する可能性がある。他方，仮にそうした請求や鑑定を行うことを男性に認めないとする規定を置いた場合には，子の情報自己決定権の保護に資する一方で，それが男性の一般的人格権を侵害することにならないかが問題となるだろう。

ただ，本書で行ったようにドイツの議論を参照して考えることで，この場合に「父親」の「子の出自を知る権利」制限されたとしても，必ずしも憲法に反するわけではないと言えるように思われる。それは，このような父親（と思われる者）の権利には一定の憲法上の重要性は認められるものの，ドイツのこれまでの判例や近年の法改正においてもその保護は具体的な請求に付随するものにとどまっており，このような男性の権利には限界もあると言わざるを得ないからである。

その点，本書で示した結論や秘密出産を可能にする法律が整備された場合のことを考えると，「子の出自を知る，『父親』の権利」は多分に制度依存的なも

---

[13] 鈴木博人「ドイツの秘密出産法 ── 親子関係における匿名性の問題・再論」法学新報 121巻7・8号（2014年）163頁以下参照。

[14] 朝日新聞2017年12月15日。

のでもあるようにも思われるが、こうした場面での父親の一般的人格権や子の情報自己決定権と「制度」との関係や、「子の出自を知る、『父親』の権利」の重要性をふまえた、制度を創設する立法者の裁量の限界等についても、ドイツの議論を再確認しながらさらに検討する必要がある。

④ 小括 —— 展望

このように、本書においては「忘れられる権利」に加えてその他の人格的権利、例えば名誉権や「既存の姓を維持する権利」についての検討はできなかった。また日本国内で最近になって論じられるようになった「内密（秘密）出産」と情報自己決定権や一般的人格権との関係についても検討するには至らなかった。これらについても本書での議論を発展させる形で、今後において検討を進めることとしたい。

第4節　まとめ —— 情報自己決定権と制約法理

上でも述べた通り、本書における検討は本来扱うべき事柄の一部を取り上げたものにすぎず、様々な課題を残すものである。それでも最後に、本書での検討から導かれる結論を簡単に述べることにしたい。

情報自己決定権の保護領域はドイツにおいて広く理解されており、日本においても監視活動に対する憲法上の権利の保護の必要性自体は認識されている。そのため、この点では日本とドイツの議論状況には類似性を見出せる。そしてドイツにおいては情報自己決定権だけでなく基本権一般の保護領域を広く理解する傾向がみられる。それには批判もあるが、それらの批判は、情報自己決定権の保護領域を広く理解すること自体を排除するものとはなっていない。そのため、最終的には制約されてもよいものも含めて情報自己決定権の保護領域を広く捉えること自体が否定されることにはならない。

この場合には、情報自己決定権に対する介入とその正当化について検討することが必要になり、Nシステムとサイバーパトロールによる情報自己決定権に対する介入の有無や、そうした介入の根拠となる具体的な法律の要否という点でのドイツ国内の議論は日本においても参照されるべきである。両国の議論を比較すると、情報自己決定権に対する介入の合憲性は「日本国憲法13条で保護されている情報自己決定権が、31条の要請する『特定性の要請』を満たさない

おわりに――本書の到達点と展望

法律・規定によって制約されていないか」という問題ともなり，こうした判断枠組みによることは最高裁の先例との関係でも可能である。

　しかし，自己の出自を知られない権利としての子の情報自己決定権は「子の出自を知る権利」としての父親の一般的人格権と対立しうるものであり，このような父親の権利の保護も一定程度拡充されていると同時に限定的なものにとどまってもいる。それゆえ，日本においても技術的な手法を用いた公権力による情報収集活動に対する授権法律の制定とその内容の特定性をこれまで以上に求めることで情報自己決定権（自己情報コントロール権）の保護を強めるよう主張することが必要と思われる一方で，子の情報自己決定権や父親・母親の一般的人格権は，警察等による情報収集活動に対する権利として保護される場合ほどには強いものではありえない場合がある。

　最後に，本書の理解する「情報自己決定権と制約法理」を述べると，それは，「最終的には制約されてもよいものも含めて主観的権利としての情報自己決定権の保護領域に含まれると考えること自体は可能である。そして，情報自己決定権に対する介入の合憲性は『日本国憲法13条で保護されている情報自己決定権が，31条の要請する「特定性の要請」を満たさない法律・規定によって制約されていないか』という問題を含むものである。その一方で，子の情報自己決定権や父親・母親の一般的人格権の保護は，警察等による情報収集活動に対する権利として保護される場合ほどには強くない場合もあり，情報自己決定権はあらゆる場面で等しく強い保護を受けられるわけではない」というものになる。

あとがき

　本書の公刊にあたり，多くの先生方よりいただいた学恩に対して心よりお礼を申し上げる。
　まず，早稲田大学大学院法学研究科博士後期課程在籍当時にお世話になった諸先生方に，深甚の謝意を表したい。特に戸波江二先生には筆者の指導教授をお引き受けくださり，研究者として自立する基礎を涵養していただいたのみならず，自立して以降も折に触れてご教示くださった。また，戸波先生には博士論文の主査もお願いし，学位審査の過程では戸波先生だけでなく，副査をご担当いただいた水島朝穂先生，今関源成先生，中島徹先生からも様々なご教示をいただいた。
　筆者は大学院修士課程まで千葉大学に在籍していたが，それが研究の原点であり，そこでの先生方のご指導が憲法学に関心をもつ上で決定的に重要であった。千葉大学在籍時には当時の法経学部の多くの先生の授業から様々な教示を受けたが，中でも当時憲法を担当されていた渡辺康行先生と岩間昭道先生に心よりお礼を申し上げたい。特に渡辺先生には1年次の憲法の講義をはじめとして，翌年からの学部ゼミ，そして修士論文の主査として，一貫して熱心かつ根気強いご指導をいただいた。心より感謝申し上げる。
　本書においては日本とドイツの議論の比較研究という手法を用い，多くの判例が登場している。連邦憲法裁判所のこれらの判例について学ぶ上ではドイツ憲法判例研究会での活動が非常に重要であった。研究会を運営する上での，戸波先生，栗城壽夫先生，鈴木秀美先生をはじめとする先生方のご尽力に，心より感謝申し上げる。
　筆者が専任の教員として初めて着任したのは長崎国際大学人間社会学部社会福祉学科であった。研究をはじめとして様々な面で未熟だった筆者を受け入れてくださった長崎国際大学，特に安部直樹先生，和田光史先生，関家新助先生に心より感謝申し上げる。2009年4月には長崎県立大学国際情報学部情報メディア学科に籍を移したが，そこにおいても多くの先生方から多くのご教示を

あとがき

いただいた。同大学での教育・研究活動においてご理解・ご協力いただいた先生方に，心より感謝申し上げる。

　本書の出版に際しては，現在の勤務校である福岡大学の「福岡大学学位論文出版助成に関する規程」による出版助成を得ることができた。山口政俊学長，小野寺一浩学部長をはじめ，同僚の教職員の方々に記してお礼を申し上げる。そして，刊行に際しては，信山社の今井守さんにたいへんにお世話になった。同社には他の場面においてもお世話になっており，心より御礼申し上げる。

　最後に，学究への途に進む上で有形無形に支援してくれた父・康裕と母・久美子，そして長崎，福岡，時にはドイツ・ミュンヘンに至るまで，遠い場所までともに歩んでくれた妻・博美と，いつも家庭を明るい光で照らしてくれる子・侑和に，本書をささげることをお許しいただきたい。

　　2019年8月30日

　　　　　　　　　　　　　　　　　　　　　　　　　　　　實原隆志

索引

◆あ 行◆

アンチテロデータ …………………… 24, 193
アンチテロデータ判決 ………………… 205
萎縮効果 ………………………………… 161
一般的行為自由(説) ……………… 48, 73, 99
一般的自由(説) ……………… 83, 90, 95, 103
一般的人格権 …………………………… 248
遺伝子診断法 …………………………… 242
エックス線検査 ………………………… 176
親子関係存否確認の訴え ………… 257, 258

◆か 行◆

外観上の父親 …………………………… 247
介入概念 ……………………………… 58, 159
学問の自由 ……………………………… 62
監視カメラ ………………………… 174, 199
基本権競合 ……………………………… 59
基本権構成要件 ………………………… 44
基本権の客観法的側面 ………………… 80
基本権理論 …………………… 67, 80, 100
強制処分 …………… 32, 134, 138, 152, 156, 167
強制処分法定主義 ……………… 143, 144, 168
行政調査 ………………………………… 279
京都府学連事件(判決) ……… 28, 155, 173, 184
銀行口座決定 …………………… 130, 197, 203
検　証 …………………………………… 175
憲法理論 ………………………………… 101
権利実行障壁 …………………………… 244
公共の福祉 ……………………………… 97
幸福追求権 ……………………………… 90
国勢調査判決 ………… 19, 120, 126, 160, 202
国家の機関に対する保護義務 ………… 227
コンピュータ基本権 …………………… 27

◆さ 行◆

サイバーパトロール …………………… 137
裁判官留保 ……………………………… 62, 98
三段階審査 ……………………………… 87, 88
自己情報コントロール権 ……… 30, 125, 144
写真撮影 ………………………………… 154
住基ネット ……………………………… 31

住居盗聴 ………………………………… 26
出自を知る権利 ………………… 227, 261
取得時中心主義 ………………………… 166
情報技術システムの完全性と信頼性 … 26
情報自己決定権 …………… 22, 128, 139, 159, 227
情報プライバシー権 …………………… 28
人格権 …………………………………… 281
人格的利益説 …………………………… 90
人格を自由に発展させる(する)基本権 … 89, 90, 227
信教の自由 ……………………………… 62
生殖補助医療 …………………………… 261
税務調査 ………………………………… 279
戦略的監視判決 ………………………… 203

◆た 行◆

ダブル・ネーム ………………………… 281
嫡出推定制度 …………………………… 233
嫡出否認の訴え ………………………… 258
通信の秘密 ……………………………… 138
手続の法定・内容の適正 ………… 179, 182
盗聴(通信傍受) ………………………… 176
特定性 …………………… 117, 121, 129, 131, 162, 190

◆な 行◆

内密(秘密)出産 ………………………… 290
内密領域 ………………………………… 248
任意処分 ……………… 134, 153, 156, 157, 167

◆は 行◆

ビデオ撮影 ……………………………… 156
夫婦同姓制度 …………………… 279, 290
付随的父性確認 ………………………… 244
父性解明手続 …………………… 240, 258
父性の否認 ……………………………… 225
プライヴァシー外延・固有情報 …… 29, 135
プロバイダ責任制限法 ………………… 144
法治国家原理 …………………… 202, 213
法治主義 ………………………………… 212
法の継続形成 …………………… 249, 252
法の支配 ………………………………… 96
法律の留保 …… 61, 144, 169, 183, 203, 204, 212

索　引

保護義務 …………………………228
保証国家 ……………………………64
保障内容 …………………………62〜64, 98

◆ ま 行 ◆

マイナンバー制度 ………………279
名誉権 ……………………………290
面接交渉権 …………………244, 260

◆ や 行 ◆

養育費返還請求（権）………243, 247, 260
予備的保存（Vorratsspeicherung）………131

◆ ら 行 ◆

ラスター捜査 ……………23, 121, 130
良心の自由 …………………………62
令状主義 …………………152, 154, 186
レーゲンスブルク決定 ………161, 199

連邦刑事庁法 …………………23, 198
連邦憲法裁判所実証主義 …………79

◆ わ 行 ◆

忘れられる権利 …………………289
早稲田大学江沢民後援会名簿提出事件 ……31

◆ 欧 文 ◆

Body-Cam …………………………34
DNA鑑定 …………………………225
GPS捜査 ……………32, 177, 185, 198
IPアドレス …………………………25
Nシステム ……23, 115, 125, 134, 156, 161, 166, 175, 190
　　第一次Nシステム判決 ………115, 190, 204
　　第二次Nシステム決定 …………123, 191
SNS ………………………………147
Vorratsspeicherung ………………131

298

〈著者紹介〉

實原 隆志（じつはら・たかし）

- 1998年　千葉大学法経学部法学科卒業
- 2000年　千葉大学大学院社会科学研究科法学専攻修士課程修了
- 2004年　早稲田大学大学院法学研究科公法学専攻博士後期課程単位取得退学
   　　　　（2018年2月：論文博士）
- 2004年　長崎国際大学人間社会学部社会福祉学科講師
- 2009年　長崎県立大学国際情報学部講師
- 2011年4月～9月　ミュンヘン大学法学部客員研究員
- 2012年　同准教授
- 2016年　福岡大学法学部准教授
- 2018年　同教授（現在に至る）

〈著書（共著書）〉

「行政・警察機関が情報を収集する場合の法律的根拠」ドイツ憲法判例研究会編・鈴木秀美編集代表『憲法の規範力とメディア法（講座 憲法の規範力第4巻）』（信山社，2015年），「ドイツの『忘れられる権利』」奥田喜道編著『ネット社会と忘れられる権利――個人データ削除の裁判例とその法理』（現代人文社，2015年），「国法学と実務の近さを批判する純粋法学的言説について」工藤達朗ほか編『憲法学の創造的展開 上巻（戸波江二先生古稀記念）』（信山社，2017年），「表現の自由――特に日本とドイツの学説を中心に」中西優美子編著『人権法の現代的課題――ヨーロッパとアジア』（法律文化社，2019年），「ドイツのSNS法――オーバーブロッキングの危険性について」情報法制研究4号（2018年），「憲法適合的解釈についての比較法的検討 ドイツ」比較法研究78号（2017年）

学術選書
193
憲　法

情報自己決定権と制約法理

2019（令和元）年12月15日　第1版第1刷発行

　著　者　　實　原　隆　志
　発行者　　今井　貴　今井　守
　発行所　　株式会社 信山社
　〒113-0033 東京都文京区本郷6-2-9-102
　Tel 03-3818-1019　Fax 03-3818-0344
　info@shinzansha.co.jp
笠間才木支店　〒309-1600 茨城県笠間市才木515-3
笠間来栖支店　〒309-1625 茨城県笠間市来栖2345-1
　Tel 0296-71-0215　Fax 0296-72-5410
出版契約 2019-6793-01010　Printed in Japan

Ⓒ實原隆志，2019．印刷・製本／亜細亜印刷・牧製本
ISBN978-4-7972-6793-8 C3332 分類325.500-a011憲法
6793-0101：012-350-005 p.312《禁無断複写》

JCOPY 〈（社）出版者著作権管理機構 委託出版物〉

本書の無断複写は著作権法上での例外を除き禁じられています。複写される場合は，その都度事前に，（社）出版者著作権管理機構（電話 03-5244-5088，FAX 03-5244-5089，e-mail:info@jcopy.or.jp）の許諾を得てください。

ドイツ憲法判例研究会 編

◆ **講座 憲法の規範力** ◆
〔全5巻〕

第1巻 規範力の観念と条件
　　　　編集代表 古野豊秋・三宅雄彦
第2巻 憲法の規範力と憲法裁判
　　　　編集代表 戸波江二・畑尻 剛
第3巻 憲法の規範力と市民法　〔続刊〕
　　　　編集代表 小山 剛・棟居快行
第4巻 憲法の規範力とメディア法
　　　　編集代表 鈴木秀美
第5巻 憲法の規範力と行政
　　　　編集代表 嶋崎健太郎

憲法の発展Ⅰ－憲法の解釈・変遷・改正
鈴木秀美，M・イェシュテット，小山剛，R・ポッシャー 編
毛利透 / U・フォルクマン / C・ブムケ / 林知更 / C・シェーンベルガー / 高田篤 / 西原博史 / C・ヴァルトホフ / C・ヒルグルーバー / 川又伸彦 / 三宅雄彦 / R・ポッシャー / M・ネッテスハイム / 松原光宏

ドイツ連邦共和国基本法
　　― 全訳と第62回改正までの全経過　　初宿正典 訳

ドイツ近現代法学への歩み
　　ヤン・シュレーダー 著 / 石部雅亮 編訳

グローバル化と社会国家原則
　　― 日独シンポジウム　　高田昌宏・野田昌吾・守矢健一 編

信山社

◆ドイツの憲法判例〔第2版〕
　　ドイツ憲法判例研究会 編　栗城壽夫・戸波江二・根森健 編集代表
・ドイツ憲法判例研究会による、1990年頃までのドイツ憲法判例の研究成果94選を収録。ドイツの主要憲法判例の分析・解説、現代ドイツ公法学者系譜図などの参考資料を付し、ドイツ憲法を概観する。

◆ドイツの憲法判例Ⅱ〔第2版〕
　　ドイツ憲法判例研究会 編　栗城壽夫・戸波江二・石村修 編集代表
・1985〜1995年の75にのぼるドイツ憲法重要判決の解説。好評を博した『ドイツの最新憲法判例』を加筆補正し、新規判例を多数追加。

◆ドイツの憲法判例Ⅲ
　　ドイツ憲法判例研究会 編　栗城壽夫・戸波江二・嶋崎健太郎 編集代表
・1996〜2005年の重要判例86判例を取り上げ、ドイツ憲法解釈と憲法実務を学ぶ。新たに、基本用語集、連邦憲法裁判所関係文献、1〜3通巻目次を掲載。

◆ドイツの憲法判例Ⅳ
　　ドイツ憲法判例研究会 編　鈴木秀美・畑尻剛・宮地基 編集代表
・主に2006〜2012年までのドイツ連邦憲法裁判所の重要判例84件を収載。資料等も充実、更に使い易くなった憲法学の基本文献。

◆フランスの憲法判例
　　フランス憲法判例研究会 編　辻村みよ子編集代表
・フランス憲法院(1958〜2001年)の重要判例67件を、体系的に整理・配列して理論的に解説。フランス憲法研究の基本文献として最適な一冊。

◆フランスの憲法判例Ⅱ
　　フランス憲法判例研究会 編　辻村みよ子編集代表
・政治的機関から裁判的機関へと揺れ動くフランス憲法院の代表的な判例を体系的に分類して収録。『フランスの憲法判例』刊行以降に出されたDC判決のみならず、2008年憲法改正により導入されたQPC（合憲性優先問題）判決をもあわせて掲載。

◆ヨーロッパ人権裁判所の判例
　　戸波江二・北村泰三・建石真公子・小畑郁・江島晶子 編集
・ボーダーレスな人権保障の理論と実際。解説判例80件に加え、概説・資料も充実。来たるべき国際人権法学の最先端。

◆ヨーロッパ人権裁判所の判例Ⅱ
　　小畑郁・江島晶子・北村泰三・建石真公子・戸波江二 編集
・新しく生起する問題群を、裁判所はいかに解決してきたか。様々なケースでの裁判所理論の適用場面を紹介。

信山社

日独憲法学の創造力 栗城壽夫先生古稀記念　上・下
樋口陽一・上村貞美・戸波江二 編集代表

憲法学の創造的展開 戸波江二先生古稀記念　上・下
工藤達朗・西原博史・鈴木秀美・小山剛・毛利透・三宅雄彦・斎藤一久 編集

判例トレーニング憲法　棟居快行・工藤達朗・小山剛 編
〔執筆者〕赤坂幸一・新井誠・井上武史・大河内美紀・大林啓吾・片桐直人・佐々木弘通・佐々木雅寿・宍戸常寿・柴田憲司・鈴木秀美・土屋武・松本哲治・山本龍彦・横大道聡

判例プラクティス憲法（増補版）憲法判例研究会 編
淺野博宣・尾形健・小島慎司・宍戸常寿・曽我部真裕・中林暁生・山本龍彦

【講座 政治・社会の変動と憲法──フランス憲法からの展望　第Ⅰ巻】
政治変動と立憲主義の展開
辻村みよ子 編集代表

【講座 政治・社会の変動と憲法──フランス憲法からの展望　第Ⅱ巻】
社会変動と人権の現代的保障
辻村みよ子 編集代表

憲法学の可能性　棟居快行 著

放送の自由（増補第2版）　鈴木秀美 著

メディア法研究　鈴木秀美 責任編集

プライバシーの権利を考える　山本龍彦 著

―― 信山社 ――